Otto Graf Lambsdorff
BEWÄHRUNG

Otto Graf Lambsdorff

BEWÄHRUNG

Wirtschaftspolitik in Krisenzeiten

Mit einem Vorwort von Walter Scheel

Econon Verlag
Düsseldorf · Wien

Redaktion: J. Nyssen

1. Auflage 1980

Gesetzt aus der Times der Fa. Hell
Satz: Dörlemann-Satz, Lemförde
Papier: Papierfabrik Schleipen GmbH, Bad Dürkheim
Druck und Bindearbeiten: Bercker, Graphische Betriebe, Kevelaer
Printed in Germany
ISBN 3 430 15888 5

INHALT

Kapitel IV

Kapitel V

Kapitel VI

VORWORT

Ein kluger Mann schrieb in seiner »Deutschen Sprachkunst« im Jahre 1630 »wie hochschädig in allem Handel und Wandel/ ja gantzen Menschlichen Leben« es sei, »wann einer seine Meinung nicht kan von sich geben«. Otto Graf Lambsdorff – seit 1977 als Bundesminister für Wirtschaft zuständig für Handel und Wandel und damit sicherlich auch für das »gantze Menschliche Leben« – kann es, Gott sei Dank! Ja er kann sogar gewiß sein, daß er gehört wird, wenn er seine Meinung sagt. Ob im persönlichen Gespräch, im Interview oder in öffentlicher Rede – immer zwingt er seine Zuhörer durch präzise Gedankenführung und klare Formulierungen zu höchster Aufmerksamkeit. Doch so treffend Otto Graf Lambsdorff seine Worte auch wählt, er will niemanden persönlich verletzen; es geht ihm um die sachliche Auseinandersetzung.

So steht denn auch vor jedem in diesem Band behandelten Thema unausgesprochen die Aufforderung: Zur Sache, bitte! Die Sache ist für Graf Lambsdorff die soziale Marktwirtschaft. Wenn er über die Lösung der Energiekrise spricht, so macht er unmißverständlich klar, daß er auch langfristig auf den Markt setzt. Die Forderung an die Unternehmer heißt: Wettbewerb und Innovationen. Beides verlangt den dynamischen Unternehmer und nicht den, der sich in wettbewerbs- und zollgeschützten Räumen darauf beschränkt, Erreichtes zu bewahren. Industrie- und Entwicklungsländer brauchen eine freie und offene Weltwirtschaft. Von dieser Meinung läßt sich der liberale Wirtschaftsminister nicht durch noch so kühne Pläne abbringen, die doch weitgehend auf die Verwaltung des Mangels hinauslaufen. Die herausfordernde Frage: Umweltfeind Marktwirtschaft? weist die Richtung, in der sich Otto Graf Lambsdorff Umweltpolitik wünscht: Das System der Marktwirtschaft ist so reformfähig, daß das Gut Umwelt geschützt werden kann, ohne die Marktwirtschaft zu sprengen.

Abkehr von der Hochpreis-Agrarpolitik mit ihrer Überschußproduktion, Hinwendung zur Landwirtschaftspflegeprämie heißt für Otto Graf Lambsdorff nichts anderes als eine saubere ordnungspolitische Lösung: Rückkehr zu einem durch Angebot und Nachfrage regulierten Agrarmarkt und direkte Entlohnung des Landwirts für eine Leistung, die der Zukunftssicherung aller dient. Mittelstandspolitik ist für den Liberalen keine parteipolitische oder wahltaktische Pflichtübung. Ziele liberaler Politik wie Selbständigkeit, Eigenverantwortlichkeit – in großen Betrieben und Verwaltungen nur mit Mühe und immer unvollständig zu erreichen – kennzeichnen die Arbeit in mittleren und kleinen Unternehmen. Ihre Leistungsfähigkeit gilt es daher zu fördern, natürlich mit marktwirtschaftlichen Mitteln. Überzeugt von der Notwendigkeit der sozialen Partnerschaft scheut sich Graf Lambsdorff nicht, die heutige Praxis der Tarifpartner bei Lohnverhandlungen als Frage nach der Macht in unserem Staat zu behandeln. Die ausdrückliche Zustimmung zum Prinzip der »Gewaltenteilung«, hier Steuerhoheit des Staates, dort Geldhoheit der Bundesbank, weist Graf Lambsdorff als Politiker aus, der dem stabilen Geldwert einen sehr hohen Rang einräumt.

So tagesbezogen die Anlässe für die Ansprachen des Wirtschaftsministers auch gewesen sein mögen, sie zeigen den nachdenklichen Politiker, der weiß, wie schwer es ist, über die Freiheit des Bürgers zu wachen. Es sind eben nicht nur die großen weltpolitischen Ereignisse, die diese Freiheit bedrohen, sondern die vielen tagtäglich zu treffenden Entscheidungen von zunächst politisch ganz unscheinbaren Fragen, die Schritt für Schritt den Freiraum des Bürgers einengen oder ausweiten können. Nur wer eine klare Vorstellung davon hat, wie unsere Welt in 20, 30 Jahren aussehen sollte, wird in diesem politischen Alltag die Orientierung nicht verlieren. Die Orientierung an den Prinzipien der Marktwirtschaft gibt Otto Graf Lambsdorff die Sicherheit, bedrohliche Entwicklungen für die Bürgerfreiheit mit Mitteln zu steuern, die nicht etwa selbst zur Unfreiheit führen. Seine Äußerungen zur Marktwirtschaft sind denn auch keine Bekenntnisse, sondern klingen nüchtern und ganz undogmatisch.

In den vorgelegten Reden von Otto Graf Lambsdorff wird der Wille spürbar, zu stehen, das heißt, eine klare Meinung und Mut zur Entscheidung zu haben, wenn es um die Freiheit geht. Seine liberale Unabhängigkeit erlaubt ihm das!

gez. Walter Scheel

Ja, mach nur einen Plan
Sei nur ein großes Licht!
Und mach dann noch 'nen zweiten Plan
Gehn tun sie beide nicht.

BERTHOLD BRECHT
DIE DREIGROSCHENOPER

ZU DIESEM BUCH

MARKTWIRTSCHAFT HEISST: JEDER TRÄGT VERANTWORTUNG

Die gegenwärtige Krise der westlichen Welt ist nicht nur eine Krise der Energieversorgung, der Vollbeschäftigung und des wertstabilen Geldes. Sie ist durch den Einmarsch der sowjetischen Truppen in Afghanistan zu einer Bedrohung des Weltfriedens eskaliert. Um so erstaunlicher ist, daß in der ganzen Welt seit Jahren »ein zweites deutsches Wirtschaftswunder« bestaunt wird. Die deutsche Volkswirtschaft, die arm an Rohstoffen, ohne großen ausreichenden Binnenmarkt, abhängig von den Schwankungen der Weltwirtschaft ist, hat dennoch ihren Bürgern alle Vorteile einer stabilen Wirtschaftsentwicklung bieten können: Genügend Arbeitsplätze bei hohen Sozialleistungen, unverändert steigende Realeinkommen, die inzwischen zu den höchsten in der Welt zählen, ein Geld, das sich zwar nicht gänzlich dem vorherrschenden Inflationstrend zu entziehen vermag, aber dennoch als eine der stabilsten Währungen dieser Welt geschätzt wird.

Wenn es in der Bundesrepublik in den 70er Jahren gelungen ist – und ich bin sicher auch in den 80er Jahren gelingen wird –, die für andere, nicht minder begabte oder fleißige Nationen so »magischen Ziele« der Wirtschaftspolitik: der möglichst gleichzeitigen Verwirklichung von Wirtschaftswachstum und -stabilität bei einem überdurchschnittlich hohen Standard sozialer Gerechtigkeit und Leistungen so weitgehend wie dieses in einer schwankenden Weltwirtschaft überhaupt »machbar« ist, zu verwirklichen, so verdankt sie dieses Ergebnis weniger ihrer Regierung, obwohl dieses in einem Wahljahr zu behaupten nur allzu naheliegt. Sie verdankt es in erster Linie ihrer die gesamte Nachkriegsepoche prägenden Wirtschaftsform, der »sozialen Marktwirtschaft« – oder besser – sozialverpflichteten Marktwirtschaft.

Was ist damit gemeint?

Der klassische Liberalismus des vorigen Jahrhunderts, der den großen Sprung der »alten« Agrarländer zu heutigen Industrieländern begleitete und ermöglichte, brachte unseren Großvätern mit der politischen auch die wirtschaftliche Freiheit. Nur übersah die alte »freie« und noch nicht »soziale« Marktwirtschaft, daß keine Marktwirtschaft frei bleibt, bloß weil sie einmal befreit worden ist: von Zunftzwängen, Staatsmonopolen und Dirigismen anderer Art. Freie Märkte sind immer bedroht: von wettbewerbsverfälschender Marktmacht, die der Erfolg genauso hervorbringt wie der verschuldete oder nichtverschuldete Mißerfolg. Die einen bilden Gewinnsicherungs-, die anderen Gewinnbeteiligungskartelle, wenn ein auf justizförmliches statt wirtschaftspolitisches Denken eingeschworener Gesetzgeber sie gewähren läßt. Und: Freie Märkte zersetzen sich immer, wenn der für alle verbindliche Preismaßstab mit »doppelter Elle« mißt: einer für Schuldner und einer anderen für Gläubiger oder Sparer, wenn Inflation die einen unverdient zu Gewinnen, die anderen unverdient und ungerecht zu Verlusten führt.

Sowohl Marktmacht als auch schwindende Geldwertstabilität verfälschen den Wettbewerb und zerstören die Grundlagen jeder Leistungsgesellschaft. Unsere Marktwirtschaft muß dafür sorgen, daß Anstrengung und Talent honoriert werden. Geld muß »verdient« werden: entweder durch Arbeits- oder Unternehmerleistung, die die Marktwirtschaft produktiver macht. Der Staat als übergeordneter Wächter unseres marktwirtschaftlichen Systems kann und darf es nicht zulassen, daß es daneben Verdienstmöglichkeiten gibt, die auf der Entwertung des staatlichen Geldes fußen. Er würde sonst alle jene bestrafen, die sich durch sauer verdientes Geld einen

Anspruch auf Waren, Dienstleistungen und Ersparnisse erworben haben.

Es ist das große Verdienst der Wiederentdecker und -erwecker der sozialverpflichteten Marktwirtschaft im nicht nur materiellen Trümmerfeld des westlichen Deutschland nach dem Zweiten Weltkrieg diese »Selbstinfektionsgefahr jeder nur« freien Marktwirtschaft nicht nur gesehen, sondern durch sowohl politische wie zugleich institutionelle Vorkehrungen bekämpfbar gemacht zu haben. Denn der Freiheitsrahmen der Marktwirtschaft muß doppelt geschützt und gesichert werden: gegen den systemimmanenten Feind allen Wettbewerbs, der in der Bildung und Verteidigung von »Marktanteilen«, »diktierten oder administrierten Preisen« gleichviel ob an Güter-, Geld- oder Arbeitsmärkten stets auf der Lauer liegt und gegen den systemtranszendenten Feind, der den Preiswettbewerb über die Inflation verfälscht, woher diese auch immer ihren Ursprung nimmt.

Interessenfreie Kartellaufsicht und regierungsunabhängige Notenbank wurden zu den »Verfassungshütern« der modernen, ihrer inneren Gefährdung bewußten Marktwirtschaft, zu Wächtern freilich, die nur soviel vermögen, wie ein des Wertes »seiner« sozialen Marktwirtschaft bewußter Gesetzgeber seinen »Erfüllungsgehilfen« an Kompetenzen zugesteht.

Die Bundesrepublik ist im Gegensatz zur Republik von Weimar und erst recht zur Zeit der Gründerjahre im Kaiserreich keine Wirtschaft der Kartelle geworden, weder an den Güter- noch den Geldmärkten; lediglich der Arbeitsmarkt bildet eine Ausnahme eigener, freilich auch folgenreicher Gesetzlichkeit.

Und der Inflationsprozeß blieb gezügelt und kontrolliert genug, um weder den Wettbewerb noch den für unsere Investitionen lebenswichtigen Sparprozeß ernsthaft zu beeinträchtigen. Dennoch wäre es falsch und gefährlich naiv zugleich zu glauben, daß die bloße Existenz wachsamer Kartellämter und einer auf Inflationsbekämpfung eingeschworenen Notenbank ausreichte, das Gespenst marktwirtschaftlicher Selbstzerstörung ein für allemal zu bannen.

Unsere nunmehr über 30 Jahre lange Erfahrung mit der Marktwirtschaft hat uns eine weitere Erkenntnis gebracht. Solange Marktwirtschaft frei von gravierenden Wettbewerbsfälschungen funktioniert, beteiligt sie jeden ihrer Teilnehmer, ob Produzent, Konsument oder Sparer, an der Wirtschaftspolitik.

Wie das?

Es lohnt sich, darüber nachzudenken, was eigentlich passiert, wenn scheinbar über Nacht unerwartete Dinge über uns hereinbrechen: Ölpreisschocks, Währungskrisen, Streiks oder aber auch unvorhergesehene politische Ereignisse. Es sind nicht immer die Regierungen, die am schnellsten auf neue Situationen reagieren. Vielmehr sind es die Märkte und die an ihnen disponierenden Unternehmer, Händler, vielleicht auch die »Spekulanten«. Sie stellen ihr Handeln nach Erhalt neuer Informationen unverzüglich um, weil sie nur ihren Verstand und ihre Marktkenntnis befragen müssen. Mit beidem nützen sie aber nicht nur sich, sondern allen, indem sie das Geld und die Ressourcen dahin lenken, wo es den größten Nutzen und Gewinn verspricht. Dies ist nicht liberale Utopie, sondern liberale Realität: Die Realität der geordneten sozialverpflichteten Marktwirtschaft, wie sie jeder Bundesbürger in der Vergangenheit hat erfahren können. Bei uns gibt es keine Engpässe an Heizöl und Benzin – und trotzdem vergleichsweise international niedrige Preise; bei uns gibt es keine Engpässe für fremde Währungen (Devisen) – und trotzdem international niedrige Wechselkurse (die die billige Auslandsreise nach wie vor ermöglichen). Und vor allem gibt es bei uns keine Engpässe in der Nahrungsmittelversorgung wie in fast allen Entwicklungs- und Staatshandelsländern. Wie auch immer unsere Ernten ausfallen, wir brauchen uns um unsere Nahrungsmittelversorgung keine Sorgen zu machen – und das bei Preisen, die weltweit nicht an der Spitze, sondern in der Mitte liegen.

Und warum? Weil sich die Bundesrepublik dank ihrer vergleichsweise gut funktionierenden Marktwirtschaft frei von allzu verfälschenden Wettbewerbsstörungen »den Luxus« der Nichtintervention ihrer Regierung leisten kann. Nebenbei ein Luxus, der unser aller Lebenshaltung verbilligt: in den Mengen und Preisen von Gütern, die bei anderen Engpässe sind: Mineralöl, Devisen oder Nahrungsmittel.

In Krisenzeiten wie dieser zahlt sich für die ganze Bevölkerung unseres Landes aus, was frühere Denker und Politiker theoretisch und praktisch in Aufbau, Festigung und Weiterentwicklung der Marktwirtschaft investierten. Sie haben die Fundamente gelegt und für ihre Betriebssicherheit gesorgt, indem sie Wirtschaftspolitik als eine ganz neue und klare *Arbeitsteilung* begriffen: für den Markt und seine Ordnung, die allein seine Funktionsfähigkeit garantiert, sind der Gesetzgeber und seine Vollzugsorgane zuständig, für Ablauf und Gleichgewicht der Märkte die Marktparteien selber, die sich insoweit stets darauf verlassen können, daß »ihr« Staat niemals in ihre Disposition eingreift. Jetzt hat diese Krise den Beweis erbracht, daß Marktwirtschaft im Sinne dieser ordnungspolitischen Grund- und Vorentscheidung kein Schönwetterschiff ist, das nur vor mildem Winde segeln kann, dagegen in den Seenothafen muß, wenn Sturm aufzieht. Zur Zeit zeigt der vermutlich noch längere Zeit über anhaltende Krisensturm aus wechselnden Richtungen wie seefest unser gemeinsames Boot der sozialen Marktwirtschaft ist und wie vergleichsweise wenig vom Kapitän und seiner Mannschaft verlangt wird – freilich nur solange wir das Boot auch sturmfest halten.

Die gegenwärtige wirtschaftliche Weltlage zeigt – und dies deutlicher als die langanhaltende Schönwetterperiode – wo die verborgenen Schwachstellen unseres »Gefährts« liegen. Wenn Knappheit und daraus unvermeidlich resultierende Verteuerung Probleme aufwerfen, melden sich offenbar ebenso unvermeidlich die »Anwälte der Verwaltung« wieder zum Dienst. Es scheint, als ob sie allen Erfahrungen zum Trotz vergessen hätten: Mangel läßt sich auf Dauer nicht verwalten!

Die einzig zulässige marktwirtschaftliche Antwort auf den Mangel ist die Entwicklung alternativer Produkte und Produktionen, die durch den hohen Knappheitspreis der Mangelware überhaupt erst rentabel werden. Josef Schumpeter, die Rationierung nach dem Ersten Weltkrieg vor Augen, und Walter Eucken, der unvergessene Vater der sozialverpflichteten Marktwirtschaft in Deutschland nach dem Zweiten Weltkrieg, meinten dasselbe, wenn sie die motorische Kraft der Knappheitspreise für unternehmerische »Innovation« und »Substitutionskonkurrenz« für unersetzlich erklärten. Nur solange wir dies beachten, wird wirtschaftlicher Fortschritt weiterhin stattfinden. Überflüssig ist es, hinzuzufügen, daß die aus dem Mangel resultierende Verteuerung nichts mit Inflation zu tun hat.

Dennoch drohen uns neue Inflationsgefahren, von innen wie von außen. Es ist fraglich, ob die bisherigen Sicherungen ausreichen, wenn der Inflationsdruck weltweit zunimmt. Keine noch so »unabhängige« Notenbank kann im Inneren die Inflation verhindern, die aus falschverstandener Vollbeschäftigungspolitik und/oder überzogener Einkommenspolitik der Sozialpartner entsteht. Vollbeschäftigungsgarantie über den Staatshaushalt oder Ansprüche auf ein zu großes Stück des »Sozialproduktskuchens« treiben die Inflation. Ein Abwehrkampf der Notenbank allein gegen diese Tendenzen und Mächte hausgemachter Inflation verursacht schwere »Entzugsschäden«, immer zu Lasten der kredit- und zinsabhängigen Mittelstandsunternehmen, die das Fundament jeder Marktwirtschaft bilden.

Inflationsgefahr von außen droht uns zunehmend, wenn immer mehr Länder mit Öl und anderweitig bedingten Zahlungsbilanzdefiziten zu kämpfen haben. Der Zündfunke zum großen Inflationsflächenbrand wird dann gelegt, wenn außenwirtschaftliche Defizite nicht mehr abgearbeitet, sondern nur noch finanziert werden. Auf diese Weise findet die Binneninflation ihre Nahrung auch von außen.

Marktwirtschaftssicherung heißt daher heute und erst recht in Zukunft: Widerstand gegen *alle* sich verstärkenden Inflationstendenzen, an der inneren wie äußeren Währungsfront. Es wäre fatal zu glauben, daß Notenbanken – oder gar die Bundesbank allein – den Kampf gegen diese krisenverstärkte Inflation gewinnen könnten. Dergleichen gelang weder in der angeblich so sicheren Goldwährungszeit, geschweige denn heute, wo die »doppelten Defizite« der (meisten) Staaten in Haushalt *und* Zahlungsbilanz den Kreditausgleich fast zur Normalität gemacht haben!

Gleichzeitig wird am Beispiel der Inflationsbekämpfung noch deutlicher, worum es für alle marktwirtschaftlich gelenkten Länder – nicht nur die Bundesrepublik Deutschland allein – geht. Wenn in der täglichen Reaktion der Märkte auf Vorhergesehenes und Unvorhergesehenes jeder Marktteilnehmer wirtschaftspolitische Mitverantwortung trägt, dann trägt er sie *zu seinem Teil* auch für die Funktionsfähigkeit des *Gesamt*systems. Er kann nicht insgesamt nutzen, was er auf seinem Teilmarkt zerstört. Wenn Inflation nicht mehr allein durch Politik zu bekämpfen ist, sondern der Mithilfe und Mitverantwortung der autonomen Sozialpartner, der die Inflationsfinanzierung verweigernden Banken und der nicht jeden Preiserhöhungsspielraum ausnutzenden Unternehmen bedarf, dann *muß* diese Mithilfe geleistet werden. Sonst könnte das Marktwirtschaftsboot, in dem wir alle sitzen, doch noch stranden. Nicht nur ist diese Verantwortung der Marktteilnehmer für »ihre« Marktwirtschaft unteilbar. Sie ist bei wechselnden Gefahrenlagen auch umkehrbar: Es gibt Situationen, auch jenseits von Krieg und Belagerung, in denen »alle« fürs »Ganze« eintreten müssen, nicht nur mit Worten, sondern mit verantwortlichem Handeln.

Daß dieses nicht nur Credo, sondern Praxis deutscher Wirtschaftspolitik ist – und bleiben wird (denn nichts spricht dafür, daß der deutsche Wähler eine andere will) –, verdeutlicht dieses Buch. Obwohl nicht als »Buch« konzipiert – denn welcher Referent zu hochaktuellen Problemen spricht schon in Kapiteln? –, läßt es doch eine durchgehende Konzeption erkennen: Die Ordnungspolitik der sozialen Marktwirtschaft, die im Großen wie im Kleinen der Selbstregulierung der Märkte die Vorhand läßt, sofern nur sichergestellt ist, daß diese Märkte im Sinne und nach dem Gebot des unverfälschten Leistungswettbewerbs funktionieren. Der Staatseingriff bleibt solange ein sogar vermeidbares Übel, solange »Politik« und »Wirtschaft« ihre sich ergänzende Rolle sehen und spielen. Daß dieses aktuelle und richtige Praxis zugleich ist und bleiben kann, verdeutlichen die behandelten Problemfälle. Sie reichen von der Energiekrise über die innovatorische Funktion des Unternehmers, die, richtig ausgeschöpft, die modische Strukturpolitik auf Nebenrollen begrenzt, über die Schutzfunktionen von Mittelstand, Landwirtschaft und Umweltkonservierung, die mit Marktwirtschaft mehr gemein haben, als mancher »Grüne« sich bis heute träumen läßt.

Die Liste wäre unvollständig, wenn sie nicht auch die Merkposten: Marktwirtschaftliche Geldwert- und marktwirtschaftliche Weltwirtschaftssicherung aufwiese. In beiden Punkten hat die Bundesrepublik der Welt, wenn auch eher ungewollt und mit der gebotenen Bescheidenheit, etwas »zu sagen«: aus ihrer eigenen, z. T. schmerzvollen Geschichte und Erfahrung heraus. Was Inflation heißt und zerstört, ist in unserem Lande in diesem Jahrhundert gleich zweimal erlebt worden. Es mag mithelfen, auch anderen gefährliche Geldillusionen zu nehmen, zumal diese Rückwirkungen auf die eigene und anderer Länder politische Stabilität haben. Als eine der größten Exportnationen ist unser Land an der Sicherung einer freien Weltwirtschaft vital interessiert, aber nicht nur aus Eigennutz. Vor gut 100 Jahren bezeichnete Johne Stuart Mill, der wohl größte Theoretiker des wirtschaftlichen Liberalismus seiner Zeit, den Welthandel »als eine einzige Wohlstandsmaschine«, übrigens nicht für *eine* Nation, sondern *alle*.

Diese »Maschine« mit Umsicht zu warten und nicht zu zerstören, ist nicht nur eine für jede Zeit aktuelle und richtige Forderung alten und neuen Wirtschaftsliberalismus; sie ist der Beitrag der Wirtschaft zum Frieden dieser Welt. Ein kriegserfahrenes und -gezeichnetes Land wie die Bundesrepublik darf darum unverdächtig für ihn plädieren.

Der Leser der folgenden Seiten darf nicht erhoffen, ein Lehrbuch der Wirtschaft oder Wirtschaftspolitik zur Hand zu nehmen, wohl aber einen Spiegel, der ihm in mehrfacher Brechung Möglichkeiten, aber auch Unmöglichkeiten der sozialen Marktwirtschaft bei der Bewältigung der Krise, mit der wir zu leben und die wir zu überleben haben, aufzeigt. Bemerkt er, daß soziale Marktwirtschaft mehr ist als eine »Sozialtechnik« (mit Betonung auf dem zweiten Teil des Wortes), sondern einen ins Ökonomische übersetzten kathegorischen Imperativ verdeutlicht: Jeder Marktteilnehmer muß sich so verhalten, daß das Ganze funktionieren kann, damit ohnehin wenig helfende Staatseingriffe möglichst ganz unterbleiben. Dann hat der Bundeswirtschaftsminister erreicht, was seines Amtes ist: ein günstigeres Wachstumsklima für die ihm anvertraute soziale Marktwirtschaft in der Bundesrepublik Deutschland. Auch und gerade für die vor uns liegende schwierige Wegstrecke der 80er Jahre.

KAPITEL I

SICHER DURCH DIE ENERGIEKRISE

Die Weltenergiekrise ist *der* Test auf die Marktwirtschaft schlechthin, nicht nur heute, sondern erst recht morgen, nicht nur national, sondern inzwischen weltweit.

Wenn wichtige Ressourcen, wie heute das Öl – morgen vielleicht auch andere fossile Brennstoffe –, anfangen knapp zu werden, können sie nicht billig bleiben. Sie müssen teurer werden, ob uns das paßt oder nicht. Es ist die einzige, aber wirksame Methode, die uns alle als Energiekonsumenten lehrt, mit dem knappen Rohstoff sparsamer umzugehen und die gleichzeitig allen Energieproduzenten (denen, die es sind und denen, die es morgen werden können) den nötigen Anreiz bietet, heute noch unwirtschaftliche Alternativenergiequellen zu erschließen. Der billige Ölpreis, den wir viel zu lange hatten, war in Wahrheit eine Prämie auf wirtschaftlichen und technologischen Stillstand. Wir haben, weil Öl für »ewig« billig zu sein schien, sowohl zu wenig wie auch in der falschen Richtung geforscht und entwickelt. Damit ist es nun endgültig vorbei.

Der Ölschock war in Wahrheit das etwas gewaltsame Erwachen aus einer Illusion, nämlich der, daß Energie kein »wirtschaftliches«, sondern ein fast »freies« Gut wäre, das man jenseits der Marktwirtschaft zu einem »Billigtarif« beziehen könne.

Wir müssen nun in wenigen Jahren aufholen, was wir ein Vierteljahrhundert lang versäumt haben, weil die ökonomische Triebfeder (in Form hoher Preise) fehlte. Dabei wird der hohe und weiter steigende Ölpreis den technischen Fortschritt in Bereichen der Alternativenergie und Substitutionskonkurrenz ermöglichen und finanzieren helfen.

Zu diesem marktwirtschaftlichen Innovationsnachholprozeß gibt es keine Alternative, so wenig wie es nach dem Zweiten Weltkrieg in der Bundesrepublik eine Alternative zum Wiederaufbau der deutschen Volkswirtschaft mit den Mitteln und Methoden der sozialen Marktwirtschaft gab.

Wer heute noch glaubt, den unvermeidbar hohen Ölpreis herunterreden oder -subventionieren zu können, wird aus der Ölpreisverteuerung eine Ölversorgungskrise machen, an der nicht einmal den eventuell den Ölmangel verwaltenden, nicht behebenden Beamten gelegen sein kann.

Unser eigentliches Problem ist darum auch nicht so sehr der hohe Ölpreis, mit dem wir, bis Ersatzenergie zur Verfügung steht, überleben können und werden, sondern der steigende Teil unseres Realeinkommens, den wir jetzt und in Zukunft für die Bezahlung des teuer gewordenen Energierohstoffes an andere Ölförderländer abführen müssen.

Die Wirtschaftspolitik steht daher vor der schwierigen Doppelaufgabe, die Daten zu setzen, um:

- zu verhindern, daß die uns über den Ölpreis »weggesteuerten« Einkommensteile im Inland ein zweites Mal verausgabt werden, was unweigerlich Inflation zur Folge hätte;
- gleichzeitig aber sicherzustellen, daß die Ölpreisgewinner (OPEC- und andere Förderstaaten und auch die Öl-Multis) den rechten Gebrauch von ihren Zusatzeinnahmen machen; diese möglichst sinnvoll investieren, damit sie als Nachfrage wieder zu uns zurückkehren aber auch nach dem Ölzeitalter unseren Energiebedarf decken können. Nur die Marktwirtschaft kann diese Probleme lösen.

I.1.

Die Energiekrise läßt sich nur mit dem Markt lösen

Energiepolitik als Verbotswirtschaft – das scheint immer das Traumziel einiger unverbesserlicher Interventionisten, die ihren tauben Weizen mit jeder Ölpreiserhöhung aufs neue blühen sehen. Nichts kann sie erschüttern: Die permanente Kette von Zusammenbrüchen staatlicher Eingriffe, Vorschriften, Preiskontrollen – von Hammurabis Höchstpreisen für geliehene Ochsen bis zum amerikanischen Benzinpreisspektakel – machen sie nicht erkennbar nachdenklich. Sie können sich nicht mit der Vorstellung befreunden, daß es besser ist, sich an das Prinzip von Angebot und Nachfrage zu halten und auf Eigenverantwortlichkeit und Selbstinteresse zu setzen.

Wer das tut, plädiert nicht für wirtschaftspolitisches Laisser-faire. Er tritt vielmehr für eine Wirtschaftspolitik ein, die in erster Linie marktwirtschaftliche Kräfte für ihre Ziele ausnützt und sich nicht – à la Don Quichotte – müht, gegen ökonomische Logik anzukämpfen. Neben oder gar gegen die Kräfte des Marktes ist vernünftige Energiepolitik nämlich nicht möglich.

Kein Weg führt uns an der Erkenntnis vorbei, daß es keine realistische Möglichkeit gibt, sich um die vom OPEC-Kartell gesetzten Preise herumzumogeln. Jede Rohölpreisverteuerung bedeutet eine reale Produktions- und Einkommensübertragung in die OPEC-Länder, die im Inland nicht mehr verteilt werden kann. Dieser Konsequenz ist mit Wünschen und Träumen nicht zu begegnen. Die Wirtschaftspolitik darf dieses Problem nicht mit Emotionen befrachten, sondern muß mit ökonomischem Verstand an die Dinge herangehen.

Die OPEC-Länder erwerben mit steigenden Preisen einen größeren Anspruch auf das hier erwirtschaftete Sozialprodukt. Diese Wohlstandsabtretung an die Ölländer kann der einzelne wie die gesamte Volkswirtschaft nur durch Einsparung von Öl reduzieren und durch steigende Exporte etwas weniger fühlbar machen. Überspielen läßt sie sich nicht. Streiten können wir uns auch nicht darüber, wer letztlich den (relativen) Wohlstandsverlust zu tragen hat. Welche gutgemeinten Ratschläge dazu auch immer gegeben werden: eine solche globale und dauerhafte Datenänderung, wie sie auf dem Energiemarkt in den letzten Monaten erfolgt ist, trifft in jedem Falle entweder den Verbraucher oder den Steuerzahler, und beide sind meistens identisch.

Auch den sozialen Abträglichkeiten der Ölpreissteigerungen wird man nicht durch unmittelbare staatliche Preissetzung und Preiskontrolle gerecht. (Es gibt einige Länder, in denen das Mittel der Preisregulierung durch den Staat Tradition hat und gepflegt wird; die Ergebnisse für den Verbraucher, sowohl was die Preise als auch die Verfügbarkeit der Waren angeht, ermutigen allerdings nicht zur Nachahmung.) In Frage kommen nur direkte Einkommenshilfen. Ich habe bereits sehr früh auf die Möglichkeit einer einmaligen sozialen Flankierung als Übergangshilfe aufmerksam gemacht und sie befürwortet. Hilfsmaßnahmen für einkommensschwache Verbraucher, die vom Preissprung im lebensnotwendigen Energieverbrauch unzumutbar hart getroffen werden, sind das richtige Instrument.

Zur »Abwehr des Angriffs der OPEC« auf ihr Sozialprodukt haben die Industrieländer 1974/75 versucht, den Ölpreiseffekt vor-, rück- und weiterzuwälzen. Aber dies und auch der Einsatz von Notenpresse und protektionistischen Praktiken, von lohn- und währungspolitischen Instrumenten haben die Abtretung eines größeren Teils ihres Sozialprodukts nicht verhindern können. Die Industrieländer haben sich durch die verschiedenen Ausweichmanöver und Verteilungskonflikte nur noch zusätzliche Instabilität, Wohlstandsverluste und Arbeitslosigkeit eingehandelt.

Wir sollten alle daraus gelernt haben und das Unvermeidliche zunächst einmal akzeptieren. Der erste Verlust ist auch hier noch immer das kleinere Übel. Außerdem können wir uns schneller auf die eigentlichen Aufgaben konzentrieren: eine allgemeine Preiswelle und neue Inflationsmentalität vermeiden, die Wachstumsperspektiven stabilisieren, strukturelle Anpassungsprozesse beschleunigen. Für die Energiepolitik hat dies zusätzlich den Vorteil, ohne kostspielige Umwege rasch zu einem neuen Gleichgewicht der Energiepreise und Preisstrukturen zu kommen. Gefragt sind die richtigen Signale für die Energie-, insbesondere Öleinsparung, für den breiteren Einsatz von Substitutionsenergien und die Entwicklung neuer Energiequellen.

Preisregulierungen gegen die Markttendenzen sind nichts anderes als ein Kurieren an Symptomen, das im Ergebnis nur zu Angebotsverknappungen führen würde. Man muß schon an den Ursachen ansetzen, mit anderen Worten: die Nachfrage drosseln durch forciertes Energiesparen und das Angebot verbessern durch die Bereitstellung von Alternativenergien.

Die größten kurzfristigen Erfolgsaussichten liegen zweifellos in der Energieeinsparung, die damit besondere gesamtwirtschaftliche Dringlichkeit erhält. Marktgerechte Preise sind dafür eine notwendige Bedingung. Heruntermanipulierte Preise hindern daran, das Einsparziel zu erreichen, weil sie die tatsächlichen Knappheitsverhältnisse nicht wiedergeben. Aber auch zu hohe Preise, die auf Mißbrauch von Marktmacht beruhen, sind keine dauerhafte Grundlage für langfristige Investitionen zur Energieeinsparung, von ihren sozialen Implikationen ganz zu schweigen.

Machtmißbrauch bei der Preisgestaltung auf den Energiemärkten wird daher, sofern er tatsächlich vorliegt und nachweisbar ist, vom Bundeswirtschaftsminister und vom Kartellamt auch im Hinblick auf mögliche Energiespareffekte nicht anders beurteilt als Mißbrauch von Marktmacht in anderen Bereichen.

In der Elektrizitäts- und Gasversorgung sind der Durchsetzung von mehr Wettbewerb wegen der technischen und ökonomischen Besonderheiten natürliche Grenzen gesetzt. Das heißt nicht, daß es hier keinen Wettbewerb geben dürfte. Es wird sich erweisen müssen, ob das System der Gebietsmonopole durch die Ergänzung des Kartellrechts zukünftig einerseits ausreichend durchlässig und andererseits den versorgungswirtschaftlichen Erfordernissen gerecht werden kann.

Je rascher sich das Verhalten der Verbraucher den neuen

Preisrelationen anpaßt, desto geringer werden die Risiken einer echten Mengenkrise und damit staatlicher Interventionen und Zuteilungsmechanismen. Wichtig ist, daß die Wirtschaftspolitik Hemmnisse abbaut, die den Anpassungsprozessen entgegenstehen, und so marktgerechtes Verbraucherverhalten unterstützt. Dabei muß nicht gleich an einen generellen Umbau des Baurechts und des Steuersystems gedacht werden, obwohl hier sicher Hemmnisse zu vermuten sind, weil diese Bereiche vielfach vor 1974 in einem anderen energiepolitischen Umfeld nach anderen Kriterien konzipiert wurden. Nach möglichen Hemmnissen ist zu forschen und ebenso danach, ob sie abgebaut werden können.

Soweit der marktmäßige Anpassungsprozeß auch nach der Beseitigung von Hemmnissen zu langsam vorankommen dürfte und wir Gefahr laufen würden, mit hohen volkswirtschaftlichen Kosten der Entwicklung auf den Weltenergiemärkten hinterherzuhinken, müssen zusätzliche Anreize zur Beschleunigung der Marktprozesse gegeben werden. Aber alle Maßnahmen sind in den Gesamtzusammenhang staatlicher Politik einzupassen. Nur so können die für Verbraucher und Investoren notwendigen stabilen Rahmenbedingungen gewährleistet werden.

Für die Energieeinsparpolitik wäre eine solche neue langfristige Rahmenbedingung beispielsweise die vollständige oder teilweise Umlegung der Kfz-Steuer auf den Benzinverbrauch. Auch auf der Angebotsseite, das heißt, der Entwicklung und dem Einsatz neuer Energiequellen sind solche, den Anpassungsprozeß forcierende Rahmenbedingungen notwendig. Die Risiken der Entwicklung und Markteinführung neuer Heizungssysteme für die Energieversorgung der Haushalte sind für Hersteller und potentielle Kunden oft schwer kalkulierbar. Um in solchen Fällen rascher Bewegung in die Märkte zu bringen, sind gezielte Anreize notwendig. Die Bundesregierung ist hier in der Vergangenheit bereits tätig geworden. Sie muß es erforderlichenfalls auch weiterhin sein.

Das gilt besonders für die Errichtung großtechnischer Anlagen etwa zur Kohlevergasung oder Kohleverflüssigung. Wegen der langen Entwicklungszeiten liegen hier die wirtschaftlichen Perspektiven so weit in der Zukunft, daß private Unternehmen über die Grenze einer vertretbaren Kalkulierbarkeit hinausgehen müßten. Solche Technologien würden ohne staatliche Hilfestellung erst so spät einen Beitrag zum Energieangebot leisten können, daß vorher erhebliche Versorgungsengpässe auftreten könnten. Dieses Risiko für die gesamte Volkswirtschaft muß vermieden werden. Es ist daher notwendig, potentiellen Investoren bestimmte Mindestbedingungen durch den Staat zu garantieren.

Dabei muß die Leitfunktion der Preise erhalten bleiben, darf kein Subventionsdschungel entstehen, müssen die Kosten transparent bleiben, die Förderung zeitlich begrenzt, reversibel und degressiv angelegt werden. In jedem Fall muß das unternehmerische Element, die unternehmerische Verantwortung vorherrschen. Damit erreichen wir mehr als mit staatlichem Dirigismus und Bürokratismus.

Eine Energiepolitik, die sich auf die bloße Verwaltung des knappen Gutes Energie beschränkt und sich erschöpft in Vorschriften für Wärmedämmung, kältere Wohnungen und anderes Fahrverhalten begibt sich ohne Not in die Defensive mit all den Nachteilen, die einer solchen Position anhaften. Allein reicht das ganz gewiß nicht aus. Vor allem kommt es darauf an, die Herausforderung anzunehmen und den in unserer Volkswirtschaft steckenden Ideenreichtum zu aktivieren, auf technischem, wirtschaftlichem und wirtschaftspolitischem Felde. Es geht heute und in Zukunft nicht darum, nur mit einer kurzfristigen, vorübergehenden Angebotsverknappung zurechtzukommen. Die notwendigen Maßnahmen müssen auf Dauer angelegt sein.

Angesichts der Notwendigkeiten ist es allerdings erstaunlich, mit welchem kurzen Zeithorizont derzeit oftmals über Energiepolitik diskutiert wird, welche Vorstellungen über die Gängelung der Verbraucher Platz greifen und wie selbstverständlich der Staat und die staatliche Wirtschaftspolitik zur bloßen Überwachungs- und Kontrollinstanz gestempelt werden. Es mag sein, daß manche Einsparziele auf diese Weise schneller und bequemer erreicht werden – aber um welchen Preis!

Wenn wir heute die Weichen falsch stellen, uns auf Instrumente wie Höchstpreisverordnungen, Fahrverbote, Zuteilungssysteme und ähnliches verlassen würden, dann bekämen wir nur eines mit Gewißheit: den »bürokratischen Energiestaat« und bestenfalls »qualitatives Nullwachstum«.

Für liberale Wirtschaftspolitik ist das keine Perspektive. Unsere Vorstellungen sind ehrgeiziger – gesellschaftspolitisch wie ökonomisch. Auf marktwirtschaftlichem Weg werden wir sie erreichen.

I.2

Es gibt mehr Energieträger als das Öl – Eine langfristige Perspektive

I.

Für die Industrieländer war es ein schmerzhafter Prozeß, sich bewußt zu werden, in welchem Maße der in den letzten Jahrzehnten erreichte Wohlstand von einem unerhört steilen Wachstum des Energieverbrauchs getragen und ermöglicht wurde und wird.

Die Weltenergieverbrauchszahlen sprechen für sich: von 1925 bis 1950 kletterte die Zahl »nur« von 1 Milliarde auf 2 Milliarden Tonnen Öleinheiten, dann aber auf der Woge der damals scheinbar unerschöpflichen Quellen billigen Öls binnen 25 Jahren auf jetzt etwas über 6 Milliarden Tonnen; bis zum Jahr 2000 rechnen die energiewirtschaftlichen Institute mit einer Verdoppelung auf etwa 12 Milliarden Tonnen, und in den ersten Schätzungen bis zum Jahr 2020 oder 2030 sprechen die Vorsichtigen von 16 Milliarden Tonnen, andere von der nahezu unfaßbaren Zahl von 24 Milliarden Tonnen Öleinheiten.

Die herausragende Rolle der USA für diese Entwicklung bedarf dabei kaum einer Erwähnung; wenn dort nicht mehr als bisher gespart wird, wenn die Bemühungen des amerikanischen Präsidenten um eine Drosselung des Erdölverbrauchs nicht größere Unterstützung finden, dann allerdings werden wir wohl die höchsten Schätzungen als realistisch betrachten müssen.

Aber dieser Hinweis entbindet uns nicht von der Verpflichtung, im eigenen Haus alle Einsparmöglichkeiten auszunutzen.

Mit der Ölpreisexplosion von 1973/74 kam als erster großer Schock die Erkenntnis, daß die Ölvorkommen durchaus endlich sind, die Ölförderung deshalb nicht mehr beliebig steigbar ist und daß folglich das Öl teuer und immer teurer werden wird.

Dieser Schock hat zugleich die Einsicht gefördert, daß die Energieprobleme der Zukunft nur noch in möglichst enger weltweiter Zusammenarbeit lösbar sind.

Die Schlußfolgerungen aus dieser Erkenntnis halten sich freilich immer noch in relativ engen Grenzen. Denn es gibt nach wie vor keine gemeinsame Energiepolitik etwa in der Europäischen Gemeinschaft, die diesen Namen verdient.

Aber immerhin ist international ein wichtiger Anfang gemacht worden: Die Energiepolitik ist inzwischen auf jedem Weltwirtschaftsgipfel ein zentrales Thema.

In der Internationalen Energieagentur haben sich die Industrieländer einen wirksamen Krisenmechanismus zu schaffen versucht und zumindest gemeinsam Grundsätze für die Bewältigung der langfristigen Probleme entwickelt.

Bei den ganz unterschiedlichen wirtschaftspolitischen Grundvorstellungen der Mitgliedsstaaten ist es schon eine beachtliche Leistung, daß heute jährlich die Energiepolitik jedes Mitgliedslandes überprüft und das Ergebnis dieser Prüfung anschließend veröffentlicht und oft kritisch gewertet wird.

Die Mitglieder der IEA haben sich vor allem auf folgende Grundsätze geeinigt:

- Durch aktive Politik des Energiesparens und der rationellen Energieverwendung läßt sich der für ein bestimmtes gesamtwirtschaftliches Wachstum erforderliche Zuwachs des Energieverbrauchs zwar deutlich verringern, er bleibt aber dennoch beachtlich und wird in hochentwickelten Industrieländern 0,5 bis 0,8 Prozent je 1 Prozent Wachstum des Sozialprodukts kaum unterschreiten.
- Die alternativen regenerativen Energien und neuen Energietechnologien müssen mit aller Macht gefördert werden.
  Die Versorgungsbeiträge aus derartigen Quellen werden nach fast allen Schätzungen um das Jahr 2000 aber erst bei 5 bis allenfalls 10 Prozent liegen.
- Für den Zuwachs des Energieverbrauchs bis in das nächste Jahrhundert hinein stehen im wesentlichen deshalb nur Kohle und Kernenergie zur Verfügung.
- Besondere Beachtung verdienen die Energieprobleme der

Entwicklungsländer, da sie von der Steigerung der Energiepreise weitaus am härtesten getroffen werden.

- Notwendig ist schließlich auch eine intensivere Zusammenarbeit zwischen den Energie-Verbraucherländern und -Erzeugerländern, weil beide Gruppen eine große Verantwortung für eine stabile, die Entwicklung der Weltwirtschaft nicht gefährdende Weltenergieversorgung tragen.

Der Schritt von solchen Erkenntnissen zu notwendigerweise unbequemen Entscheidungen und Veränderungen liebgewordener Gewohnheiten ist naturgemäß nicht leicht.

Er fiel um so schwerer, als die Situation sich schon bald nach dem 73er Ölschock erstaunlich entspannte.

Eine weltweit unbefriedigende Konjunkturentwicklung, beginnendes Energiesparen und die neuen Ölfelder in Nordsee und Alaska führten zu kurzfristig trügerischem Energieüberfluß.

Übereinstimmend herrschte die Auffassung, daß es erst Mitte oder Ende der 80er Jahre zu Ölverknappungen kommen werde.

In diesem Umfeld beschloß die Bundesregierung Ende 1977 nach sehr eingehender und breiter Diskussion des Kernenergiethemas eine Zweite Fortschreibung ihres erstmals kurz vor der 73er Krise vorgelegten Energieprogramms.

Es ist ganz überwiegend auf eine Anpassung unserer Energiestrukturen an die sich abzeichnenden Probleme ausgerichtet.

Die Schwerpunkte liegen dementsprechend bei

- einem umfangreichen Energiesparprogramm,
- einer massiven Förderung des Einsatzes deutscher Steinkohle,
- einem wohlgewogenen Kernenergiekonzept und
- einer starken Erhöhung der nichtnuklearen Energieforschung.

II.

Diese scheinbare Ruhe an der Energieversorgungsfront wurde durch die Ereignisse in Iran schlagartig beendet.

Plötzlich standen nicht mehr die langfristigen Probleme, sondern Fragen nach der aktuellen Versorgungssituation und nach der Einsatzfähigkeit der nationalen und internationalen Krisenmechanismen im Vordergrund der Diskussion.

Weltweit stellt sich die Situation wie folgt dar:

- Der Ausfall der Iran-Produktion ist von anderen Förderländern nur zum Teil ausgeglichen worden. Iran hat in den vergangenen Jahren 250 bis 300 Millionen Tonnen Öl gefördert.
  Etwa die Hälfte dieser Menge wird z. Z. durch Fördersteigerungen der anderen Länder ersetzt.
- Niemand weiß, welchen Beitrag Iran insgesamt zur Weltrohölversorgung leisten will oder kann.
- Niemand weiß auch, ob und in welchem Umfang die Länder, die bisher mit Förderungssteigerungen den Ausfall des iranischen Öls teilweise kompensiert haben, dazu auch noch bereit sind, wenn Iran seine Exporte wieder dauerhaft aufnimmt.

Wir haben deshalb den Beschluß der Internationalen Energieagentur und der Europäischen Gemeinschaft mitgetragen, im Jahr 1979 5 Prozent des zu erwartenden Mineralölverbrauchs einzusparen.

Für die Gesamtheit der IEA-Mitglieder sind das rd. 100 Millionen Tonnen.

Ich halte diese Beschlüsse nach wie vor für richtig und wichtig, da wir damit den OPEC-Ländern unsere verstärkten Anstrengungen zur Reduzierung des Ölverbrauchs dokumentieren und gleichzeitig mithelfen, die Preisauftriebstendenzen für Mineralölprodukte zu verringern.

Denn: jede weitere Verengung des Weltölmarktes schafft zusätzlich Spielräume für Preiserhöhungen.

III.

Es sind vor allem die Preise, die Sorge machen.

Die von einer Reihe von Förderländern unterschiedlich genutzte Möglichkeit, über die OPEC-Beschlüsse vom März 1979 hinausgehende Preisaufschläge zu fordern, bedeutet, daß die Rohölpreissteigerung in der Bundesrepublik gegenüber 1978 nicht 12 Prozent, sondern gegenwärtig rd. 30 Prozent beträgt.

Die westlichen Industrieländer werden dadurch zusätzlich

belastet, die Bundesrepublik allein mit ca. 2 Milliarden Dollar.

Ich habe große Sorgen, daß die Mineralölpreiserhöhungen das Inflationstempo in den Industrieländern erhöhen; zumal inzwischen von einigen Ölförderländern weitere Preiserhöhungen angekündigt werden.

Für die konjunkturelle Entwicklung und insbesondere im Hinblick auf eine weitere Verbesserung auf dem Arbeitsmarkt wäre es verhängnisvoll, wenn die gestiegenen Rohölpreise zum Anlaß für überproportionale Preisanhebungen für petrochemische Produkte genommen würden.

Die Mineralölwirtschaft und die chemische Industrie sollten, wie auch die übrige Wirtschaft, eine gesamtwirtschaftlich verantwortliche Preispolitik verfolgen, um die noch labile Konjunkturentwicklung nicht zu gefährden.

IV.

Die Einschätzung der mittel- und langfristigen Perspektiven unserer Energieversorgung hat sich durch die Ereignisse der letzten Monate nicht grundlegend verändert.

Allenfalls zeichnet sich der bisher für Mitte oder Ende der 80er Jahre vorausgesagte grundlegende Umschwung am Weltölmarkt durch die Ereignisse in Iran schon jetzt ab.

Es ist wohl realistisch, davon auszugehen, daß die Ölförderung, gemessen an unserer bisherigen Nachfrage, zukünftig eher an der Knappheitsgrenze verlaufen wird.

Somit ist die Zweite Fortschreibung des Energieprogramms vom 14. Dezember 1977 keineswegs überholt. Die Frage einer Revision unseres Energieprogramms stellt sich deshalb nicht.

Freilich ist unsere Energiepolitik nichts Statisches, sie ist vielmehr ein dynamischer Prozeß, bei dem wir innerhalb unverändert gültiger Grundlinien auf das aktuelle Geschehen flexibel reagieren müssen.

Iran und die dadurch ausgelösten Unsicherheiten über die weitere Mengen- und Preispolitik der OPEC und die aktuellen Öleinsparbeschlüsse der Internationalen Energieagentur und der Europäischen Gemeinschaften sind für uns deshalb Anlaß, die in der Zweiten Fortschreibung beschlossenen Maßnahmen kritisch daraufhin zu überdenken, welche Bereiche verstärkt werden könnten; ebenso wie der Störfall in Harrisburg ein Grund ist, die spezifischen Risiken der Kernenergie unvoreingenommen und ohne Emotionen zu diskutieren.

V.

Eine wichtige Meßlatte für den Erfolg unserer Energiepolitik ist und bleibt das Ausmaß, in dem es uns gelingt, den Ölanteil an unserer Energieversorgung zu verringern und den verbleibenden Anteil zu sichern.

Wir verfolgen deshalb seit Jahren eine konsequente Politik des »weg vom Öl« bei gleichzeitiger Verbesserung der Versorgungssicherheit.

- Sie ist vor allem gekennzeichnet durch freie Preisbildung: Wir haben bereits in der Ölkrise 1973/74 und auch jetzt wieder auf die Einsparwirkung hoher Preise gesetzt.
- Der Öleinsatz in Kraftwerken ist eingeschränkt – 1978 wurden nur noch knapp 9 Prozent des Stromes aus Heizöl erzeugt; 1973 waren es noch rd. 15 Prozent. Es gilt und bleibt das grundsätzliche Verbot, neue Ölkraftwerke zu bauen.
- Die Bundesregierung unterstützt zugleich die Verbreiterung der Ölversorgungsbasis mit DEMINEX-Programmen.
- Wir haben in der Bundesrepublik Ölvorräte angelegt, die derzeit ohne die Bestände der gewerblichen und privaten Verbraucher eine Reichweite von ca. 105 Tagen haben.

Nach den Schätzungen der energiewirtschaftlichen Institute, die wir nach wie vor für realistisch halten, wird sich der Ölanteil an unserer Versorgung von gegenwärtig rd. 52 Prozent über 46 Prozent im Jahre 1985 auf rd. 27 Prozent im Jahre 2000 verringern. Vor dem Hintergrund eines Anstiegs des Primärenergieverbrauchs von heute rd. 375 Millionen Tonnen SKE auf eine Größenordnung von etwa 550 bis 600 Millionen Tonnen SKE setzt das ganz enorme Anstrengungen voraus, die Alternativen zum Mineralöl zu entwickeln.

Andererseits wird aus den Zahlen deutlich, daß wir auf Mineralöl auch langfristig keineswegs verzichten können.

Nach den Schätzungen der Institute ist zu erwarten, daß

der Ölverbrauch noch bis 1985 langsam ansteigt, dann bis 1990 stagniert und sich danach in zunehmendem Maße verringert.

Die aktuelle Versorgungssituation und die langfristigen Perspektiven machen zweierlei klar:

- Wir müssen – über die jetzt bereits bestehenden Maßnahmen hinaus – die Politik der Ölsubstitution noch verstärken.
- Wir brauchen andererseits eine leistungsfähige, zukunftsorientierte Mineralölindustrie, um unsere Versorgung langfristig sicherzustellen. Die Mineralölindustrie ist – worauf ich eben hingewiesen habe – noch Wachstumsbranche – eine Tatsache, die in der öffentlichen Diskussion gelegentlich unberücksichtigt bleibt.

Lassen Sie mich diese beiden Punkte noch etwas näher beleuchten.

Was die Möglichkeiten einer verstärkten Ölsubstitution anlangt, so entfällt vom gesamten inländischen Verbrauch an Mineralölprodukten rd. die Hälfte auf Bereiche, in denen ein nennenswerter Ersatz des Öls zumindest auf kürzere Sicht kaum möglich erscheint.

Das gilt besonders für den Straßenverkehr, die chemische Industrie und kleinere Bereiche, wie Flugzeugbenzin, Schmierstoffe, Bitumen sowie in begrenztem Umfang auch für die Stromerzeugung.

Der Verkehrssektor mit einem Anteil von 27 Prozent des Ölverbrauchs ist fast 100prozentig vom Mineralöl abhängig.

Wir wollen weder den Individualverkehr noch den gewerblichen Güterverkehr künstlich einschränken. Die langfristige Chance liegt vielmehr in der Entwicklung zu den herkömmlichen Kraftstoffen.

Hier ist die Bundesregierung seit Jahren mit erheblichem Mittelaufwand engagiert.

Im Vordergrund stehen der Einsatz von Methanol sowie die Verflüssigung von Kohle.

Der Einsatz in größerem Umfang ist vor allem eine Frage der Wirtschaftlichkeit.

Noch sind auch einige technologische Probleme ungelöst.

In die längerfristigen Planungen auch der Mineralölindustrie aber sollte der Einsatz von Ersatzkraftstoffen und auch von alternativen Antriebstechnologien etwa beim Auto im Stadtverkehr schon heute ins Auge gefaßt werden.

Und nun zum Strombereich:

Dort werden heute vor allem dank der Verstromungsgesetze und der Kernenergie nur noch knapp 9 Prozent durch Öl erzeugt, das sind lediglich 4 Prozent des gesamten Ölverbrauchs.

Dieses Öl wird vor allem in Süddeutschland sowie zur Dekkung der Spitzenlast eingesetzt.

Die Möglichkeiten einer weiteren kurzfristigen Verringerung des Öleinsatzes haben wir mit der Elektrizitätswirtschaft vor kurzem diskutiert. Inzwischen hat die Elektrizitätswirtschaft mitgeteilt, daß sie sich bemühen wird, den Öleinsatz um 300 000 Tonnen weiter zurückzunehmen.

Angesichts des relativ geringen Spielraums für Ölsubstitution in Kraftwerken ist dies ein anerkennenswerter Beitrag zur Einsparung von Öl.

Bei der anderen Hälfte des Ölverbrauchs sehen wir dagegen noch nennenswerte Möglichkeiten, Öl zu ersetzen:

- Als erste nenne ich den Haushaltsbereich und den Gewerbebereich mit einem Anteil von insgesamt 33 Prozent am Ölverbrauch.

  Dort wird vor allem leichtes Heizöl verwendet, und dieses auch fast ausschließlich oder überwiegend für Heizungszwecke.

  Als Substitutionsenergien kommen vor allem Erdgas, Fernwärme und Strom in Frage.
- Der Industriebereich ist mit einem Anteil von 19 Prozent am Ölverbrauch beteiligt.

  Eingesetzt wird vor allem schweres Heizöl, und zwar überwiegend zur Erzeugung von Prozeßwärme.

Zieht man das Resümee der Substitutionsmöglichkeiten, so liegen kürzerfristig realisierbare Ansätze vor allem im Ersatz von schwerem Heizöl durch Kohle, und zwar nur begrenzt in der Stromerzeugung und in größerem Umfang bei der Industrie, wobei hier allerdings ökonomisch wohl nur Importkohle in Betracht kommen könnte.

Dabei bin ich mir darüber im klaren, daß jede Verdrängung schweren Heizöls durch Kohle die Strukturprobleme der Mineralölwirtschaft verschärfen würde.

Raffinerieüberkapazitäten und die aus den tiefgreifenden Veränderungen der Nachfrage entstandenen Probleme der Ausbeutestruktur haben in den vergangenen Jahren die Lage der Mineralölindustrie gekennzeichnet.

Die daraus resultierenden erheblichen Verluste der Mineralölverarbeitung, die es in allen europäischen Ländern unabhängig von der jeweiligen Organisation des Mineralölmarktes und in ähnlicher Größenordnung gab, haben nicht nur die Unternehmen selbst und ihre Angehörigen, sondern auch die Energiepolitik beschäftigt. Denn trotz aller energiepolitischer Bemühungen um eine Verringerung der Abhängigkeit unserer Energieversorgung vom Mineralöl gilt:

Mineralöl bleibt noch auf lange Zeit unser wichtigster Energieträger, die Sicherstellung der Versorgung erfordert von der Mineralölindustrie auch in Zukunft ganz erhebliche Investitionsanstrengungen.

Die Wiedergewinnung der Wirtschaftlichkeit der Mineralölverarbeitung war deshalb stets auch Ziel der Energiepolitik der Bundesregierung.

Dabei ging die Politik allerdings stets davon aus, daß der Anpassungsprozeß in erster Linie und in ganz überwiegendem Maße von den Unternehmen selbst bewältigt werden müsse.

Dies wurde im Laufe der Jahre zur einhelligen Auffassung der Industrie selbst, anfangs vielleicht hier und da unterschiedlich stark ausgeprägt und vereinzelt auch begleitet von Forderungen nach stärkerer staatlicher Flankierung.

Die Mineralölgesellschaften schreiben im Bereich Mineralölverarbeitung und -vertrieb wieder schwarze Zahlen.

Hier wirken sich die Anpassungserfolge aus, allerdings wohl verstärkt durch die Preiserhöhungen im Gefolge der Versorgungsanspannungen der letzten Monate.

Trotzdem sind die Strukturprobleme noch nicht alle gelöst, und eine Normalisierung der Versorgungslage würde sie wahrscheinlich wieder deutlicher erkennen lassen.

So ist auch nach Einschätzung der Mineralölindustrie das schwere Heizöl mittelfristig weiterhin das die Raffinerieauslastung begrenzende Mineralölprodukt.

Dennoch kann im Hinblick auf die Versorgungsrisiken auf eine weitere Zurückdrängung des schweren Heizöls, wo immer sie – etwa im Industriebereich – möglich erscheint, nicht verzichtet werden.

Dies muß allerdings parallel mit einem weiteren Ausbau der Konversionskapazitäten geschehen, weil sonst unsere Abhängigkeit von Produktenimporten immer noch weiter anwachsen würde.

VI.

Die erneut sichtbar gewordenen Risiken unserer Energieversorgung unterstreichen, wie richtig wir mit der in der Zweiten Fortschreibung des Energieprogramms gesetzten Priorität »rationelle und sparsame Energieverwendung« liegen.

Die Bundesregierung hält auch in diesem Bereich die Mobilisierung der Marktkräfte, d. h. Nachfragedämpfung über den Preis und die Information des Verbrauchers für den effektivsten Weg.

Erst in zweiter Linie erlassen wir staatliche Vorschriften oder fördern wir die rationelle und sparsame Energieverwendung durch finanzielle Hilfen.

Die meisten in der Zweiten Fortschreibung des Energieprogramms angekündigten Maßnahmen konnten inzwischen verwirklicht werden.

Ich nenne hier nur das 4,35-Milliarden-DM-Programm des Bundes und der Länder zur Förderung heizenergiesparender Investitionen in bestehenden Gebäuden, durch das auch die Einführung von Solaranlagen und Wärmepumpen gefördert wird, die Förderung der Kraftwärmekopplung sowie die Wärmedämmnormen für Neubauten und die Heizungsanlagen und -betriebsverordnung.

In diesen Zusammenhang gehören auch die auf Anregung der Bundesregierung aufgenommenen Verhandlungen zwischen Elektrizitätswirtschaft und Industrie über die Nutzung des industriellen Überschußstroms, bei denen sich – endlich – die notwendigen Fortschritte zeigen.

Ich habe stets unterstrichen, welche Bedeutung ich der Wettbewerbssituation in der leistungsgebundenen Versorgungswirtschaft beimesse.

Die weitgehende Ausschaltung der dynamischen Steuerungs- und Kontrollfunktionen des Wettbewerbs in diesem

Bereich macht es unabdingbar, den sich hieraus ergebenden möglichen negativen Folgen insbesondere auch hinsichtlich der Preisgünstigkeit in den verschiedenen Versorgungsgebieten besondere Aufmerksamkeit zu widmen.

Ich bin mir bewußt, daß die unbestreitbaren technischen und ökonomischen Besonderheiten der Elektrizitäts- und Gasversorgung der Durchsetzung von Wettbewerb in diesem Bereich deutliche Grenzen setzen.

Es bedarf daher bei allen Überlegungen einer sorgfältigen Abwägung der ordnungs- und energiepolitischen Gesichtspunkte.

Die 4. Kartellgesetznovelle sieht bereits eine Verstärkung der spezifischen Mißbrauchsaufsicht über die Versorgungswirtschaft vor.

Im Zusammenhang mit den insbesondere von Niedersachsen vorgeschlagenen weitergehenden Vorstellungen zur Auflockerung der Gebietsmonopole habe ich jedoch im Bundeswirtschaftsministerium eine erneute eingehende Überprüfung des gesamten Problemkomplexes veranlaßt.

Aufgrund dieser Prüfung komme ich zu folgendem Resümee:

1. Der niedersächsische Vorschlag hat ganz ohne Zweifel gerade unter ordnungspolitischen Gesichtspunkten seine interessanten Seiten.
   Er würde aber eine grundsätzliche Abkehr von dem geltenden umfassenden System der geschlossenen Versorgungsgebiete bedeuten, auch wenn der Wettbewerb nur für den Teilbereich der Sonderabnehmer, nicht aber auch für die privaten Haushalte eröffnet werden soll.
   Abgesehen davon, daß ein solcher »gespaltener« Markt generell die Gefahr in sich birgt, den einen Teil der Abnehmer auf Kosten des anderen zu bevorzugen, erscheinen mir vor allem auch die Risiken des Niedersachsen-Vorschlags für die Versorgungssicherheit nur schwer absehbar.
   Es ist daher nicht ratsam, im Rahmen des 4. Kartellgesetzes eine so tiefgreifende Neuregelung, wie sie der Vorschlag Niedersachsens darstellt, anzustreben.
2. Andererseits müssen wir jedoch verhindern, daß das System der Gebietsmonopole zum Nachteil der Abnehmer erstarrt und nicht mehr flexibel genug ist, auf die versorgungswirtschaftlichen Erfordernisse zu reagieren.

Die Vorschläge für zusätzliche Neuregelungen zu § 103 GWB weisen vor allem folgende Schwerpunkte auf:

1. Die jetzige unbegrenzte Dauer der Freistellung der Gebietsschutzverträge vom Kartellverbot wird auf einen angemessenen Zeitraum gesetzlich befristet.
   Bei Ablauf der Frist soll die Kartellbehörde in begründeten Einzelfällen die Möglichkeit haben, der Fortführung eines Gebietsschutzvertrages zu widersprechen.
   Dies gilt in erster Linie dann, wenn der Vertrag die Versorgung zu spürbar günstigeren Bedingungen in ungerechtfertigter Weise verhindert, wobei diese Vorteile selbstverständlich abgewogen werden müssen mit eventuellen Nachteilen für andere Abnehmergruppen und möglichen Gefahren für die Versorgungssicherheit.
2. Außerdem wird der vorgesehene Katalog von Mißbrauchstatbeständen ergänzt um den weiteren Tatbestand der unbilligen Behinderung von Energieabnehmern oder -anbietern durch die Verweigerung der sogenannten Durchleitung, um dadurch insbesondere ungerechtfertigten Hemmnissen für eine energiewirtschaftlich sinnvolle Nutzung der Kraft-Wärme-Kopplung besser entgegenwirken zu können.

Mit einer solchen Fortentwicklung des kartellrechtlichen Instrumentariums sind einerseits die Risiken für die Versorgungssicherheit vermieden worden, die mit einer Abkehr vom bisherigen System der Gebietsschutzverträge verbunden sein können, auf der anderen Seite ist aber das Maß an Wettbewerbschancen und an Flexibilität geschaffen worden, ohne die ein funktionsfähiges Ordnungssystem auf die Dauer keinen Bestand haben kann.

Von seiten der Versorgungswirtschaft wird es sicherlich auch hiergegen Widerstände geben.

Aber auch die Versorgungswirtschaft muß sich in unsere Marktwirtschaft einordnen, wo immer dies mit den besonderen technischen und ökonomischen Gegebenheiten dieses Wirtschaftszweiges vereinbar ist.

Das Bundeskabinett hat zusätzliche Maßnahmen zur Energieeinsparung beschlossen:

- In Mietshäusern wird eine verbrauchsgerechte Heizkostenabrechnung vorgeschrieben, bei den Bundesbauten mehr für die Energieeinsparung getan und im Bereich des Bundes den Verbrauch von Ölprodukten gedrosselt.

- Die Autoindustrie drängen wir weiterhin zu konstruktiven, den Benzinverbrauch senkenden Verbesserungen.
- Wir werden die Diskussion über die Abschaffung der Kraftfahrzeugsteuer bei gleichzeitiger Erhöhung der Mineralölsteuer fortsetzen und über die Erläuterung energiesparender Fahrweise als Bestandteil des Fahrunterrichts und die Möglichkeiten einer versicherungsrechtlichen Begünstigung von Fahrgemeinschaften sprechen.
- Die Strompreise für elektrische Wärmepumpen dürfen künftig nicht mehr mit Zuschlägen belastet werden.
- Vor allem aber ist eine Verstärkung der Information des Bürgers über die Möglichkeiten zur Energieeinsparung notwendig. Soweit dieser kurze Überblick.

VII.

Weder unsere Einsparbemühungen, die im internationalen Vergleich beispielhaft sind, noch der verstärkte Kohleeinsatz können allein jedoch die Energieprobleme der Zukunft lösen.

Ebenso wäre es eine Illusion, von gerade in letzter Zeit vielbeschworenen alternativen Energiequellen wie Sonnen- und Windenergie große Beiträge zu erwarten, da, wie bereits erwähnt, nach heutigen Schätzungen im Jahre 2000 kaum über 5% des Primärenergieverbrauchs aus diesen Quellen stammen werden. Aus energiepolitischer Sicht sind wir deshalb darauf angewiesen, in gewissem Umfange auch die Kernenergie zu nutzen.

Wir sind durch die aktuellen Probleme, für die ich nur die Stichworte »Harrisburg« und »Gorleben« zu nennen brauche, erneut in eine ähnliche Diskussion über die künftige Rolle der Kernenergie geraten, wie wir sie erst im Dezember 1977 mit dem sorgfältig abgewogenen Kompromiß in der Zweiten Fortschreibung des Energieprogramms abgeschlossen hatten.

Ich halte die damals getroffene Feststellung nach wie vor für richtig:

Wir werden trotz Einsparung und vorrangiger Nutzung

der heimischen Steinkohle auf einen begrenzten Ausbau der Kernenergie auch in Zukunft nicht verzichten können.

Dabei ist ganz klar: Die Nutzung der Kernenergie darf nur unter dem absoluten Vorrang des Schutzes der Bevölkerung erfolgen.

Die Bundesregierung hat nach dem Reaktorunfall von Harrisburg eine umfassende Sicherheitsprüfung eingeleitet.

Trotz der bestehenden Unterschiede zwischen den deutschen und den amerikanischen Sicherheitssystemen sollten wir auch diese erneute Prüfung nutzen, um nach möglichen Verbesserungsmaßnahmen zu suchen.

Ich möchte aber vor der Illusion warnen, in unserer technischen Welt sei absolute Sicherheit erreichbar. Wer diese Forderung stellt, verkennt die Grenzen menschlichen Erkenntnisvermögens.

Die Forderung nach absoluter Sicherheit müßte letztlich dazu führen, auf Technik ganz zu verzichten.

Das hat auch das Bundesverfassungsgericht in seinem Kalkar-Beschluß unmißverständlich formuliert.

Was dagegen erreichbar ist und was wir auch mit allem Nachdruck anstreben, ist eine immer weitere Minimierung des verbleibenden Risikos, so daß nach menschlichem Ermessen eine Schädigung von Mensch und Umwelt praktisch ausgeschlossen ist.

Eine hinreichende Sicherung der Entsorgung ist die zweite wesentliche Voraussetzung für den Ausbau der Kernenergie.

In der Öffentlichkeit werden in jüngster Zeit wieder zunehmend »Szenarien« diskutiert, die beschreiben, was bei einem Verzicht auf Kernenergie geschähe.

Zum Teil werden diese Überlegungen unter der Devise angestellt, daß nicht nur die Option auf Kernenergie offenbleiben müsse, sondern auch die Option eröffnet werden müsse, auf Kernenergie zu verzichten.

Ich habe Ihnen bereits meine Überzeugung dargelegt, daß die zweite Alternative kein gangbarer Weg ist.

Ohne allzu detailliert auf die komplexen Zusammenhänge einzugehen, möchte ich Ihnen im folgenden anhand von fünf Thesen darlegen, welche Konsequenzen ein Verzicht auf Kernenergie national und international haben würde.

Dabei beschränke ich mich der Einfachheit halber auf die

Vorstellung, den weiteren Ausbau der Kernenergie nach Inbetriebnahme der jetzt in Bau befindlichen Reaktoren zu beenden und lasse das Schwarzweißgemälde des sofortigen und vollständigen Verzichts auf Kernenergie außer Betracht:

Energiepolitisch würde dieser Verzicht auf Kernenergie tief einschneidende Folgen haben: Bisher ist die Nachfrage nach Strom noch immer überproportional gewachsen.

Die durchschnittliche Zuwachsrate der letzten drei Jahre liegt zwar mit 4,8 Prozent etwas niedriger als erwartet, aber wir hatten da ja auch Zeiten verhaltener Konjunktur.

Verläßliche neue Aussagen lassen sich daraus nicht ableiten, zumal der Stromverbrauch im ersten Quartal 1979 wieder kräftig um 9,1 Prozent gestiegen ist.

Das ist – zurückhaltend gesagt – eine recht bemerkenswerte Zunahme.

Selbst vorsichtige Annahmen über die Entwicklung des Stromverbrauchs gehen von einer Aufstockung der heutigen Kraftwerksleistung von 86 000 MW bis zum Ende dieses Jahrhunderts um weitere 60 000 bis 80 000 MW aus.

Wenn das nicht geschähe, dann würden zwar die Lichter bei uns nicht gleich ausgehen, aber sehr zu flackern beginnen, und viele Maschinen könnten wegen Strommangels gar nicht erst eingeschaltet werden.

Von höherem Lebensstandard oder auch nur der Erhaltung der heutigen Lebensqualitäten könnten wir dann nicht einmal mehr träumen.

Wenn wir das vermeiden wollen, dann führt eben – leider – kein Weg daran vorbei, einen nennenswerten Teil neuer Kraftwerke mit Kernenergie zu betreiben.

Denn wollte man anstelle des weiteren Ausbaus der Kernenergie zusätzliche konventionelle Kraftwerke bauen, ergäben sich ganz schwerwiegende Anforderungen an die Brennstoffbeschaffung.

Heute werden in deutschen Kraftwerken bereits 100 Millionen Tonnen SKE fossile Energieträger verbrannt. Schon bei planmäßigem weiteren Ausbau der Kernkraft würde die Verwendung dieser Energieträger erheblich steigen müssen.

Wollte man aber auf weiteren Kernenergieausbau ganz verzichten, müßten – über die Jahre steigend je nach Stromverbrauchszuwachs – Ende des Jahrhunderts zusätzliche Brennstoffe in der Größenordnung von 50 bis 80 Millionen Tonnen SKE/a eingesetzt werden.

Nur ein kleiner Teil der erforderlichen Kohlemenge könnte – zu hohen Mehrkosten – aus deutscher Produktion bereitgestellt werden.

Der weit überwiegende Teil müßte unter neuen Abhängigkeiten, neuen Risiken auf einem künftig immer enger werdenden Weltkohlemarkt gekauft werden.

Es soll doch niemand glauben, daß Importkohle in 10 oder 20 Jahren noch in den gleichen Mengen und zu den gleichen günstigen Bedingungen vorhanden sein wird wie heute.

Das gilt natürlich noch mehr dann, wenn auch andere Industrieländer auf Kernkraft verzichten würden, und ein deutsches Beispiel könnte wohl den einen oder anderen Staat auch veranlassen, ähnlich zu handeln.

Wir müßten außerdem mehr Öl zur Stromerzeugung einsetzen, was energiepolitisch grundfalsch wäre.

Und wir müßten schließlich bis zu 70 zusätzliche konventionelle Kraftwerke mit ihren besonderen Umweltbelastungen bauen.

Weltweit waren Ende 1978 rd. 230 Kernkraftwerke mit 116000 MW in Betrieb.

In Bau oder Auftrag gegeben sind Kernkraftwerke mit einer Gesamtleistung von rd. 300000 MW. Diese Kapazität würde einen Beitrag zur Energieversorgung bereitstellen, der einem Kohleeinsatz von rd. 620 Millionen Tonnen oder einem Öleinsatz von rd. 430 Millionen Tonnen pro Jahr entspräche.

Dies wären rd. 22 Prozent der heutigen Welt-Steinkohleförderung oder knapp 15 Prozent der heutigen Welt-Rohölförderung, die bei einem weltweiten Verzicht auf Ausbau der Kernenergie *zusätzlich* zur Verfügung gestellt werden müßten, und zwar zu einem Zeitpunkt, in dem mit dem Beginn des Rückgangs der Welt-Ölproduktion gerechnet wird.

Die tiefgreifenden Konsequenzen für die Welt-Energiemärkte sind – sowohl im Hinblick auf die Preise als auch auf die mengenmäßigen Versorgungsmöglichkeiten – leicht vorstellbar.

Von den Kernkraftgegnern und anderen »Grünen« wird

bewußt oder unbewußt immer verdrängt: Ein Verzicht auf Kernenergie wird die Umweltschutzproblematik im Energiebereich nicht lösen, sondern lediglich verändern.

Die Gefährdung durch den GAU würde bei einem Verzicht auf weiteren Ausbau der Kernenergie zwar nicht mehr zunehmen, der statt dessen erforderliche Kohleeinsatz würde aber auf die Dauer die Umwelt möglicherweise noch bedrohlicher gefährden.

Selbst wenn die Rauchgasentschwefelung verbessert wird, bleiben schädliche Emissionen und – was häufig übersehen wird – Probleme mit der Lagerung der anfallenden Schadstoffe.

Vor allem aber würde die Erdatmosphäre zusätzlich durch Kohlendioxyd belastet.

Die Kernkraftgegner nehmen davon keine Notiz. Aber alle Fachleute diskutieren mit zunehmender Sorge derartige Klimafolgen, die sich für die Menschheit katastrophal auswirken können.

Im übrigen würde ein deutscher Verzicht auf Kernenergie überhaupt nichts nutzen, wenn unsere Nachbarländer mit dem Ausbau ihrer Nuklearindustrien fortfahren.

Schon jetzt, auch nach Harrisburg, ist deutlich, daß zum Beispiel Frankreich sein Ausbauprogramm unbeirrt fortsetzt.

Gerade im Kernenergiebereich ist eine nationale Betrachtung aber nicht mehr möglich:

Besonders bei grenznahen Standorten im Ausland trüge unsere Bevölkerung weiterhin ein Risiko, ohne daß eine deutsche Regierung auf die Sicherheit Einfluß nehmen könnte.

Dies gilt nicht nur für die benachbarten DDR und ČSSR, sondern realistisch auch im Verhältnis zu Frankreich.

Deshalb habe ich mich dafür ausgesprochen, daß internationale Mindestsicherheitsstandards eingeführt werden, die für alle Länder verbindlich sind, in denen Kernkraftwerke betrieben werden.

Wir können aber auch wirtschaftliche Überlegungen – auch wenn das manche gar nicht gern hören – nicht völlig außer acht lassen:

Kernenergie hat nach wie vor einen deutlichen Kostenvorsprung vor Kohle- oder Ölstrom.

Das bleibt auch dann, wenn die Kosten für die Sicherheit

der Kernkraftwerke steigen – schon deswegen, weil die Preise für Öl und Kohle ganz gewiß nicht zurückgehen werden.

In einer Lage, in der andere wichtige Industriestaaten den Ausbau der Kernenergie vorantreiben, brächte ein deutscher Verzicht erhebliche Nachteile für die internationale Wettbewerbsfähigkeit unseres Strompreisniveaus und damit unserer Industrie, unserer Wirtschaft.

Wir wissen alle, daß etwa 25 Prozent unserer Arbeitsplätze vom Export abhängen.

Ein Verlust an internationaler Wettbewerbsfähigkeit muß in der Bundesrepublik fast zwangsläufig zu Absatz- und Beschäftigungseinbußen führen, die kein verantwortlicher Politiker sehenden Auges auf sich nehmen kann.

Es gibt zwar sehr erhabene, sehr ehrenwerte Vorstellungen einiger intellektueller Zirkel, möglicherweise auch unter der akademischen Jugend, die vom einfachen Leben, von der Reduzierung der materiellen Bedürfnisse schwärmen und die – solange dies nur ein romantisches Ziel ist – auch ihre Anhänger finden.

Sie mag die Folge nicht ausreichend vorhandener Energie nicht allzu sehr stören.

Aber für einen Industriestaat, wie die Bundesrepublik Deutschland es nun einmal ist, kann das keine Handlungsanweisung praktischer Politik sein.

Verzicht auf Energieausbau heißt weniger Wachstum, weniger Beschäftigung, weniger Lebensstandard, und das bedeutet für ein europäisches Land unerträglich wachsende soziale Spannungen, möglicherweise politisches Chaos.

Ein Verzicht auf Kernenergie würde zugleich das Ende der deutschen Kraftwerksindustrie und den Verlust vieler Arbeitsplätze bedeuten.

Beim Bau von Kernkraftwerken sind nicht nur die eigentlichen Reaktorhersteller, sondern auch eine Vielzahl von Zulieferern und anderen Auftragnehmern beschäftigt.

Das sind überwiegend mittlere und kleine Unternehmen, die aber viele, teilweise hochspezialisierte Arbeitsplätze bieten.

Der Verzicht auf den Bau von Kernkraftwerken für die Bundesrepublik würde bereits eine Vielzahl dieser Arbeitsplätze vernichten.

Aber dabei wird es nicht bleiben.

Auch aus dem Ausland werden wir dann keine Kraftwerksaufträge mehr bekommen, wenn die Bestellerländer sich nicht mehr an den Anlagen orientieren könnten, die im Inland vorhanden sind.

Und dieses bedeutet, daß über kurz oder lang Tausende von Arbeitsplätzen allein in dieser einen Branche und ihren Lieferanten auf dem Spiel stünden, die wegen einer auch gesamtwirtschaftlich dann schlechteren Wettbewerbslage kaum in anderen Branchen der Wirtschaft angeboten werden könnten.

Unser Know-how auf diesem Gebiet ginge verloren.

Kernenergieforschung, einer der wichtigsten Bereiche deutscher Grundlagenforschung, wäre nicht mehr sinnvoll und müßte eingestellt werden.

Das wird den einen oder anderen Kernenergiegegner nicht sehr stören.

Aber auch das wäre ein Beitrag zum Abschied vom Industriestaat.

Die Bundesregierung will diesen Abschied nicht einläuten.

Nun könnte man einwenden, daß die Forschung sich ja anderen Gebieten zuwenden werde; ohnehin stecke die Bundesregierung zu viel Geld in die Kernenergieforschung und tue zu wenig für alternative Energie.

Dieser Vorwurf wird durch ständige Wiederholung nicht richtiger.

Tatsächlich hat sich das Verhältnis der Mittel für Kernenergie- und für nichtnukleare Forschung, das 1972 noch 79 : 1 betrug, bis heute auf 1,7 : 1 verbessert.

An Geld fehlt es also bei der Erforschung alternativer Energien nicht.

Jedes einigermaßen vernünftige Projekt wird auch finanziert.

Aber Geld schafft noch keine neuen Forschungsergebnisse, jedenfalls nicht von heute auf morgen.

Sie brauchen Zeit.

Und ihre Ergebnisse werden nach heutigem Erkenntnisstand eben auch nur begrenzt zur Energieversorgung beitragen können.

Die negativen Auswirkungen eines Verzichts auf Kernenergie in Industrieländern würden *in besonderem Maße die Entwicklungsländer belasten.*

Die Entwicklungsländer, insbesondere in der sogenannten Vierten Welt, wurden bereits von den bisherigen Ölpreisverteuerungen außerordentlich hart getroffen.

Dies war ein wesentlicher Aspekt in der Nord-Süd-Diskussion der vergangenen Jahre, in der die Industrieländer von den Ölförderstaaten wie den übrigen Entwicklungsländern immer wieder aufgefordert wurden, den Ölverbrauch mit allen Mitteln zu reduzieren.

Besonders die nicht Erdöl produzierenden Entwicklungsländer setzen ihre Hoffnungen seit geraumer Zeit auf Kernenergie.

Falls die Industrieländer auf die verstärkte Nutzung der Kernenergie verzichten würden, müßte das zu einer dramatischen Steigerung der Nachfrage nach Mineralöl, Erdgas und Steinkohle führen.

Der massive Mehreinsatz von Öl fiele genau in den Zeitraum, in dem die Ölförderung in wichtigen Regionen der Welt ihren Höhepunkt zu überschreiten beginnt.

Durch die zunehmende Verknappung des Weltangebotes würde nicht nur der Preis des Öls und der anderen Primärenergien stark in die Höhe getrieben.

Es würde weltweit ein rücksichtsloser Verteilungskampf um das Öl einsetzen, bei dem als erste die Entwicklungsländer auf der Strecke blieben, deren Zahlungsbilanzen schon heute unter den Ölpreissteigerungen leiden.

Aber auch unter Industrieländern könnte das Ringen um die verbleibenden Ölvorräte zu außerordentlichen Spannungen, vielleicht sogar zu Kriegen führen.

I.3

Wie wir die nächsten Jahre meistern

I.

Es genügt nicht, die Ölpreisexplosion zu beklagen und für die Risiken unserer längerfristigen Ölversorgung die politische Instabilität von Förderländern verantwortlich zu machen!

Denn:

- Wir müssen davon ausgehen, daß sich der Weltenergiebedarf bis zum Jahre 2000 verdoppelt, bis 2030 sogar auf das Drei- oder Vierfache ansteigt.
  Ursächlich hierfür sind vor allem Bevölkerungswachstum der Entwicklungsländer und deren beträchtlicher industrieller Nachholbedarf.
- Dieser steigenden Nachfrage steht aber nur ein begrenztes Angebot vor allem des auf Jahre hinaus noch wichtigsten Energieträgers, des Öls, gegenüber.
  Der Nachweis neuer Ölvorkommen hält nicht mehr Schritt mit dem Anstieg des Verbrauchs.
- Die Erschöpfung der aus heutiger Sicht förderbaren Ölreserven zeichnet sich also ab.
  Es ist daher weder überraschend noch unökonomisch, wenn die Ölstaaten ihre knapper werdenden Vorräte zunehmend schonen.
  So hart diese Haltung für die Verbraucher leider sein mag, sie sollte nicht als reine Willkür verteufelt werden.
- Schließlich darf es nicht wundernehmen, daß es manchem Produzentenland sicherer erscheint, das Öl vorläufig im Boden zu lassen, als jetzt für überschüssige Erlöse weltweit nach günstigen Anlagemöglichkeiten zu suchen, die nicht von der Inflation bedroht sind.
  Wir müssen anerkennen, daß insbesondere die arabischen

OPEC-Länder in den vergangenen Jahren erhebliche Inflationsverluste hinnehmen mußten und auch die Absorptionsfähigkeit der eigenen Volkswirtschaften durch nur mittel- und längerfristig zu ändernde strukturelle Faktoren begrenzt bleibt.

Aus alledem folgt - und ich betone dies ganz bewußt: Die Welt muß sich darauf einstellen, daß Energie - nicht nur Öl - knapp ist, und deshalb teuer ist und bleibt.

Bis zum Zweiten Weltkrieg war dies im übrigen für unser Land eine Selbstverständlichkeit, die andere Völker heute erst lernen müssen.

Diese geschichtliche Erfahrung gehört sicherlich zu den Gründen, warum bei uns Wirtschaft und Verbraucher so positiv auf die Anregungen zur Energieeinsparung reagieren.

Denn dies sollten wir hier einmal klar sagen: Das Interesse der deutschen Bürger an Möglichkeiten zur Energieeinsparung ist hervorragend!

Ausnahmen wird es immer geben.

So finde ich es durchaus nicht zufriedenstellend, wenn sich nach jüngsten Umfragen noch rd. 20% der Autofahrer auf unseren Autobahnen keineswegs energiebewußt verhalten.

Ich bin aber ebensowenig beeindruckt von der Wirksamkeit einer Geschwindigkeitsbegrenzung in einem unserer Nachbarländer, wenn ich erfahre, daß dieses Verbot von mehr als 33% der Autofahrer übertreten wird.

Hier ist ein erneuter Appell an die Einsicht unserer Bürger angebracht.

II.

In der internationalen Klassifizierung der Einsparpolitiken liegen wir gut; aber die konsequente Ausschöpfung aller Möglichkeiten zur Einschränkung der Nachfrage nach Öl ist sicherlich noch nicht am Ende.

Leider - und auch diese Erfahrung müssen wir akzeptieren - erfordern Strukturveränderungen in der Produktion und im Verbrauch von Energie Zeit, Geld und Geduld.

Trotzdem: Unsere Chancen, die international vereinbarten Ziele zu erreichen, d. h. den Ölverbrauch und damit die Öleinfuhren zu senken, sind gut. Denn es ist eine Tatsache,

daß die Bundesrepublik Deutschland bereits seit 1974 bei ihren kurz- und mittelfristigen Maßnahmen – anders als manche unserer Partner – das Schwergewicht eindeutig auf die Energieeinsparung legte.
Als Beispiele seien nur genannt:

- das 4,35-Milliarden-DM-Programm zur Förderung heizenergiesparender Investitionen in bestehenden und die Wärmedämmnormen für neue Gebäude,
- die Förderung der Fernwärme,
- die steuerlichen Anreize für energiesparende Investitionen in der Industrie,
- das Markteinführungsprogramm für energiesparende Technologien und Produkte,
- die Maßnahmen zur Aufklärung der Verbraucher und schließlich
- die Kataloge der Beschlüsse vom 16. Mai und vom 12. September 1979 bis hin zum Energieeinsparungsgesetz von 1976.

Die Maßnahmen der Bundesregierung zur Energieeinsparung unterstützen in erster Linie die Kräfte des Marktes, d. h. den Preis als Steuerungsinstrument.

Wer Zweifel am Erfolg dieser Strategie hat, mag die Seite 316 im 79iger Gutachten des Sachverständigenrates aufschlagen. Dort heißt es:

> »Ein Setzen auf die Wirksamkeit des Preismechanismus in der Erwartung, daß real steigende Preise Einspareffekte bewirken werden, ist insoweit schon Energiepolitik, als sie das Durchwirken steigender Erdölpreise auf den Endverbrauch zuläßt.
> Nicht in jedem Industrieland ist dies erklärte Politik.
> Die Bundesrepublik tut gut daran, auf dieser Linie fortzufahren.«

Ich gebe zu, daß es manchmal international schwierig ist, verständlich zu machen, daß dieser Einsatz der Marktkräfte zur Energieeinsparung nicht bloßes »Zuschauen«, nicht Laisser-faire bedeutet, sondern vielmehr eine sehr mutige und langfristig angelegte politische Entscheidung erfordert.

Wem dies zu allgemein ist, kann konkretere Resultate zur Effizienz marktmäßiger Bewältigung von Verknappungserscheinungen beim Öl in einer neuen Untersuchung des als kritisch bekannten Kieler Institutes für Weltwirtschaft finden, die auf dem Ölpreisschock von 1973/74 basiert.

Die Ergebnisse lauten in Kurzfassung:

- Seit 1973/74 ging die deutsche Einfuhr von Mineralöl insgesamt nach der Verdoppelung des relativen Preises um 20 Prozent zurück; seit 1974 nimmt die Einfuhr von Mineralöl im Trend nicht mehr zu.
  Das heißt, es wurde ein langfristiger Anpassungsprozeß ausgelöst.
- Als Reaktion auf die Verdoppelung des relativen Heizölpreises gab es einen kurzfristigen Einspareffekt von etwa 10 Prozent.
  Entscheidend ist aber die Veränderung im langfristigen Verbraucherverhalten: Die verstärkte Nachfrage nach alternativen Energieträgern sowie baulichen Veränderungen haben wesentlich dazu beigetragen, daß der bis 1973 steigende Trend des Heizölverbrauchs durch eine Stagnation abgelöst wurde.
- Für Motorenbenzin gilt, daß sein Preis in den vergangenen 15 Jahren insgesamt nicht stärker gestiegen ist als das allgemeine Verbraucherniveau, was erklärt, daß der langfristige Verlauf sich nicht geändert hat.
  Kurzfristig jedoch reagieren die Verbraucher durchaus preisbewußt: Die Elastizität der Nachfrage in bezug auf den relativen Preis beträgt etwa – 0,4.
  Nun wissen wir alle, daß Einsparpolitik über den Preis nicht ausreicht und natürlich auch sozial seine Grenzen hat.
  Deshalb kann auch unser Land nicht auf Incentives und Eingriffe verzichten.
  Der durchaus stattliche Katalog deutscher Einsparpolitik auf dieser Basis wird bei nationaler und internationaler Kritik manchmal ganz gerne übersehen.
  Aber lassen Sie mich auch sagen: Ich bin ganz entschieden gegen Aktionen, nur um Aktivität unter Beweis zu stellen!

Dies gilt auch für eine Aktion, die der Sachverständigenrat in seinem jüngsten Gutachten zur Diskussion stellt; er wirft die Frage auf, ob nicht die Energieeinsparung durch eine Energiesteuer beschleunigt werden könnte, insbesondere durch Erhöhung der Mineralölsteuer auf Motorenbenzin und Heizöl.

Meine Reaktion wird niemanden überraschen: Ich bin kein Anhänger einer solchen staatlich verordneten Preisanhebung, so bestechend sie theoretisch auf den ersten Blick auch erscheinen mag.

Eine solche Politik widerspräche unserer marktwirtschaftlichen Orientierung der Energiepreispolitik an der Entwicklung der Weltmarktpreise. Aber es gibt auch andere Gründe: Niemand kann beispielsweise den langfristigen Ölpreistrend voraussehen, an dem sich eine solche Steuer orientieren müßte; wir würden für unsere Wirtschaft Wettbewerbsprobleme gegenüber unseren Partnern schaffen – denn es ist sicher unrealistisch, daß wir einen internationalen Gleichklang in der äußerst sensiblen Frage der Preissetzung für Mineralöl erreichen könnten, ganz abgesehen davon, daß wir mit einer künstlichen Verteuerung des Ölinlandspreisniveaus den Öländern Anlaß zur erneuten Preisanhebung geben würden.

Nochmals: Ich bin fest davon überzeugt, daß in erster Linie unsere am Weltmarkt orientierte Preispolitik im Mineralölbereich – und das heißt weder künstliche Verteuerung noch künstliche Herabsubventionierung – den gewünschten und notwendigen Anstoß zum Energiesparen beim privaten Verbraucher und auch in der Wirtschaft gegeben hat und auch weiter geben wird.

I.4

Energiesparen - realistisch gesehen

Was immer Regierungen oder Behörden, Politiker oder Beamte zu diesem Thema für notwendig oder wünschenswert halten - es wird nur dann in die Tat umgesetzt werden können, wenn die Verbraucher mitziehen und mitmachen, wenn die Unternehmen die notwendigen Investitionen zur Energieeinsparung vornehmen, wenn Autofahrer und Wohnungsbesitzer liebgewordene Verbrauchsgewohnheiten ändern, die sich in den Jahren scheinbaren Energieüberflusses entwickelt haben.

Den deutschen Verbrauchern ist zu bescheinigen, daß sie auf die Herausforderungen der internationalen Energiemärkte bisher überwiegend besonnen, vernünftig und ökonomisch richtig geantwortet haben.

Sie haben das wahrscheinlich nicht getan, um die Bemühungen der Internationalen Energie-Agentur und ihrer Mitgliedsländer zu unterstützen.

Aber sie haben aus einer veränderten wirtschaftlichen und wirtschaftspolitischen Lage die richtigen Konsequenzen gezogen.

Es ist keine Übertreibung zu behaupten, daß die meisten Bürger in der Bundesrepublik, und sicher nicht nur hier, ein anderes, ein nachdenklicheres Verhältnis zum Öl- und Energieverbrauch haben als noch vor einem Jahr.

Natürlich haben dazu vor allem die steigenden Preise beigetragen.

Aber zugleich ist die Einsicht gewachsen, daß der leichtfertige Umgang mit Strom und Heizöl und Benzin jedenfalls für unsere Generation der Vergangenheit angehört:

- Deshalb wird auf den Autobahnen vorsichtiger, benzinsparender gefahren.

- Deshalb wächst die Nachfrage zum Beispiel nach Solaranlagen für Warmwasserbereitung und nach Wärmepumpen in einem Maße, daß die vorhandenen Kapazitäten gegenwärtig kaum ausreichen.
- Deshalb wird das öffentliche Zuschußprogramm bei wärmedämmenden Maßnahmen so stark in Anspruch genommen, daß die Betriebe des Ausbaugewerbes mit ihren Leistungen nicht mehr nachkommen können.
- Deshalb wird in vielen Wohnungen heute auch sparsamer geheizt.

Tatsächlich scheint es so zu sein, daß die Verbraucher auf dem besten Wege sind, mit Energie bewußt umzugehen – und dies nicht wegen staatlicher Weisungen oder behördlicher Verbote, sondern aus eigener Einsicht heraus, die von den kräftig steigenden Preisen allerdings deutlich unterstützt worden ist. Dabei wollen wir uns keinen Illusionen hingeben: Die Preise – und dies ist nicht zynisch gemeint – spielen über alle Appelle und alle Information hinaus bei der Energiesparpolitik eine ganz entscheidende Rolle.

Höhere Preise für ein knapper werdendes Gut sind unvermeidbar, wenn auf Dauer wieder ein Gleichgewicht zwischen Angebot und Nachfrage erreicht werden soll.

Wir können – und die Bundesregierung hat das getan – die härtesten sozialen Folgen einer solchen Entwicklung lindern.

Aber wir können nicht verhindern, daß sich elementare Strukturveränderungen an den Weltenergiemärkten auch in den Preisen niederschlagen.

Wir wollen es auch nicht, solange sich dieser Prozeß in einem verkraftbaren Tempo bewegt.

Denn bei aller Skepsis gegenüber der Politik mancher OPEC-Länder und gegenüber multinationalen Mineralölkonzernen ist doch eines nach unserem heutigen Erkenntnisstand nicht zu bestreiten: Die Welterdölreserven sind begrenzt.

Sie gehen eines Tages zu Ende.

Und wenn wir dieses Ende aufschieben, hinauszögern sollen, indem etwa bisher unwirtschaftliche Vorkommen ausgebeutet und verarbeitet werden, dann geht dies schon aus Kostengründen nur über höhere Preise für Energie.

Anders, es sei denn über die Subvention durch den Steuerzahler, ist das nicht zu erreichen.

Deshalb ist es auch falsch, wenn behauptet wird, der höhere Ölpreis rufe im Gegensatz zu anderen Märkten kein neues zusätzliches Angebot hervor.

Er tut es auch hier: Ich erinnere nur an die Ausbeutung von Ölschiefer oder Ölsänden, die zu früheren Preisbedingungen ganz unwirtschaftlich waren, inzwischen aber in den Bereich einer von den Kosten her vertretbaren Nutzung gerückt sind.

Und eines Tages wird das auch für Kohlevergasung und Kohleverflüssigung gelten.

Aber das ändert nichts daran, daß die Zeiten des Energieüberflusses vielleicht für immer, sicher auf absehbare Zeit vorbei sind, und daß sich das Ölangebot künftig an der Knappheitsgrenze bewegen wird. Auf der Angebotsseite wird daher das Gewicht von Kohle und Kernenergie weiter zunehmen müssen.

Bei der Erläuterung dieser Tatsachen gibt es allerdings eine unbestreitbare Schwierigkeit, die verständlich zu machen auch in einem Energiesparmonat nicht einfacher wird: So richtig es ist, daß wir auf längere Sicht mit Knappheitserscheinungen konfrontiert sind, so unbestreitbar ist es auch, daß die aktuelle Versorgungslage davon noch relativ wenig zeigt.

Der Generalsekretär der Internationalen Energie-Agentur hat bei der Beurteilung der kurzfristigen Versorgungslage der IEA-Länder von einem »labilen Gleichgewicht« gesprochen, in dem sich Nachfrage und Ölangebot zur Zeit befinden.

Das trifft zu.

Darüber hinaus gibt es deutliche Anzeichen dafür, daß die ölexportierenden Länder ihre Förderpolitik umorientieren wollen. Wir müssen mit weiteren Preissteigerungen rechnen und können auch bewußte Angebotsverknappungen nicht ausschließen.

Es kann schon ein geringer Förderausfall genügen, um das labile Gleichgewicht, von dem ich eben sprach, wieder außer Balance zu bringen und erhebliche Turbulenzen für die Versorgung der Industrieländer auszulösen.

Auf solche Risiken, die nicht bezifferbar, aber eben absehbar sind, müssen die Industrieländer mit einer gemeinsamen mittel- und langfristig ausgerichteten Politik antworten.

Die Anstrengungen, damit dies geschieht, sind unverkennbar. Sie kennen die energiepolitischen Beschlüsse der Europäischen Gemeinschaft von Straßburg und Paris und des Weltwirtschaftsgipfels in Tokio, auf dem die beteiligten Staaten energiepolitische Verpflichtungen eingegangen sind, die von uns auch eingelöst werden müssen.

Die Energieminister haben Ölimportzahlen für das Jahr 1985 festgelegt, deren Einhaltung ganz erhebliche Anstrengungen erfordern wird.

Niemand beruhigt sich damit, daß wir es vergangenen Winter wohl wieder schaffen werden.

Zumindest die vorgelegten Programme sind beeindruckend, und wir können endlich die Zuversicht haben, daß in den großen Verbraucherländern alles getan wird, um den Erfolg dieser Programme zu sichern.

Dabei versteht es sich von selbst, daß jedes Land die Maßnahmen ergreift, die seinen besonderen Bedingungen und Gegebenheiten entsprechen.

Zugleich wird mehr internationale Abstimmung gesucht als noch vor einem Jahr.

Für die Bundesregierung ist die Politik der Energieeinsparung und des »Weg vom Öl« nichts Neues.

Seit dem 1. Energieprogramm noch vor der Ölkrise 1973/74 haben wir konkrete Einsparungsmaßnahmen in die Tat umgesetzt. Und wir sind auf diesem langen Marsch, dessen Ende heute nicht absehbar ist, auch schon ein deutliches Stück vorangekommen.

Trotz dieser ermutigenden Entwicklung wissen wir natürlich, daß die Energiesparpolitik der Bundesregierung nicht von heute auf morgen zu dem gewünschten Ziel führen kann.

Die notwendigen Erfolge sind nur mittelfristig zu erreichen und nur dann, wenn wir in unseren Einsparbemühungen nicht nachlassen, sondern sie weiter verstärken.

Deshalb hat die Bundesregierung 1979 zusätzliche Einsparmaßnahmen beschlossen und in die Wege geleitet.

Aus dem umfangreichen Katalog nenne ich die folgenden Schwerpunkte:

- Novellierung des Energieeinsparungsgesetzes mit dem Ziel einer verbrauchsabhängigen Heizkostenabrechnung und zusätzlicher Anforderungen an bestehende Gebäude.

- Erhöhung des Anforderungsniveaus an neue Gebäude durch Änderung der Wärmeschutzverordnung, der Heizungsanlagen- und Heizungsbetriebsverordnung.
- Umstrukturierung und Fortentwicklung des 4,35-Milliarden-DM-Programms.
- Weitere Förderung der Fernwärme und des Baus von Kohleheizkraftwerken (600 Millionen DM).
- Erhöhung des Importkohlekontingents um jährlich 1,1 Millionen Tonnen bis 1981 zur Ölsubstitution in der Industrie.
- Vereinbarung mit Autoindustrie, den Benzinverbrauch bis 1985 um 10 bis 12 Prozent zu senken.
- Ausrüstung der Automotoren für eine unschädliche Beimischung von 15 Prozent Methanol.
- Ausarbeitung eines Programms zur Errichtung erster Kohlevergasungs- und -verflüssigungsanlagen.

Die zentrale Steuerungsfunktion der Preise wird durch finanzielle Anreize des Staates beim Sparen und der Erschließung neuer Energiequellen unterstützt.

Wir haben diese Politik von Anbeginn verfolgt und greifen nur in Ausnahmefällen, wie etwa beim Energieeinsparungsgesetz und seiner vorgesehenen Novellierung, zum strengeren Mittel des staatlichen Gebotes.

Wir halten die Freiwilligkeit und den Konsens mit den Bürgern für den besseren Weg.

Ich habe jedenfalls nicht die Absicht, die Vernunft der Verbraucher, die sich in diesen Monaten so erfreulich bewiesen hat, durch mehr Bürokratie und staatlich verordnete Gängelei zu bestrafen.

Mir sind alle Vorschläge suspekt, die offensichtlich davon ausgehen, daß der vielgepriesene mündige Bürger zwar als Objekt von Sonntagsreden, nicht aber als reales Wesen existiert.

Wir brauchten dann ja auch keinen Energiesparmonat, sondern nur Gebote und Verbote, mit denen wir allerdings sehr viel weniger erreichen würden.

Die Bundesregierung hat einen anderen Weg gewählt, und sie bleibt dabei, daß auch in der Energiepolitik der Freiheitsraum des einzelnen nicht ohne dringende Not eingeschränkt werden darf.

Ich will dabei nicht verschweigen, daß ein internationaler Krisenfall in der Ölversorgung auch uns zwingen würde, härtere Maßnahmen zu ergreifen; schon die Bestimmungen der Internationalen Energie-Agentur ließen uns keine andere Wahl.

Erleichtert wird diese liberale Politik der Bundesregierung allerdings nicht, wenn es immer noch Gruppen und Verbände in unserem Land gibt, die es auch in der Energiesparpolitik mit dem St.-Florians-Prinzip halten: Energie sparen ist gut, aber sparen sollen die anderen.

Alle haben wahrscheinlich von den wütenden Protesten furchtloser Motorbootfahrer gehört, mit denen es vor allem mein Kollege Matthöfer zu tun hat, weil wir ihnen die Dieselöl-Verbilligung wegnehmen wollen.

Sie war niemals notwendig und paßt jetzt wirklich nicht mehr in die energiepolitische Landschaft.

Ebenso unbegreiflich ist das Dauerlamento des Zentralverbandes der Haus- und Grundeigentümer zu dem Kabinettsbeschluß, künftig eine verbrauchsabhängige Heizkostenabrechnung einzuführen.

Auch durch ständiges Wiederholen gewinnen ihre Argumente nicht an Gewicht.

Die Hausbesitzer müssen sich entgegenhalten lassen, daß die vorgesehene verbrauchsabhängige Heizkostenabrechnung 15 bis 20 Prozent Energie einsparen wird.

Das jedenfalls ist das Ergebnis eines vom Bundeswirtschaftsministerium eingeholten wissenschaftlichen Gutachtens.

Und trotz des mißfälligen Gemurmels des Mieterverbandes stellen wir zufrieden fest, daß diese Art der Abrechnung mehr und mehr auch von den Mietern gefordert wird.

Wir haben diese verbrauchsabhängige Abrechnung bereits für den öffentlich geförderten Mietwohnungsbau eingeführt, selbstverständlich mit großzügigen Übergangslösungen.

Es ist nur logisch, dasselbe auch im nicht preisgebundenen Wohnungsbau zu tun.

Der Hausbesitzerverband behauptet, die heute angebotenen Heizkostenverteiler seien technisch unvollkommen.

Beweisen kann er das nicht.

In seiner Argumentation übersieht er bewußt, daß es schon

mehrere Systeme für diese Verteiler auf dem Markt gibt und daß neue, verbesserte Systeme in Kürze eingeführt werden.

Die von uns noch vorzulegenden Verordnungen werden kein bestimmtes Meßsystem vorschreiben, sondern den Vermietern die Wahl überlassen.

Außerdem erhalten auch sie angemessene Übergangsfristen.

Es gibt also keinen Grund zur Aufregung und wir sehen gewiß keine Veranlassung, auf ein Verfahren zu verzichten, das für jeden Mieter einen sehr spürbaren materiellen Anreiz schafft, sparsamer als bisher zu heizen.

Wir müssen uns bemühen, die Bürger von der Richtigkeit des eingeschlagenen Weges, also des marktwirtschaftlichen Weges zur Energieeinsparung zu überzeugen.

Ich glaube auch – Meinungsumfragen beweisen es – daß dies gelingt.

Die Befürworter von Zwang und Dirigismus finden in der Bevölkerung kaum ein Echo.

KAPITEL II

DER UNTERNEHMER IST GEFORDERT: WETTBEWERB UND INNOVATIONEN

In der sozialen Marktwirtschaft sorgt der Staat – bildlich gesprochen – für Schwimmbecken und Wasser, schwimmen muß der Unternehmer alleine. Auch muß er selber entscheiden, welcher Teil des Beckens der richtige für ihn ist: der für Schwimmer oder Nichtschwimmer. Und auf keinen Fall kann der Aufsicht führende Bademeister für ihn schwimmen.

Marktwirtschaftliche Wettbewerbs- und Strukturpolitik kann darum immer nur darin bestehen, die Schwimmbedingungen für alle, die sich im Becken tummeln wollen, zu verbessern. Dazu zählen für alle Interessenten offene Badeanstalten und gleiche Eintrittspreise.

Offenheit und Chancengleichheit sind das A und O liberaler Wirtschaftspolitik. Daß sie sich nicht von selbst einstellen, sondern durch bewußte und zielgerichtete Wirtschaftspolitik hergestellt und laufend gesichert werden müssen, unterscheidet den alten »klassischen« vom modernen »Ordnungs«-Liberalismus. Er bietet dem Unternehmer nur die Investitions- und Innovations*gelegenheit*, nicht die Investitionen und Innovationen selbst. Daß Unternehmer die ihnen gebotenen Chancen nutzen, zeigt klarer als je zuvor der Vergleich zwischen West und Ost: Im Westen gibt es Probleme, die durch unternehmerischen Einsatz gelöst werden, im Osten Versorgungskrisen, die – weil verwaltet – sich ausweiten.

Die Bundesrepublik ist ein gutes Beispiel für das ungebrochene Wechselspiel, in dem unternehmerischer Wettbewerb Innovationen hervorbringt, die neuen Produkte und Fertigungen aber wiederum den Wettbewerb intensivieren (Substitutionskonkurrenz). Weil die Bundesregierung grundsätzlich »nur« den Wettbewerb fördert und dadurch für ihre Unternehmer verläßliche »Plandaten« (Eucken) für den unternehmerischen Kalkül schafft, kann sie sich in der leicht ins Dirigistische abgleitenden Strukturpolitik buchstäblich auf das Nötigste (den Ausgleich unterschiedlicher Ausgangslagen und -daten) beschränken, womit auch der Effizienz der von ihr eingesetzten öffentlichen Mittel gedient wird.

II.1

Der Wettbewerb erst macht den Unternehmer dynamisch

Es ist inzwischen eine wettbewerbspolitische Binsenweisheit, daß wildwüchsige Unternehmenskonzentration und nicht leistungsgerechte Wettbewerbspraktiken für unsere marktwirtschaftliche Ordnung ebenso bedrohlich sein können wie staatlicher Dirigismus.

Wettbewerbspolitik erfordert daher immer eine Auseinandersetzung an zwei Fronten: die Abwehr von protektionistischen und dirigistischen Tendenzen einerseits und die Bändigung selbstzerstörerischer Kräfte der Konzentration, Kartellierung und der Wettbewerbsverzerrungen durch leistungswidrige Praktiken.

Die Novelle des Kartellgesetzes setzt hier an. Schwerpunkte liegen in einer effizienteren Ausgestaltung der Fusionskontrolle, in der Verbesserung der Mißbrauchsaufsicht über marktbeherrschende Unternehmen und einer stärkeren Sicherung des Leistungswettbewerbs.

Die Sicherung der Marktchancen kleiner und mittlerer Unternehmen erfordert weiterhin die Verbesserung der kartellgesetzlichen Vorschriften zur Verhütung machtbedingter Wettbewerbsverzerrungen.

Das Gesetz sieht daher die Beseitigung der bestehenden sanktions- und verfahrensmäßigen Lücken bei der Mißbrauchsaufsicht über marktbeherrschende Unternehmen und eine Fortentwicklung des Diskriminierungsverbots gegenüber dem Mißbrauch von Nachfragemacht vor.

Diese Vorschläge wahren das geltende Prinzip des Kartellgesetzes, nur marktmächtige Unternehmen einer Mißbrauchskontrolle zu unterwerfen.

Der Konzentrationsgrad unserer Wirtschaft ist in den letzten Jahren weiter deutlich angestiegen. Der starke Zuwachs der ohnehin schon hohen Zahl der sogenannten Anschlußfusionen, mit denen sehr große Unternehmen z. T. massiv in bisher mittelständisch strukturierte Märkte eindringen, ist ein unübersehbares Alarmzeichen.

Diese Entwicklung deformiert die Wettbewerbsstrukturen und belastet – wegen der existentiellen Bedeutung der kleinen und mittleren Unternehmen für unsere Volkswirtschaft – in zunehmendem Maße die Wettbewerbsordnung insgesamt.

Darauf haben sehr eindringlich u. a. die Monopolkommission und das Ifo-Institut hingewiesen.

Niemand soll sich darüber täuschen, daß ich persönlich voll hinter der Erschwerung der Konzentrationsmöglichkeiten in der Bundesrepublik stehe.

Denn »uns ist« – wie es der Geschäftsführer der Arbeitsgemeinschaft Selbständiger Unternehmer so griffig formuliert hat – »die Interessenlage dessen, der weitermacht, wichtiger als die Interessenlage dessen, der aufgibt«, d. h. sein Unternehmen veräußert und aus dem Markt ausscheidet.

Um die hohen wettbewerbspolitischen Risiken in den Griff zu bekommen, hält die Bundesregierung die vorgeschlagenen Verbesserungen des Kartellgesetzes für unerläßlich.

Das vorgelegte Lösungskonzept liegt – wie die Anhörungen der Wirtschaft einschließlich der Gewerkschaften und Verbraucher insgesamt gezeigt haben – auf einer maßvollen mittleren Linie.

Die vorgeschlagene Regelung für die Fusionskontrolle schließt einerseits eine für die Wirtschaft unberechenbare Anwendung des Kontrollinstruments aus.

Andererseits werden durch konkrete Marktbeherrschungsvermutungen griffigere Beurteilungskriterien für kritische Zusammenschlußvorhaben geschaffen und damit der Aktionsradius der Fusionskontrolle im nötigen Umfang erweitert.

Ich meine, daß diese Lösung dazu beitragen kann, den Grundkonsens über die generelle Ausrichtung unserer Wettbewerbspolitik auch künftig zu erhalten.

Die Ausschüsse des Bundesrates haben sich mehrheitlich dieser Auffassung angeschlossen.

Eine Streichung des § 23a des Entwurfs mit den dort vorgesehenen Vermutungen würde ein unverzichtbares Kernstück aus der Novelle herausbrechen und den Weg zu vernünftigen Kompromißlösungen bereits in der Anfangsphase des Gesetzgebungsverfahrens wenn nicht verbauen, so doch erschweren.

Über die Ausgestaltung der Vermutungen im einzelnen ließe sich sicher reden.

Wer in der letzten Zeit die Presse aufmerksam studiert hat, weiß, daß die Öffentlichkeit gegenüber Konzentrationserscheinungen und der damit verbundenen Gefährdung der mittelständischen Wirtschaft zunehmend sensibilisiert ist. Die Klagen über die »Fusionswelle, die unsere Marktwirtschaft unterspült«, sprechen eine deutliche Sprache.

Von den Gegnern der Novelle höre ich im wesentlichen zwei Argumente.

Erstens: »Das Wettbewerbsrecht ist ohnehin schon so kompliziert.« Und: »Wir sind auf den Weltmärkten nur konkurrenzfähig, wenn wir groß und stark sind.«

Sicher sind diese Argumente ernst zu nehmen. Ich stehe auch nicht an zuzugeben, daß das Kartellrecht wie alle Wirtschaftsgesetze, die eine Vielzahl ökonomischer Tatbestände rechtlich erfassen müssen, seine Schwierigkeiten hat.

Nur hat die Praxis gezeigt, daß sie für die Unternehmen durchaus beherrschbar sind, insbesondere für sehr große Unternehmen, deren Rechtsabteilungen mit anderen, juristisch viel komplizierteren Sachverhalten fertig werden.

Ich bin auch dezidiert der Auffassung, daß das Kartellrecht die Eingriffsbefugnisse der Behörden konkretisiert, d.h. für die Unternehmen voraussehbar regeln muß.

Generalklauseln mit ihren weiten Ermessensspielräumen mögen zwar weniger formulierungsaufwendig sein, sie schaden jedoch häufig der Rechtssicherheit, und das hielte ich bei dem scharfen Instrument der Fusionskontrolle für sehr gefährlich.

Und Zweitens: Der Bundesminister für Wirtschaft wäre sicher der letzte, der einer Schwächung der Konkurrenzfähigkeit deutscher Unternehmen das Wort reden könnte.

Darum geht es auch gar nicht, denn Fusionskontrolle heißt ja nicht Fusionsverbot in jedem Einzelfalle.

Was nur verhindert werden muß, ist eine Vermachtung unserer heimischen Märkte um der Größe einiger weniger deutscher Unternehmen willen, die bisher ihre Wettbewerbsfähigkeit auf den Weltmärkten erfolgreich durch Leistung und nicht durch Ausschaltung des Wettbewerbs im Inland unter Beweis stellen konnten.

Dies soll so bleiben, denn nichts wäre damit gewonnen, den vom Wettbewerb bei uns ausgehenden Druck zu höherer und besserer Leistung von diesen großen Unternehmen zu nehmen.

Im Gegenteil, viele leistungsfähige kleine und mittlere Unternehmen, die ihre Innovationsfreudigkeit und Flexibilität in der Vergangenheit immer wieder gezeigt haben, die auf intakte Marktstrukturen bei uns angewiesen sind und bei denen schließlich weitaus die Mehrzahl unserer arbeitenden Bevölkerung beschäftigt ist, würden entmutigt und müßten ausscheiden.

Länger anhaltende wirtschaftliche Schwächeperioden sind Zeiten des Wandels, die Chancen zur Rationalisierung und damit zur Verstärkung der Wettbewerbsfähigkeit bieten.

Sicher kann der Wettbewerb bei tiefgreifenden strukturellen Veränderungsprozessen im Einzelfall auch zu Übersteigerungen und unerwünschten Konzentrationstendenzen führen, die die Voraussetzungen für die Funktionsfähigkeit des Wettbewerbs selbst gefährden. In derartigen Ausnahmesituationen bietet das Kartellgesetz – wie sich aus der Möglichkeit der Zulassung von Strukturkrisenkartellen ergibt – hinreichende Ansatzpunkte, um eine Strukturbereinigung durch Kartellvereinbarung zu erleichtern und dadurch gleichzeitig wettbewerbsschädlichen Konzentrationsprozessen entgegenzuwirken.

Eine dauerhafte Kartellierung ist jedoch kein geeignetes Mittel zur Lösung von Schwierigkeiten, die bei einer notwendigen Anpassung an veränderte Marktbedingungen auftreten. Vielmehr würde eine dauerhafte kartellmäßige Absicherung von Überkapazitäten eine Zementierung bestehender Branchenstrukturen und damit die Inkaufnahme erheblicher volkswirtschaftlicher Nachteile bedeuten.

Ich weiß, daß dieser Sicht entgegengehalten wird, in zahlreichen Fällen gehe es nicht um Strukturprobleme, sondern um die Überwindung vorübergehender konjunktureller Schwierigkeiten; es sei daher sinnvoll, Kapazitäten, die in der kommenden Aufschwungsphase wieder gebraucht würden, durch Solidarmaßnahmen der Wirtschaft zu erhalten.

Vor einer solchen Argumentation kann ich nur warnen. Wer von uns weiß schon, wo und inwieweit konjunkturelle oder strukturelle Ursachen wirksam werden? Würde der Gesetzgeber über die Strukturkrisenkartelle des § 4 GWB hinaus auch Kartellvereinbarungen zur Abdeckung von Konjunkturproblemen zulassen, so wäre die zwangsläufige Folge, daß die betroffenen Branchen ihre Überkapazitäten in jedem Fall als rein konjunkturbedingt erklären würden, um so die für die Zulassung eines Strukturkrisenkartells notwendige Kapazitätsanpassung zu vermeiden.

Auf diese Weise würden aus den Kartellen, die als »Kinder der Not« bei strukturellen Krisenlagen im Ausnahmefall und für eine Übergangszeit hingenommen werden können, Dauereinrichtungen. So würde das Kartellverbot des § 1 GWB – auch zum Schaden der betroffenen Wirtschaftskreise selbst – vollkommen ausgehöhlt.

Und noch etwas ist zu bedenken: Die Einführung einer kartellgesetzlichen Regelung für Branchenkonjunkturkrisen müßte in Brüssel als ein Signal für ein Umschwenken der deutschen Regierung in ihrer Haltung zu Branchenkartellen verstanden werden. Eine Politik, die sich auf europäischem und internationalem Parkett für die Freiheit des Wettbewerbs und die Offenhaltung der Märkte einsetzt, ist nur glaubhaft, wenn sie auch im eigenen Hause ihren Maximen treu bleibt. Wir werden es daher auch aus diesem Grunde bei der derzeitigen Regelung des § 4 des Kartellgesetzes lassen, wobei es für die Kartellbehörden darauf ankommen wird, die wirtschaftlichen Gegebenheiten und die besonderen Wettbewerbsbedingungen der betroffenen Wirtschaftsbereiche mit der notwendigen Flexibilität zu berücksichtigen.

Wir haben auch in Europa nicht die Absicht, jede Krisenregelung für bestimmte Branchen mitzutragen, die in Brüssel ausgearbeitet wird. Die Gefahr, daß durch derartige Krisenregelungen der Einfluß des Staates in zunehmendem Maße vergrößert und die Bewegungsfreiheit des einzelnen Unternehmens entsprechend verringert wird, ist nicht von der Hand zu weisen. Wir werden deshalb darauf achten, daß sowohl bei der Lösung der unmittelbar anstehenden Probleme im Chemiefaserbereich als auch bei der beabsichtigten »Krisenkartellverordnung« der EG-Kommission am Erfordernis des Kapazitätsabbaus festgehalten wird.

In diesem Zusammenhang auch ein Wort zu der in Brüssel um sich greifenden Politik der runden Tische. Die Erfahrung zeigt, daß informelle Gesprächskreise nicht selten die erste Stufe einer Entwicklung weg vom Markt und vom freien Außenhandel sind. Ich meine deswegen, daß die deutschen Unternehmer mit der Unterstützung derartiger Vorgänge vorsichtiger sein sollten. Es kann durchaus einmal die Politik des leeren Stuhles an dieser Stelle eine Entscheidung für die Marktwirtschaft sein.

Ein zeitgemäßes kartellrechtliches Instrumentarium und seine konsequente Anwendung leistet – längerfristig gesehen – sehr wohl einen Beitrag zur Bewältigung der bestehenden strukturellen Schwierigkeiten. Vor diesem Hintergrund ist auch die vierte Kartellgesetznovelle zu sehen. Ich sehe natürlich auch, daß jede Änderung der wettbewerbspolitischen Rahmenbedingungen ihre Probleme hat. Es gilt immer wieder von neuem eine Balance zu finden zwischen der notwendigen Kontrolle von Marktmacht einerseits und der Sicherung eines angemessenen Spielraums für den Wettbewerb andererseits. Und es gilt, die einmal gefundene Balance im Zeitablauf zu halten.

Kontinuität in der Wettbewerbspolitik kann aus der Natur der Sache heraus nur Kontinuität eines Leitbildes bedeuten, nicht aber normativen Stillstand. Und für eine Fortsetzung der hohen Kontinuität, die unsere Wettbewerbspolitik in den letzten 30 Jahren ausgezeichnet hat, stehe ich nach wie vor ein.

Unsere Wirtschaftsordnung, ja unsere gesamte Demokratie lebt von dezentralen Entscheidungsprozessen. Es gilt daher, im gemeinsamen Bemühen die Glaubwürdigkeit dieser Ordnung zu erhalten und schädlichen Konzentrationstendenzen die notwendigen Grenzen zu setzen. Die Entwicklung in den letzten Jahren hat deutlich gemacht, daß unsere Wirtschaft mit diesem Konzept insgesamt gut gefahren ist.

Wie soll die Fortentwicklung unseres Wettbewerbsrechts aussehen? Es geht nicht um die Schaffung völlig neuartiger Kontroll- oder Eingriffsinstrumente, sondern im wesentlichen um eine Verbesserung des bestehenden Instrumentariums, insbesondere um eine effizientere Ausgestaltung der Fusionskontrolle, eine bessere Mißbrauchsaufsicht über marktbeherrschende Unternehmen sowie um eine verbesserte Sicherung des Leistungswettbewerbs.

In den vergangenen Jahren hat sich gezeigt, daß die geltende Fusionskontrolle zwar in der Lage war, der horizontalen Unternehmenskonzentration in Teilbereichen entgegenzuwirken. Aber sie ist mit deutlichen Schwächen in dem ebenso kritischen Bereich der vertikalen und konglomeraten Konzentration behaftet. Diesen Mängeln soll nunmehr durch griffigere Beurteilungskriterien für die Fälle abgeholfen werden, in denen sich die Marktanteilsbetrachtung nach geltendem Recht als unzureichend erwiesen hat.

Die gesetzlich umschriebenen Fallgestaltungen betreffen Großunternehmen, die auf bisher mittelständisch strukturierte Märkte vordringen, die Kombination von Unternehmensgröße mit Marktbeherrschung und die sogenannte Gigantenfusion, das heißt, bestimmte übergroße Zusammenschlüsse schlechthin. Außerdem sollen ein Oligopoltatbestand und die Erweiterung des Anwendungsbereichs der Fusionskontrolle einer weiteren Stärkung gesamtwirtschaftlich bedeutsamer Großoligopole und dem ungehinderten Aufkauf kleiner und mittlerer Unternehmen durch Großunternehmen entgegenwirken.

Damit werden zugleich auch die Marktchancen und die Wettbewerbssituation der kleineren und mittleren Unternehmen erhöht. Um Mißverständnissen vorzubeugen: Hier sollen keine Schutzzäune für die mittelständische Wirtschaft errichtet werden. Das Ziel ist vielmehr, auch künftig eine ausgewogene Unternehmensgrößenstruktur zu erhalten und größen- und machtbedingte Wettbewerbsnachteile einzudämmen. In dieselbe Richtung zielen auch die Vorschläge zur gleichgewichtigen Erfassung von Mißbräuchen der Nachfrage- und Angebotsmacht, um damit bessere Bedingungen als bisher für den Leistungswettbewerb zu schaffen.

Das Paket wird vervollständigt durch eine verstärkte Mißbrauchsaufsicht über marktbeherrschende Unternehmen, die einer erweiterten Schadensersatzpflicht für mißbräuchliches Verhalten unterworfen werden und gegebenenfalls mißbräuchlich erzielte Mehrerlöse auf Anforderung der Kartellbehörden abführen müssen. Mit diesem Maßnahmenbündel wird ein weiterer wichtiger und notwendiger Schritt für den Ausbau unseres Wettbewerbsrechts getan. Die Leistungsfähigkeit unserer Wettbewerbsordnung hängt nicht zuletzt davon ab, ob es gelingt, den Konzentrationsgrad der Märkte auf einem vertretbaren Niveau zu halten und den Fortbestand einer Vielzahl von kleinen und mittleren Unternehmen zu sichern. Hierfür ist ein wirksames und ein ausgewogenes Wettbewerbsrecht, das Übersteigerungen in der einen oder anderen Richtung vermeidet, unumgänglich.

Ohne Übertreibung können wir unser Wirtschaftssystem – trotz seiner unbestreitbar vorhandenen Mängel – als die beste Wirtschaftsordnung charakterisieren, die wir kennen. Sie verbindet ein größtmögliches Maß an individueller Freiheit mit einem in keiner anderen Wirtschaftsordnung erreichten Grad an Effektivität und Flexibilität. Das hohe Wohlstandsniveau, das wir in der insgesamt doch kurzen Zeitspanne von nur drei Jahrzehnten erreicht haben, ist dafür sichtbarer Beweis.

Lassen Sie uns deshalb gemeinsam unser System einer sozial orientierten Marktwirtschaft offensiv verteidigen, sowohl gegenüber der in den letzten Jahren gewachsenen Zahl von Skeptikern und Kritikern auf der Linken, aber nicht minder gegenüber denen unter uns, die das Wettbewerbsprinzip nur in Schönwetterperioden gutheißen, bei den ersten konjunkturellen oder strukturellen Schwierigkeiten aber sofort nach dem Staat rufen. Das wäre nicht die Wirtschaftspolitik, die ich zu tragen bereit bin. Den Wettbewerb nur ein bißchen bejahen, ist ein Ding der Unmöglichkeit. Wir müssen – alle miteinander – gerade in kritischen Zeiten zu dem Prinzip freiheitlicher, sozialer Wettbewerbswirtschaft stehen – und dies wahrhaftig nicht nur aus ökonomischen Überlegungen.

II.2

Rahmenbedingungen der Wettbewerbsordnung

Der Gedanke der Selbsthilfe durch Zusammenschluß in Wirtschaftsverbänden und Gewerkschaften hat in der Epoche nach dem Ersten Weltkrieg seinen Siegeszug begonnen und im kollektiven Arbeitsrecht seinen Niederschlag gefunden.

Neben die materielle Besserstellung der Arbeitnehmer trat die Stärkung der Stellung im Betrieb durch Mitbestimmung.

Den kollektiven Bedürfnissen entsprach der Staat in seiner Rolle als »Schlichter« und Vermittler zur Sicherung des Arbeitsfriedens.

Mit der uneingeschränkten Anerkennung der Tarifautonomie im Rahmen der sozialen Marktwirtschaft hat der Staat heute auf die Schlichterfunktion weitgehend verzichtet.

Das pluralistische Konzept unserer Verfassungs- und Gesellschaftsordnung hat seine besondere Ausprägung in der Sozialpartnerschaft erfahren, deren Autonomie einerseits eine starke Barriere gegen totalitäre Machtansprüche und andererseits einen Schutzwall gegenüber individueller Willkür bildet.

Die Sozialpartnerschaft hat sich gleichsam zwischen die beiden klassisch-liberalen Ebenen, der Individuen auf der einen und des Staates auf der anderen Seite geschoben mit der Folge, daß der staatsfreie Raum größer gehalten werden kann als in einem System ohne »Sozialpartner-Autonomie«.

Zugleich ist Sozialpartnerschaft das unverzichtbare Bindeglied zwischen dem freien Spiel der Marktkräfte und den Erfordernissen der sozialen Gerechtigkeit.

In diesem Sinn hat Nipperdey vom Tarifvertrag als dem »entscheidenden Instrument der sozialen Marktwirtschaft« gesprochen, das »den freiheitlichen Grundgedanken des Wirtschaftslebens mit der sozialen Verpflichtung der Bundesrepublik in glücklicher Weise verbindet«.

Die Funktionsfähigkeit dieser Verbindung setzt jedoch voraus, daß sich das Spannungsfeld zwischen »Sozialpartner-Autonomie« und dem Wohl der Gesamtgesellschaft im Gleichgewicht befindet.

Eine zentrale Aufgabe staatlicher Rahmensetzung ist es daher, im Kräftedreieck - Staat, Gewerkschaften, Arbeitgeber - für die ausgewogene Dimensionierung und die nötige Distanz der Kräfte untereinander zu sorgen.

Der Staat darf weder zum »Spielball« der Verbände und Gewerkschaften werden noch dürfen sich die Kräfteverhältnisse unter den Tarifpartnern selbst grundlegend verschieben.

Ein starker Staat, der das Wohl der Gesamtgesellschaft zur Geltung bringen kann, und die autonome Verantwortung der Sozialpartner für das Ganze bedingen einander.

Die Beachtung dieser Grundsätze erscheint mir gerade in der Mitbestimmungsfrage unerläßlich.

Die Mitbestimmung der Arbeitnehmer in den Aufsichtsräten hat durch das Mitbestimmungsgesetz eine neue Dimension gewonnen, zugleich aber auch eine Grenze erreicht, an der die Quantität in die Qualität einer anderen Gesellschaftsordnung umschlagen kann.

Eine Parität, die der Kapitalseite den Letztentscheid über die grundlegenden Fragen der Unternehmenspolitik entzieht, wäre gleichsam der archimedische Punkt, an dem nur noch der Hebel angesetzt werden muß, um unsere auf Freiheit und Wettbewerb gegründete Wirtschaftsordnung aus den Angeln zu heben.

Kollektivierung und letztlich Monopolisierung der Wirtschaft wären die Folgen.

Die richtige Setzung der Rahmendaten ist nach meiner Überzeugung die Kardinalfrage für unsere Wirtschaftsordnung insgesamt.

Die Betriebsamkeit der Tagespolitik, die in der Regel die Schlagzeilen für die öffentliche Meinung liefert, hat vielfach dazu beigetragen, das Bewußtsein von dem zentralen Stellenwert der Wettbewerbsordnung für die Funktionsfähigkeit unserer Wirtschaft und freiheitlichen Gesellschaft zu trüben.

Andererseits haben das erhöhte Tempo des technologischen Fortschritts, die Energie- und Umweltprobleme, die Risiken für Wachstum und Vollbeschäftigung - verbunden mit einem verstärkten Sicherheitsstreben und Anspruchsdenken – dazu geführt, daß der Wert der Wettbewerbswirtschaft zunehmend in Frage gestellt wird.

Die sogeannnten »Grenzen des Wachstums« werden von manchen zugleich als Grenzen der Wettbewerbswirtschaft gesehen.

Das »blinde und seelenlose Prinzip« Wettbewerb löse die Probleme nicht mehr – so heißt es –, im Gegenteil, es schaffe neue.

Das »Denkmal Wettbewerb« müsse vom Sockel der Ideologie und des Dogmatismus heruntergeholt werden.

Die Marktwirtschaftler sollten endlich aufhören, »vor dem Götzen Wettbewerb ihre Gebetsmühlen zu drehen«, und was der Anwürfe mehr sind.

Meine Antwort darauf ist:

Die Wettbewerbswirtschaft hat *nicht* abgewirtschaftet. Wir brauchen sie mehr denn je, wenn die drängenden wirtschaftspolitischen Probleme unserer Tage durch evolutionäre Anpassung bei Wahrung des sozialen Friedens gelöst werden sollen.

Wettbewerb ist sicher kein unkritisch zu akzeptierendes Dogma.

Dies vor allem dann nicht, wenn er lediglich als Gegenstand von Festtagsreden in Erscheinung tritt.

Wettbewerb als Prinzip unserer Wirtschaft ist nur insofern schützenswert, als er seine zentralen ökonomischen und gesellschaftspolitischen Funktionen erfüllen kann.

Dazu gehören

1. die preisgünstige Versorgung der Verbraucher nach ihren qualitativen Ansprüchen, und das nicht nur kurzfristig, sondern dauerhaft,
2. die Förderung des wirtschaftlichen Wachstums und Durchsetzung des technischen Fortschritts als Voraussetzung für weiteren Wohlstand und sozialen Frieden
   und
3. die Sicherung der freien Entfaltungsmöglichkeiten des einzelnen und Ausgleichs der widerstreitenden Interessen ohne Eingreifen staatlicher Autoritäten.

Es kommt aber noch etwas ganz Entscheidendes hinzu: Wettbewerb und Markt sind die notwendigen Elemente einer freiheitlichen Gesellschaft und zugleich Korrelate unserer demokratischen Staatsverfassung.

Diesen Zusammenhang hat gerade Nipperdey in seinen Überlegungen zum Wirtschaftsverfassungsrecht deutlich unterstrichen.

Ein System, dessen Herzstück der Wettbewerb, die Balance der Kräfte ist, das wie kein anderes Chancen eröffnet, Spielraum gewährt und wirtschaftliche Macht bändigt, erfüllt eine eminent gesellschaftliche Funktion.

Ordnungspolitik ist in diesem Sinne auch Gesellschaftspolitik.

Gewaltenteilung und Föderalismus mit ihrer Dezentralisierung der Entscheidungsbefugnisse wären nicht lebensfähig, wenn der Staat oder gesellschaftliche Kollektive den wirtschaftlichen Bereich zentral steuern würden.

Der wirtschaftliche Bereich muß aus Gründen der Freiheitssicherung sowie zur Erhaltung der Dynamik des Wirtschaftsgeschehens innerhalb der vom Staat zu gestaltenden rechtlichen und sozialen Rahmenbedingungen möglichst staatsfrei bleiben.

Hier ist bei der Ausgestaltung der Rahmenordnung das Euckensche Postulat zu beachten:

»Staatliche Planung der Formen – ja; staatliche Planung und Lenkung des Wirtschaftsprozesses – nein«.

Das im staatlichen Bereich geltende Majoritätsprinzip läßt Minderheiten nicht den gleichen Spielraum wie Markt und Wettbewerb, die dem einzelnen die Chance zur freien Initiative innerhalb der gesamten Rahmenordnung belassen.

Wettbewerb und Markt sind daher wichtige Institutionen des Minderheitenschutzes, die durch staatliche oder kollektive Organisationsprinzipien nicht ersetzt werden können.

Franz Böhm hat in diesem Zusammenhang vom Wettbewerb als dem »genialsten Entmachtungsinstrument der Geschichte« gesprochen.

Der Ruf nach dem »Staat als Retter« ist daher nach meiner Überzeugung nicht die richtige Antwort auf die neuen Herausforderungen der Marktwirtschaft, die sich vor allem aus den tiefgreifenden strukturellen Änderungen der nationalen und internationalen Märkte und dem wachsenden Gewicht konjunktureller Probleme ergeben.

Das Offenhalten ausreichender wirtschaftlicher und gesellschaftlicher Freiräume für den Bürger und die Selbstbeschränkung des Staates auf seine eigentliche Ordnungsfunktion ist der kategorische Imperativ der Stunde.

Nicht »Flucht in wirtschaftliche Detailsteuerungsexperimente«, sondern »Stärkung der marktwirtschaftlichen Leistungskraft durch Ausbau und Fortentwicklung der staatlichen Rahmenbedingungen« sollte die Devise sein.

Von konstitutiver Bedeutung für die Funktionsfähigkeit der Wettbewerbsordnung sind vor allem eine gesunde Währung, die Offenheit der Märkte nach innen und – was mir besonders wichtig erscheint – auch nach außen sowie die Einhaltung des Prinzips der Haftung für die wirtschaftliche Betätigung des einzelnen.

Dies bedeutet für die staatliche Rahmensetzung konkret insbesondere:

1. Konsequente Stabilitätspolitik, um fundamentale Verzerrungen des Wettbewerbs infolge von Inflationsgewinnen und leistungswidrigen Verteilungseffekten zu vermeiden,
2. Durchsetzung einer liberalen Außenwirtschaftspolitik, um durch den freien Strom der Waren, Kapitalien, Technologien und Ideen binnenwirtschaftliche Verkrustungen immer wieder fortzuspülen,
   und
3. Erhaltung des fundamentalen Sanktionsmechanismus der Haftung für unternehmerisches Risiko; denn Wettbewerbschancen und unternehmerisches Risiko gehören untrennbar zusammen – oder anders ausgedrückt: der Fortfall des Konkurses würde auch das Ende der Marktwirtschaft bedeuten.

Ich möchte diese Thematik, die einen eigenen Themenkomplex bilden würde, hier nicht weiter vertiefen.

Lassen Sie mich vielmehr anhand einiger aktueller Problemkreise die ordnungspolitische Leitlinie verdeutlichen, die für die staatliche Rahmensetzung nach meiner Überzeugung vor allem maßgeblich sein sollte.

Diese Grundlinie heißt primär:

- Setzung möglichst wettbewerbsorientierter Rahmendaten und verstärkte Beachtung der wettbewerbspolitischen Auswirkungen auf allen Aktionsfeldern der Wirtschaftspolitik und

- Eingrenzung der Staatstätigkeit und Abbau staatlicher Hypertrophien nach dem Grundsatz der Subsidiarität staatlichen Handelns.

Hierzu einige aktuelle Beispiele:

Angesichts des großen Gewichts steuerlicher Rahmendaten kommt der konzentrationsneutralen Ausgestaltung des Steuersystems erhöhte Bedeutung zu.

Wenn der Konzentrationsprozeß nicht zusätzlich angeheizt werden soll, darf die Steuerpolitik keine Prämie auf Unternehmensgröße setzen.

Sie sollte eher umgekehrt dazu beitragen, die kleinen und mittleren Unternehmen von steuerstrukturellen Nachteilen zu entlasten.

Das Steuerpaket vom Frühjahr 1979 scheint mir insofern beispielhaft, als die gewerbesteuerlichen Erleichterungen vor allem den kleinen und mittleren Unternehmen zugute kommen.

Zu den auf die Dauer untragbaren Konzentrationsstimulanzien zählt auch das sogenannte vermögensteuerliche Schachtelprivileg.

Gewiß, das entsprechende »Privileg« bei der Körperschaftsteuer ist mit der Körperschaftsteuerreform entfallen.

Desto wirksamer ist nun das »Überbleibsel« bei der ertragsunabhängigen Vermögensteuer.

Welcher Unternehmer, der sich an einer Kapitalgesellschaft beteiligt, wird schon auf den Erwerb oder das Halten einer Schachtel verzichten, wenn er mit einer Schachtelbeteiligung Mehrfachbelastungen bei der Vermögensteuer vermeiden kann?

Um den vermögensteuerlichen Anreiz zum Erwerb einer Schachtel zu beseitigen, sollte – und das halte ich für den dringlichsten Schritt – die Grenze für die Inanspruchnahme des »Privilegs« entscheidend abgesenkt werden.

Konzentrative Risiken und die Gefahr eines Abgleitens in die strukturpolitische Detailsteuerung des Innovationsprozesses müssen auch bei der Forschungsförderung in wirtschaftsnahen Bereichen gesehen werden.

Gezielte Projektförderung konzentriert sich de facto häufig auf Großunternehmen.

Daß z. B. aus einem Fördertopf von rd. 1,6 Milliarden DM 35 bis 40 Prozent der Mittel auf drei große Unternehmensgruppen entfallen, ist in meinen Augen ein Alarmzeichen.

Das Risiko, daß der Staat dabei auf das »falsche Pferd« setzt, ist hier besonders hoch; die Erfahrungen im Bereich der Datenverarbeitung belegen dies.

Gezielte Projektforschung mag in manchen Fällen der Großforschung unvermeidbar sein.

Übertreibungen führen jedoch sehr schnell dazu, daß die Gelder in den Taschen eines »großen Mitnehmers« verschwinden, der einer Förderung im allgemeinen am allerwenigsten bedarf.

Erfolgversprechender scheint es mir demgegenüber zu sein, die Akzente beim indirekten Förderungsansatz zu setzen.

Dies ermöglicht es, ein breiteres Forschungspotential zu aktivieren und zugleich den Wettbewerbsgesichtspunkten verstärkt Rechnung zu tragen.

Insofern begrüße ich die in diesem Jahr beschlossene Neuregelung der steuerlichen Investitionszulage für Forschungs- und Entwicklungsinvestitionen.

Hier sollen – entgegen der bisherigen Handhabung – vor allem Forschungsinvestitionen der kleinen und mittleren Unternehmen eine zusätzliche staatliche Förderung erhalten, und zwar durch eine doppelte Investitionszulage von 20 Prozent bei Forschungsinvestitionen bis 500000 DM.

Dies wird nach meiner Überzeugung positive Effekte auf die Anstrengungen gerade der Klein- und Mittelindustrie auf dem Gebiet der Forschung und Entwicklung haben.

In diese Richtung zielt auch das noch relativ junge Programm der Bundesregierung zur Begünstigung des Personalaufwands für die Forschungstätigkeit kleiner und mittlerer Unternehmen.

Als wirtschaftspolitisches Problem erster Ordnung erweisen sich immer stärker die Ausuferungstendenzen im Bereich der Subventionspolitik.

Nicht ganz zu Unrecht hat kürzlich ein Wirtschaftsjournalist zum Problem der sogenannten »Subventionitis« gesagt:

»Je dicker der Subventionsbericht der Bundesregierung wird, desto dünner wird hierzulande die marktwirtschaftliche Substanz«.

Bei steigender Zahl der »Subventionstöpfe« entstehen zwangsläufig Zielkonflikte, vermehrte Mißerfolge.

Die Transparenz bleibt auf der Strecke.

Die Folgen sind bekanntlich »Subventionsmentalität« auf der einen und der Drang zu weiteren staatlichen Interventionen auf der anderen Seite.

Wenn es zur Regel wird, bei allen Anpassungsproblemen staatliche Hilfe als unverzichtbar zu bezeichnen und zu fordern, dann erscheint – worauf der Wissenschaftliche Beirat beim Bundesministerium für Wirtschaft in seinem Gutachten zum Thema »Staatliche Interventionen in einer Marktwirtschaft« hinweist – die Frage verständlich, »ob solche Maßnahmen nicht als notwendiges Komplement die Übertragung von Beteiligungs- und damit Mitentscheidungsrechten an den Staat implizieren.

Müßte diese Frage bejaht werden« – auch in diesem Punkt teile ich die Auffassung des Wissenschaftlichen Beirats –, »so wäre damit ein Weg beschritten, der wesentliche Elemente der Marktwirtschaft außer Kraft setzt«.

Es kann daher wohl als ein Symptom für diese Zusammenhänge gelten, daß heute mancherorts Staatshilfen angedient werden, bevor die Unternehmen überhaupt nach Unterstützung rufen.

Ziel einer konsequenten Ordnungspolitik muß es sein, das Subventionswesen sinnvoll einzudämmen, und zwar vor allem durch

- klarere Regelung der Subventionsvoraussetzungen und
- konsequente Einhaltung konkret formulierter Subventionsgrundsätze, die die Subventionsgewährung auf die tatsächlich unumgänglichen Fälle beschränken.

Dabei geht es nicht so sehr um Grundsatzentscheidungen, sondern um die zähe und mühsame Weiterentwicklung der Wirtschaftsordnung, die nicht den Zufällen eines nur an Tagesfragen orientierten Interventionsbedarfs überlassen bleiben darf.

Die »Interventionswirtschaft« ist ein schleichendes Gift, durch das man – wie das englische Sprichwort sagt – »die Freiheit zollweise verliert«.

Marktwirtschaft will daher »Zoll um Zoll« verteidigt sein.

In diesem Zusammenhang noch ein Wort zu den öffentlichen Unternehmen.

Die Berechtigung öffentlicher Unternehmen dort, wo Markt und Wettbewerb ihre Funktion nicht oder nur unzureichend erfüllen können, ist unbestritten.

Andererseits kann sich eine als strukturpolitisches Lenkungsinstrument konzipierte, extensive Beteiligungspolitik der öffentlichen Hand ebenso zum »Sprengsatz« für die Wettbewerbsordnung entwickeln wie die Ausweitung staatlicher Monopolunternehmen in bisher staatsfreie Bereiche.

Öffentliche Unternehmen sind nur so lange und so weit als gleichberechtigte Wettbewerber anzusehen, als sichergestellt werden kann, daß ihre Unternehmenspolitik an allgemeinen, die wettbewerblichen Erfordernisse berücksichtigenden Rahmendaten orientiert bleibt.

Bei Zielkonflikten zwischen einer solchen Unternehmenspolitik und einer den öffentlichen Unternehmen auferlegten politischen Zielvorgabe wird der Staat zwangsläufig »seinen Unternehmen« Sondervorteile einräumen müssen, um seine politischen Zielvorstellungen durchzusetzen.

Dabei ist natürlich mehr als fraglich, ob private Unternehmen noch eine Chance haben.

Ich sehe in einer einzelfallbezogenen politischen Einflußnahme der öffentlichen Hand auf die von ihr abhängigen Unternehmen selbst dann kein ordnungskonformes Instrument, wenn es dazu dienen sollte, wettbewerbspolitische Ziele durchzusetzen.

Denn es ist keineswegs sicher, erfahrungsgemäß sogar eher unwahrscheinlich, daß sich der wettbewerbspolitische Sachverstand gegenüber einer Vielzahl politisch widerstreitender Interessen durchsetzen kann.

Das Unterfangen, Bundesunternehmen durch Einzelweisung in den Dienst der Wirtschaftspolitik zu stellen, erweist sich in praxi als »ordnungspolitischer Bumerang«.

Leitlinie sollte es vielmehr sein, die öffentlichen Unternehmen konsequent den wettbewerblichen Rahmenbedingungen zu unterwerfen, nicht aber umgekehrt den Ordnungsrahmen zugunsten dieser Unternehmen zu »verbiegen«.

Dies gilt insbesondere für staatliche Monopolunternehmen, die sich – wie etwa das größte europäische Unternehmen

Bundespost – durch Hoheitsakt selbst die Rahmendaten setzen.

Auf Wettbewerbsmärkten darf niemand Mitspieler und Schiedsrichter zugleich sein.

Die wettbewerblichen und ordnungspolitischen Risiken einer solchen Konstellation sind in der Diskussion um die Einführung des »Telefaxdienstes« wieder deutlich geworden, als die Deutsche Bundespost über ihre Funktion der Netzträgerschaft hinaus in den Markt für Fernkopiergeräte vorzudringen begann.

Hier gilt es, rechtzeitig einen ordnungspolitischen Riegel vorzuschieben, um den öffentlichen Sektor auf die Bereiche zu beschränken, wo Markt und Wettbewerb den Bedürfnissen der Bürger nicht gerecht werden können.

Wem als »Tele-Vision« das unter dem Posthorn vertriebene Fernsehgerät vorschwebt, sollte sich – wegen Fehlens der »ordnungspolitischen Antenne« – beizeiten auf »Bildstörungen« gefaßt machen.

Beim Ausbau bestehender und der Errichtung neuer Telekommunikationsdienste – wie Bildschirm- und Videotext oder Kabelfernsehen – wird daher sicherzustellen sein, daß sich die Deutsche Bundespost auf die hierfür erforderlichen Fernmeldenetze konzentriert.

Ein weiteres Thema ist in den letzten Jahren äußerst virulent geworden: die Frage nach Notwendigkeit und Zweckmäßigkeit einer strukturpolitischen Neuorientierung.

Ausgelöst durch strukturelle Branchenprobleme – der Hinweis auf die Bereiche Stahl, Chemiefaser, Schiffbau mag genügen – hat sich die Diskussion um »alternative Konzepte« unter dem Stichwort »Strukturpläne« intensiviert.

Sicherlich verlangt die Bewältigung des verschärften Strukturwandels erhöhten Mut, in der Wirtschaftspolitik – wenn nötig – auch neue Wege zu gehen.

Damit sind natürlich nicht die »Holzwege« gemeint, die schnurstracks in die direkte staatliche und öffentliche Investitionslenkung führen.

Diese Art der »Systemüberwindung« hatte hierzulande wegen ihrer unverkennbaren wirtschaftlichen, sozialen und politischen Nachteile ohnehin keine Chance.

Vielmehr meine ich die Vorstellungen, die sich in Richtung

auf »Investitionsmeldungen, Strukturpläne und Branchenausschüsse« bewegen und auf den ersten Blick für viele durchaus plausibel erscheinen mögen.

Bei Lichte besehen, entpuppen sich solche Modelle jedoch schnell als das Gegenteil von dem, was die – sicher wohlmeinenden – Verfechter dieser Ideen anstreben:

Statt eines besseren Einsatzes volkswirtschaftlicher Ressourcen heißt das Ergebnis »erhöhtes Risiko von Fehllenkungen mit Wachstumseinbußen und Beschäftigungsverlusten«.

Ganz zu schweigen von den Freiheitsverlusten.

Die entscheidende Schwäche dieser kollektiven Planungssysteme liegt in der Überschätzung der Treffsicherheit wirtschaftlicher Sektorenprognosen bei gleichzeitiger Unterschätzung der zerstörerischen Kräfte des Branchenegoismus.

Hinzu kommt, daß wahrheitsgemäße Meldungen über Investitionspläne der Unternehmen eher die Ausnahme als die Regel bilden dürften; denn die Unternehmen würden bei frühzeitiger Bekanntgabe ihrer Investitionsentscheidungen ihre Position gegenüber den Mitwettbewerbern entscheidend schwächen.

Abgesehen davon bestünden wesentliche Informationsdefizite auch deshalb, weil bei der weitgehenden internationalen Unternehmensverflechtung häufig gerade die interessantesten Informationen nur im Ausland zu haben sind.

Angesichts unvollständiger und unzuverlässiger Information wäre die Fehllenkung schon »vorprogrammiert«.

Stets besteht die Gefahr, daß letztlich das »Entdeckungsverfahren« des Wettbewerbs außer Kraft gesetzt und eine kartellmäßige Organisierung oder weitergehende Konzentration geradezu provoziert wird.

Der strukturpolitische »Machbarkeitsglaube«, der mit den Vorstellungen von Ex-ante-Branchenlenkung assoziiert ist, wird nach meiner festen Überzeugung Illusion bleiben.

Die im Rahmen der Strukturberichterstattung der wirtschaftswissenschaftlichen Forschungsinstitute vorgelegten Zwischenberichte spiegeln die analytischen Grenzen der Information und der Methoden deutlich wider.

Die Bundesregierung hat sich bei der Auftragsvergabe aus ordnungspolitischen Gründen bewußt auf Ex-post-Strukturanalysen beschränkt, die die Institute in eigener, selbständiger Verantwortung im gegenseitigen Methoden- und Interpretationswettbewerb durchführen sollen.

Der Verzicht auf – methodisch ungleich problematischere – Ex-ante-Prognosen erfolgte aber auch aus der Erkenntnis heraus, daß solche Vorhersagen weitgehend Spekulation bleiben müßten.

Strukturberichterstattung darf daher weder »überfordert« noch »überzogen« werden.

Zielsetzung muß es vor allem sein,

- den Zusammenhang zwischen struktureller und gesamtwirtschaftlicher Entwicklung aufzuhellen,
- die Implikationen der globalen Wirtschaftspolitik und der gesamtwirtschaftlichen Rahmengestaltung für die Strukturen der Wirtschaft transparent zu machen
  und umgekehrt
- die Interdependenzen zwischen den strukturpolitischen Aktivitäten und den gesamtwirtschaftlichen Größen zu verdeutlichen.

In diesem Sinne ist Strukturberichterstattung eine wichtige Entscheidungshilfe und ein Instrument der strukturpolitischen Effizienzkontrolle für die staatlichen Instanzen, aber auch eine wertvolle Orientierungshilfe, an der die einzelnen Wirtschaftsteilnehmer ihr Verhalten autonom und eigenverantwortlich ausrichten können.

II.3

Ausbau der Marktwirtschaft oder wieviel Staat muß sein?

Meine Antwort auf die Frage »Mehr oder weniger Staat?« wird sicherlich nicht überraschen. Meine tiefsitzende Skepsis gegenüber einem allmächtigen Staat ist bekannt.

Und daran hat sich auch nichts geändert, seit ich die Leitung des Bundeswirtschaftsministeriums übernommen habe.

Noch so gute Mitarbeiter einer Behörde können beim besten Willen nicht die vieltausendfach dezentralisierten Entscheidungen von Produzenten, Investoren, Konsumenten, Arbeitnehmern und Arbeitgebern ersetzen.

Deren Entscheidungen werden in einer Marktwirtschaft auf eine so einfache und doch immer wieder faszinierende Weise durch den Preismechanismus zugunsten einer im Vergleich zu allen anderen Wirtschaftssystemen optimalen Bedürfnisbefriedigung koordiniert und gleichzeitig wiederum auch auf ihre Effizienz hin kontrolliert.

Und diese »Richtigkeitskontrolle« über den Markt ist einfach nicht durch einen noch so qualifizierten kollektiven Sachverstand zu ersetzen.

Gleichwohl erwartet aber wohl auch niemand, daß ich mich als Anhänger eines Manchester-Liberalismus ausweisen werde.

Ich bekenne mich zu der aktiven Rolle des Staates in der Wirtschafts- und Gesellschaftspolitik – eben zu der sozial verpflichteten Marktwirtschaft.

Dies schließt aber ein, daß die lenkende Rolle des Staates dort ihre Grenzen findet, wo sie die Spontaneität und Dynamik der dezentralen Entscheidungen gefährdet oder sogar untergräbt und damit die Funktionsfähigkeit des marktwirtschaftlichen Systems außer Kraft setzt.

»Im Zweifel zugunsten des Individuums und seiner persönlichen Freiheit« läßt sich damit meine Antwort auf die Frage nach mehr oder weniger Staat auf eine Kurzformel bringen.

Und für diese Kurzformel gibt es wahrlich mehr als nur ökonomische Gründe.

In unserer Wirtschaftsordnung fällt dem Staat zuallererst die Aufgabe zu, die Rahmenbedingungen für die Wirtschaft zu gestalten. Hierzu gehören die Konjunktur- und Wachstumspolitik, die Forschungs- und Innovationspolitik, das Wettbewerbsrecht, der Verbraucherschutz, Arbeitsschutzbestimmungen, Umweltschutzauflagen usw.

Darüber hinaus fällt dem Wirtschaftsminister die Aufgabe zu, Gefahren für das Funktionieren der Wirtschaft als Ganzes aufzuzeigen und auf negative Entwicklungen und Folgen aufmerksam zu machen, die sich aus der Summierung von einzelwirtschaftlich vielleicht durchaus vernünftigen Entscheidungen für die Gesamtheit ergeben können.

Hier muß er vor allen Dingen auch die Interessen der Minderheiten sowie der Gruppen wahren, die sich bei Verschiebungen zu ihren Lasten mangels einer eigenen Lobby nicht zu Wort melden und damit auch nicht wehren können.

Dies sind z. B. die Rentner, die Sparer, aber auch minderqualifizierte Arbeitnehmer oder Jugendliche ohne Arbeits- oder Ausbildungsplatz.

Insbesondere auch im Interesse der letztgenannten muß der Wirtschaftsminister immer auch besonders die Konsequenzen für die Beschäftigung im Auge behalten und auf Fehlentwicklungen hinweisen.

Die Tarifrunden bieten hierzu leider immer wieder reichlich Gelegenheit.

Als Konsequenz aus einer solchen Entwicklung an eine Einschränkung oder gar Abschaffung der Tarifautonomie zu denken, stand für die Bundesregierung allerdings zu keinem Zeitpunkt zur Debatte.

Hier bleibt es bei der bewährten Politik der Nichteinmischung in laufende Verhandlungen.

Mit Sorge beobachte ich seit einigen Jahren eine Entwicklung, in der sich eine Vielzahl von isoliert betrachtet vernünftigen Beschlüssen zur Sozialpolitik zu einem Gesamtsystem addiert, das ein nicht mehr so vernünftiges Bild ergibt.

Ich denke hier an die Vielzahl von finanziellen Vergünstigungen wie Wohngeld, Ausbildungs- und Sparförderung – um nur die wichtigsten zu nennen –, bei denen aufgrund unterschiedlicher Bemessungskriterien und unkoordinierter Einkommensgrenzen nicht nur die Bedeutung der am Markt erzielten Lohneinkommen zurückgedrängt wurde, sondern vielmehr sogar ein Paradoxon zustande gekommen ist:

Es gibt heute zahlreiche Fälle, in denen die Rolle des Lohneinkommens durch die Höhe der staatlichen Transferzahlungen relativ an Bedeutung zurücktritt, ja sogar Fälle, in denen von zwei im übrigen gleich strukturierten Haushalten am Ende derjenige über ein größeres Einkommen verfügt, dessen Arbeitseinkommen niedriger war.

Eng verknüpft mit dem Problem der unkoordinierten Transferzahlungen ist der Sprung im Einkommensteuertarif, der sich bei einem Einkommen von mehr als 16000 DM bei Ledigen bzw. 32000 DM bei Verheirateten ergibt, ein Ärgernis, das sicher über kurz oder lang beseitigt werden muß.

Ich kann diese grundsätzliche Bemerkung hoffentlich machen, ohne daß sie schon als Beitrag zur aktuellen Diskussion über die Anpassung des Einkommensteuertarifs mißverstanden wird.

Viele Einkommensbezieher werden nämlich nicht nur »Opfer« des Progressionssprungs in der Einkommensteuer, sondern Opfer eines »doppelten Progressionssprungs«:

Der mit dem Eintritt in die Progressionszone vielfach verbundene gleichzeitige Wegfall einzelner oder sogar aller Transferzahlungen läßt in vielen Fällen ein Loch in der Haushaltskasse zurück, das politisch nicht mehr zu erklären ist.

Das zusätzlich aufgrund persönlicher Leistung erzielte Mehreinkommen, aber auch Einkommenssteigerungen infolge der periodischen Tariflohnerhöhungen führen nicht mehr unbedingt zu einem Mehr im verfügbaren Einkommen.

Ja, es gibt sogar Fälle, in denen das höhere Bruttoeinkommen mit einem geringeren verfügbaren Einkommen verbunden ist.

Die Bundesregierung hat diese mehr als unbefriedigende Entwicklung erkannt und eine Kommission eingesetzt, die Vorschläge für eine vernünftige Koordinierung von Steuern und Transfers machen soll.

Für diese zweifellos nicht einfache Aufgabe ist der Kommission Glück zu wünschen.

Welche Schlußfolgerungen müssen wir aus dieser Analyse ziehen?

Hat hier der Staat zu viel getan?

Wäre hier ein geringeres »Steuern des Staates« besser gewesen?

Mit einem einfachen Ja oder Nein lassen sich diese Fragen sicherlich nicht beantworten. Hier geht es nämlich nicht um ein Mehr oder Weniger an staatlicher Aktivität, sondern um das Wie, um den Inhalt.

Sowohl Steuern als auch Transferleistungen sind notwendig, nur haben Regierung und Parlament es bisher nicht geschafft – ich sage dies ohne Vorwurf, weil es zugegebenermaßen nicht ganz einfach ist –, ein in sich konsistentes Steuer-Transfer-System aufzubauen.

Darüber hinaus sind wir z. B. sicherlich auch gut beraten, wenn wir von zusätzlichen Belastungen der Leistungseinkommen absehen. Im Gegenteil, wenn wir uns Erfolgsaussichten bewahren wollen, aus den gegenwärtigen Schwierigkeiten herauszukommen, müssen wir die Leistungsanreize für die Erwerbstätigen verbessern.

Und es ist kein Geheimnis, daß ich mir langfristig von steuerlichen Entlastungsmaßnahmen eine größere wirtschaftsbelebende Wirkung verspreche als von einzelnen Vorhaben zur Verstärkung der öffentlichen Nachfrage.

Zur aktuellen konjunkturpolitischen Diskussion möchte ich mich auf ein paar grundsätzliche Überlegungen beschränken.

Es bleibt dabei, daß es erst im frühen Sommer möglich sein wird, eine Bilanz über die wirtschaftliche Entwicklung zu ziehen, wobei allerdings das Wort »Bilanz« nicht mit »Maßnahmen« oder Konjunkturspritzen oder Programmen gleichgesetzt werden darf.

Hektik in der Konjunkturpolitik würde den wirtschaftlichen Erholungsprozeß nicht beschleunigen, sondern eher verlangsamen, weil sie die Unternehmen und die Konsumenten verwirren müßte.

Unsere Wirtschaftspolitik bleibt weiterhin darauf angelegt, die Wachstumsbedingungen mittelfristig und dauerhaft zu verbessern. Hier ist sicherlich noch einiges zu tun.

Ich mache keinen Hehl aus meiner Auffassung, daß ich von kurzfristig wirkenden Konjunkturspritzen nichts halte.

Sie sind nämlich nicht geeignet, dem Markt und seinen Kräften neue Impulse zu geben. Hierher rührt auch meine Skepsis, ob – wie in der Öffentlichkeit vorgeschlagen – neue spektakuläre Einzelprojekte, die den ohnehin angespannten Bundeshaushalt weiter belasten würden, die notwendige konjunkturelle Erholung nachhaltig absichern könnten.

Die Verlagerung öffentlicher Ausgaben von der konsumtiven zur investiven Seite ist sicherlich erforderlich.

Sie wird betrieben und von mir auch nach Kräften unterstützt.

Aber wir werden sorgfältig die Grenzen zu beachten haben, die der staatlichen Investitionspolitik auch aus ordnungspolitischen Überlegungen gezogen sind.

Mir scheint besondere Vorsicht angebracht im Hinblick auf die investitionslenkenden Momente, die gezielten staatlichen Programmen innewohnen. Denn der Staat gerät dabei leicht in Gefahr, Strukturen vorzugeben oder gar vorzuschreiben, die sich in der dezentralisierten Entscheidungsstruktur der privaten Unternehmen sehr viel sachgerechter herauskristallisieren würden.

Ich lehne keineswegs jede staatliche Projektunterstützung etwa bei der Entwicklung neuer energiesparender oder umweltschützender Verfahren ab.

Es gilt aber immer, präzise den Punkt abzustecken, von dem an eine solche Unterstützung zu einem staatlichen Eingriff in die bestehenden Wettbewerbsverhältnisse führt.

Es ist aber nicht die Aufgabe des Staates, einigen wenigen Unternehmen einen Wettbewerbsvorteil gegenüber den Konkurrenten oder gegenüber Firmen aus anderen Wirtschaftszweigen zu gewähren.

Die Erfahrung zeigt weiter, daß der Staat und damit der Steuerzahler allzu leicht in die Haftung für Fehlschläge oder nicht befriedigende Ergebnisse solcher öffentlich geförderter Vorhaben genommen wird.

Die Flugzeug- und die Werftindustrie sind dafür anschauliche Beispiele.

Dies ist keine Absage an sektorale oder regionale Strukturpolitik.

Jede Regierung muß Strukturpolitik betreiben, nur ist dies ein eigenständiger Politikbereich, der flankierend zu Wettbewerbspolitik und Globalsteuerung zum Einsatz kommen muß und zwar unter marktwirtschaftlichen Funktionsbedingungen. Die Mittel, die für die Strukturpolitik verwendet werden, müssen möglichst vielen zugute kommen, sollten wettbewerbsneutral verwendet werden.

Ich habe schon darauf hingewiesen, daß eine Verbesserung der Struktur der öffentlichen Ausgaben im Sinne einer stärkeren Berücksichtigung wachstumsfördernder öffentlicher Investitionen nützlich und notwendig ist. Aber dies ist ein Baustein und nicht mehr. Dies kann nicht das Patentrezept für die Verbesserung der Wachstumsbedingungen in unserem Land und in Europa sein.

Wir sollten sehr vorsichtig mit einer großdimensionierten Ausdehnung der öffentlichen Ausgaben sein.

Wir haben oft genug erlebt, daß diese Ausgaben auf eine Einbahnstraße mit gewaltigen Folgekosten führen, auf der es dann kein Zurück mehr gibt.

Zu mehr Vertrauen in die wirtschaftliche Entwicklung gehört sicher auch, daß wir den Abbau bürokratischer Investitionshemmnisse weiter vorantreiben und nicht durch weitere Verordnungen neue Barrieren errichten.

Dies bedeutet allerdings auch, daß die Wirtschaft ihrerseits nicht allzu leichtfertig nach neuen Gesetzen, Gesetzesänderungen oder Verordnungen ruft, wenn es ihr wiederum in den Kram paßt.

Eben war die Rede davon, daß der Staat bei öffentlich geförderten Projekten allzu leicht in die Haftung für Fehlschläge oder nicht befriedigende Ergebnisse genommen wird. Dies gilt natürlich viel unmittelbarer, wenn der Staat selbst unternehmerisch tätig wird. Der Leser ahnt, worauf ich hinaus will: die Privatisierung öffentlicher Dienstleistungen.

Dies ist ein Komplex, anhand dessen sich sehr anschaulich die höhere Leistungsfähigkeit des Marktes gegenüber den meist schwerfälligen und allzuoft von sachfremden Einflüssen bestimmten Tätigkeiten des Staates demonstrieren läßt.

Ich habe, als ich vor einigen Jahren die Diskussion über die Frage mit eröffnet habe, viel Kritik, aber auch Zustimmung erfahren.

Inzwischen beurteilen auch die Skeptiker einer Privatisierung die Argumente bedeutend sachlicher als noch zu Beginn der Debatte.

Sicherlich bedeutet Privatisierung kein Allheilmittel, aber sie ist ein Schritt in die richtige Richtung.

Die Entwicklung der letzten Jahre hat gezeigt, daß die nachrechenbaren Vorteile für die Gemeindekassen und damit für den Steuerzahler das beste Argument für eine solche Umstellung sind.

So wächst z. B. die Zahl der Gemeinden, die ihre Müllabfuhr einem Privatunternehmen übertragen haben.

Der Vorwurf, damit würden Gewinne privatisiert, Verluste dagegen sozialisiert, ist der nüchternen Kalkulation gewichen, daß es »unter dem Strich« billiger für den Bürger wird, sei es unmittelbar in Form niedrigerer Beiträge oder Gebühren, sei es mittelbar durch geringere Steuern.

Viel mehr noch als auf staatliche Pflichtaufgaben wie die erwähnte Müllabfuhr trifft die Privatisierungsüberlegung auf solche unternehmerischen Aktivitäten des Staates zu, die sich im Wettbewerb zu Unternehmen aus der Privatwirtschaft abspielt.

Genauer hätte ich sagen müssen, einem in der Regel nicht ganz »fairen Wettbewerb«, weil die Wirtschaftlichkeit eines solchen Betriebes in der Regel nicht durch die drohende Sanktion des Konkurses kontrolliert wird und auftretende Verluste am Jahresende – unabhängig von ihrer Höhe – aus öffentlichen Kassen ausgeglichen werden. Ich kenne genügend Beispiele hierfür.

Dies beginnt bei staatlichen Druckereien und geht über Gärtnereien und Schlachthöfe bis hin zu großen Unternehmen in Staatshand.

In all diesen Bereichen gibt es aber auch Beweise dafür, daß eine Privatisierung erfolgreich durchgeführt werden kann.

Wer Privatisierung öffentlicher Dienstleistungen fordert, sollte sich aber auch überlegen, ob es konsequent ist, Verluste privater Unternehmen oder von Profisportvereinen durch Zuschüsse aus öffentlichen Haushalten auszugleichen, wenn diese auf Mißmanagement oder Schlendrian zurückgehen.

Ein weiteres Sorgenkind ist der zunehmende Dirigismus

der industriepolitischen Entwicklung der Europäischen Gemeinschaft.

Obwohl gerade die Europäische Gemeinschaft als größte Handelsmacht mit starkem Exportinteresse eine besondere Mitverantwortung für die Erhaltung eines ungehinderten internationalen Warenaustauschs trägt, hat sie doch vor allem in jüngster Zeit den Versuchungen des Protektionismus und Interventionismus nicht in ausreichendem Maße widerstanden.

Ich verkenne nicht, daß diese Versuchungen groß sind, und ich sehe sehr wohl die Probleme, die sich aus

- den tiefgreifenden Verschiebungen im Wechselkursgefüge,
- dem außerordentlichen Anstieg der Rohstoff- und Energiepreise,
- dem Niveau der Lohnkosten in der Gemeinschaft und der Lohnkostenstruktur,
- dem technologischen Fortschritt
  und
- den Veränderungen in der Nachfragestruktur ergeben.

Trotz alledem ist es äußerst bedenklich, daß angesichts dieser Probleme in Brüssel die Neigung wächst, die regulierende Wirkung von Markt und Wettbewerb zugunsten immer stärker um sich greifender branchenspezifischer Sonderregelungen außer Kraft zu setzen.

Diese Regelungen mögen nicht alle von großer Tragweite sein, in ihrer Summierung jedoch können sie eine andere Wirtschaftsordnung ergeben als diejenige, die in der Vergangenheit den europäischen Volkswirtschaften ein beispielloses Wachstum und damit Wohlstand beschert hat.

Hier schlägt Quantität in Qualität um.

Hier besteht die Gefahr, daß die Leistungsfähigkeit der Gesamtwirtschaft Schaden nimmt.

Dies ist nicht die Form von zukunftsweisender Strukturpolitik, wie ich sie mir vorstelle und wie ich sie für ein Europa mit Zukunft für erforderlich halte.

Diesen Standpunkt hat die Bundesregierung in ihrem Anfang Mai dem Rat vorgelegten Memorandum zur EG-Strukturpolitik klar und unmißverständlich zum Ausdruck gebracht.

Den Druck zur strukturellen Anpassung mit seinen zugegebenermaßen oftmals schmerzlichen Folgen defensiv durch strukturkonservierende Maßnahmen auffangen zu wollen, ist meiner Ansicht nach genau der falsche Weg.

Das damit erreichte kurzfristige Atemholen wäre auf längere Sicht mit einem weiteren Defizit an Wachstum und Beschäftigung zu bezahlen.

Die deutsche Industrie sollte im wohlverstandenen Interesse nicht mit dazu beitragen, daß der handelspolitische Kurs der Europäischen Gemeinschaften in eine längerfristig vergängnisvolle protektionistische und dirigistische Richtung gedrängt wird.

Ein bißchen mehr Zurückhaltung gegenüber entsprechenden Tendenzen in der Kommission stünde den Vertretern unserer großen Industriezweige gut an.

Sie sollten bedenken, daß sie die Geister, die sie heute rufen, morgen auch dann nicht wieder los werden, wenn ihnen der Sinn wieder nach Wettbewerb steht.

Die Bundesregierung jedenfalls wird weiterhin freien Märkten den Vorzug vor geordneten Märkten geben.

Sie erhofft sich hierbei in der nächsten Zeit auch wieder eine deutliche Unterstützung von seiten der Industrie und ihrer Spitzenverbände zugunsten der Wiederkehr einer marktwirtschaftlichen Geschlossenheit, auf die sie bisher mit Recht stolz war.

II.4

Technischer Fortschritt – »Jobkiller« oder Produktivitätsmotor?

Der technische Fortschritt steht gegenwärtig im Brennpunkt der öffentlichen Diskussion.

Galt er bisher im wesentlichen als etwas Positives, ja als zu Förderndes, so mehren sich in letzter Zeit deutlich auch die kritischen Stimmen.

Dieses ist nicht einmal verwunderlich, denn zahlreiche Arbeitsplätze werden vom Rationalisierungsprozeß erfaßt.

Obgleich dies immer schon so gewesen ist, wird es jetzt als besonders negativ empfunden zu einem Zeitpunkt, zu dem wir knapp eine Million Arbeitslose haben.

Außerdem ist es gegenwärtig noch nicht voll übersehbar, inwieweit neue technologische Entwicklungen z. B. auf dem Gebiet der Mikroprozessoren zu grundlegenderen Veränderungen am Arbeitsmarkt führen, obwohl ich hier vor einer einseitigen – malthusianistisch geprägten – Sicht warnen möchte.

Ausdrücke wie »Jobkiller« oder »Technischer Fortschritt bedeutet sozialer Rückschritt« sind die Schlagworte, die immer häufiger zu hören sind.

Der Unternehmerseite wird vielfach unterstellt, sie nutze auf Teufel komm raus alle sich ihr bietenden Rationalisierungsmöglichkeiten als Waffe im Verteilungskampf ohne jede Rücksicht auf menschliche Schicksale aus.

Was hat es nun auf sich mit dem technischen Fortschritt?

Was bedeutet er für jeden einzelnen von uns, was bedeutet er gesamtwirtschaftlich?

Technischer Fortschritt ist so alt wie die Menschheit und die Menschen haben ihn summa summarum auch als Segen empfunden, weil er nicht nur das Leben in vieler Hinsicht angenehmer macht, sondern auch eine wesentliche Grundlage für die persönliche Entfaltungsmöglichkeit und Freiheit des einzelnen Bürgers darstellt.

Bei weniger Arbeits- und mehr Freizeit können wir uns – alleine schon im Vergleich zur Lage vor 25 Jahren – in Verbindung mit der gleichzeitig gestiegenen Kaufkraft mehr, höherwertige und neu entwickelte Produkte kaufen, und dies zum Teil sogar bei sinkenden Preisen.

Ich nenne als Stichworte nur drei besonders populäre Konsumgüter: Auto, Kühlschrank, Fernsehapparat.

Daß diese Produkte entwickelt und zu einem erschwinglichen Preis zu kaufen sind, verdanken wir nicht zuletzt einer leistungsfähigen Investitionsgüterindustrie, die die Möglichkeiten des technischen Fortschritts und die sich bietenden Rationalisierungschancen genutzt hat.

Unser hoher Lebensstandard ist das Ergebnis unzähliger einzelwirtschaftlicher Leistungssteigerungen, zu denen Arbeitnehmer wie Unternehmer gleichermaßen beigetragen haben und an deren Erträgen auch beide partizipiert haben.

Unser hoher Lebensstandard ist ohne die internationale Wettbewerbsfähigkeit der deutschen Wirtschaft nicht denkbar.

Diese konnte wiederum nur aufgrund des erreichten hohen technischen Know-how und den damit möglichen Produktivitätsfortschritten erworben werden und ist auch nur damit zu erhalten.

Neben diesen wirtschaftlichen Vorteilen soll aber auch ein anderer wichtiger Aspekt nicht unerwähnt bleiben: erst der technische Fortschritt hat entscheidende Fortschritte bei der Humanisierung der Arbeitswelt ermöglicht.

Arbeitsgänge wurden leichter, sicherer, weniger laut – allerdings, und dies soll hier nicht verschwiegen werden, zum Teil auch eintöniger.

Doch ist dies ein Thema, das nicht der Wirtschaftsminister, sondern z. B. die Arbeitsmediziner und u. a. auch die Tarifpartner lösen müssen, z. B. indem die Fließbandarbeit durch Gruppenarbeit abgelöst wird.

Nun gibt es die These – vor Jahren populär verbreitet durch den Club of Rome (der seine Aussagen inzwischen allerdings wesentlich modifiziert hat) –, daß wir mit dem erreichten Wohlstand zufrieden sein und im Interesse der gesamten Menschheit auf weiteres wirtschaftliches Wachstum verzichten sollten.

Selbst wenn man diese These für die Bundesrepublik oder die industrialisierten Länder akzeptieren würde, so zeigt allein schon die Herausforderung, der wir uns angesichts des Nord-Süd-Gefälles gegenübersehen, daß der bisher realisierte technische Fortschritt nicht ausreicht, die dringlichsten Menschheitsprobleme zu lösen.

Aber auch *wir* brauchen technischen Fortschritt, denn allein schon die Erhaltung des Erreichten ist im internationalen Wettbewerb nur bei konsequenter Anwendung des technischen Fortschritts möglich.

Außerdem ist – wie jeder Tarifkonflikt neu zeigt – das Einkommensniveau großer Teile unserer Bevölkerung durchaus verbesserungsbedürftig.

Hinweisen möchte ich hier auch auf die wachsenden Ansprüche an den Staat auf mehr Leistungen, auf einen besseren Ausbau der öffentlichen Infrastruktur, auf einen besseren Umweltschutz.

Wie stehen nun die deutschen Gewerkschaften zum technischen Fortschritt?

Ganz ohne Zweifel gehören sie nicht zu den Maschinenstürmern des 19. Jahrhunderts, wie sie Gerhart Hauptmann in seinen »Webern« geschildert hat.

Vielmehr sind die deutschen Gewerkschaften – auch international – als Befürworter technologischer Neuerungen und damit von Rationalisierungsinvestitionen bekannt.

Noch nicht lange zurück liegen die Jahre, in denen sie sich sogar mit besonderem Nachdruck für Innovationen eingesetzt haben.

Sie verfolgten bewußt die Strategie: Produktivitätsgewinne durch Rationalisierung – hohe Lohnforderungen – Erhöhung des Druckes auf die Unternehmen, ihre Rationalisierungsanstrengungen zu verstärken, um dann in der folgenden Tarifrunde für die Arbeitnehmer zusätzliche Lohnerhöhungen durchzusetzen.

Dies ging solange ohne größere Reibungen, wie beide Seiten von einem fühlbar wachsenden Sozialprodukt profitierten und am Arbeitsmarkt eine ausgeprägte Arbeitskräfteknappheit bestand.

Inzwischen hat sich aber das Blatt gewendet.

Allerdings ist das Bild auch hier wieder sehr differenziert, je nachdem, ob man auf der Seite der vom technischen Fortschritt begünstigten Arbeitnehmer mit einem sicheren und zukunftsträchtigen Arbeitsplatz steht oder ob man zu den »Opfern« von Rationalisierungen oder Umstrukturierungen aufgrund des technischen Fortschritts zählt.

Und es ist auch wiederum kein Einzelfall, daß gerade auch Arbeitnehmervertreter der Unternehmensleitung in Krisenzeiten vorwerfen, sie habe die Entwicklung verschlafen und damit die Arbeitsplätze in diesem Betrieb durch nicht rechtzeitig durchgeführte Innovationen in Gefahr gebracht.

Es gehört zu den originären Aufgaben der Gewerkschaften, die Interessen der Arbeitnehmer zu wahren, d. h. sie gegen Benachteiligungen zu verteidigen, vor Überforderungen zu schützen und die Zukunft der Arbeitnehmer insgesamt zu verbessern.

Angesichts der veränderten Arbeitsmarktlage ist es verständlich, daß die Gewerkschaften das Problem der Rationalisierung mit anderen Augen sehen und für den einzelnen Arbeitnehmer eine Verschlechterung seiner Position generell verhindern wollen.

Der Wirtschaftsminister seinerseits muß aber vor dem Rückfall in ein generelles Absicherungs- oder gar Zunftdenken warnen, zu dem die Betroffenen in einer schwieriger gewordenen Lage – durchaus verständlicherweise – neigen.

Bisher haben sich die deutschen Gewerkschaften immer als Interessenvertreter *aller* Arbeitnehmer verstanden und sich dementsprechend auch den Belangen derjenigen Arbeitnehmer verpflichtet gefühlt, die vorübergehend keinen Arbeitsplatz haben oder gegenwärtig noch in der Ausbildung stehen.

Die Bundesregierung geht davon aus, daß sich an dieser gesamtwirtschaftlichen Verantwortung der deutschen Gewerkschaften auch in Zukunft nichts ändern wird.

Sie hofft deshalb auch, daß es Unternehmern und Gewerkschaften gelingt, den Arbeitnehmern die Notwendigkeit und die Funktion des technischen Fortschritts verständlich zu machen.

Der Arbeitnehmer muß die Chance haben, sich auf den technischen Fortschritt und die damit für ihn u. U. notwendigen Umstellungen vorzubereiten, die ja keineswegs zwangsläufig Abgruppierung bedeuten müssen.

Der Arbeitnehmer muß die Chance haben, den technischen Fortschritt mitzugestalten, statt von ihm wie aus heiterem Himmel überrollt zu werden. Die Mitbestimmung eröffnet den Arbeitnehmern auch in diesem Bereich die Möglichkeit zur Mitgestaltung und zur Mitverantwortung.

Die Bundesregierung hofft, daß hier ein Konsensus über die Unternehmensaufgaben zustande kommt, der sich zum Wohle aller auswirkt.

Mehr als nur einmal hat die Bundesregierung in den letzten Jahren darauf aufmerksam gemacht, daß niemand heute mehr darauf bauen kann und sollte, daß er aus dem gleichen Beruf in den Ruhestand wechseln wird, in dem er als junger Mensch sein erstes Geld verdient hat.

In unserer schnellebigen Zeit sind Absicherungen auf Dauer nicht möglich.

Deshalb muß dem Arbeitnehmer eine Hilfe an die Hand gegeben werden zur möglichen Neuorientierung hinsichtlich eines anderen Arbeitsplatzes im Unternehmen, eines anderen Unternehmens oder Arbeitsortes und unter Umständen auch hinsichtlich eines neuen Berufes.

Ein wichtiger Weg sind sicherlich betriebsinterne Regelungen.

Hier und auch in den anderen Fällen sind vor allem die Tarifpartner gefordert, und erst als Ultima ratio darf der Staat zu Hilfe gerufen werden.

Aber auch er kann keine völlige Absicherung vor beruflichen Risiken bieten, weil diese nicht nur nicht denkbar, sondern auch von der Allgemeinheit nicht bezahlbar ist.

Unser Ziel, den erreichten Wohlstand zu sichern und wenn möglich zu mehren, können wir nicht auf dem Weg über eine generelle Absicherung erreichen.

Im Gegenteil, die Zahl der Alimentationsempfänger, d. h. der Bezieher von Nicht-Leistungseinkommen – zwei zugegebenermaßen sehr bürokratisch klingende Begriffe –, darf im Interesse der Gesamtheit nicht unvertretbar erhöht werden.

Ihre Einkommen müssen ja von den anderen Arbeitnehmern über ihre Steuern und Sozialabgaben erarbeitet werden.

Die finanzielle Belastung der Arbeitnehmer ist aber schon

heute bis an die Grenze des Vertretbaren gewachsen und darf nicht weiter erhöht werden.

Der technische Fortschritt stellt natürlich auch neue Anforderungen an unser Ausbildungssystem; denn die neu ins Berufsleben tretenden Jugendlichen müssen rechtzeitig darauf vorbereitet werden, daß sie einerseits die Chancen, die ihnen der technische Fortschritt in bestimmten Berufen bietet, wahrnehmen können, andererseits aber auch fähig sind, einen Arbeitsplatz oder sogar den Beruf zu wechseln, ohne daß dies mit Einkommens- oder Statusverlusten verbunden ist.

Welches ist nun die Rolle des Unternehmers im Prozeß des technischen Fortschrittes?

Aufgabe jedes Unternehmers ist es, wirtschaftlich sinnvolle Produkte – d. h. Güter, für die eine Nachfrage besteht oder bestehen könnte – herzustellen und zu verkaufen.

Dazu muß er Märkte – national und international – aufspüren, pflegen und erhalten, und hierzu gehört auch, daß er seine Produkte je nach Konkurrenzlage oder Nachfrageverschiebungen billiger oder qualitativ verbessert anbietet; dies ist – wie die Erfahrung lehrt – nur aufgrund neuer und effizienterer Produktionsverfahren und verbesserter technischer Arbeitsbedingungen möglich.

Nur mit ausreichender Flexibilität können die Arbeitsplätze in vielen Unternehmen erhalten werden bzw. weggefallene Arbeitsplätze durch neue Arbeitsplätze ersetzt werden.

Der Unternehmer kann seine Funktion nur im Zusammenwirken mit anderen erfüllen, insbesondere im Zusammenwirken mit seinen Arbeitnehmern.

Und hier sollte er vor allen Dingen auch die Sorgen des einzelnen Menschen sehen; denn nur so kann ein tragfähiges soziales Klima und eine hohe Leistungsbereitschaft gewährleistet werden.

Der Unternehmer hat somit – und dies wollen wir nicht kleinschreiben – im ureigensten Interesse auch eine gesellschaftspolitische Aufgabe und Verantwortung. Auf die Chancen aus der Mitbestimmung habe ich bereits hingewiesen.

Die Arbeitsbedingungen im Unternehmen sind mitentscheidend für die Leistungsfähigkeit und Leistungsbereitschaft der Arbeitnehmer und damit wiederum auch für die Produktivität des Unternehmens.

Dies gilt nicht nur für Zeiten der Hochkonjunktur, in der das Arbeitskräfteangebot knapp ist.

»Verläßlichkeit« ist ein Wunsch auf Gegenseitigkeit im Verhältnis von Unternehmer und Arbeitnehmer, und deshalb ist auch das Gespräch im Betrieb so notwendig.

Arbeitnehmer fühlen sich vielfach überrascht vom organisatorischen Einsatz neuer Produkte – d. h. von Rationalisierungsinvestitionen –, ohne zu wissen daß die betreffende Maschine oder Technologie eventuell schon seit vielen Jahren auf dem Markt angeboten wird.

So haben schon vor rd. 10 Jahren in den USA die Arbeitnehmer gegen die Einführung der neuen Drucktechniken gestreikt.

Hier kann und muß sicherlich noch viel Aufklärungsarbeit von seiten der Unternehmer, aber auch von seiten der Betriebsräte und der Gewerkschaften geleistet werden.

Vergessen wir im übrigen nicht, daß von guten Arbeitsbeziehungen im Unternehmen und in der gesamten Wirtschaft der Firmenruf und das Standing der deutschen Unternehmen abhängt und diese eine wichtige Erfolgsbedingung auf dem Weltmarkt sind.

Welches ist nun die Rolle der Wirtschaftspolitik in diesem Prozeß?

In unserer Wirtschaftsordnung fällt dem Staat zuallererst die Aufgabe zu, die Rahmenbedingungen für die Wirtschaft zu gestalten.

Hierzu gehören die Konjunktur- und Wachstumspolitik, die Forschungs- und Innovationspolitik, das Wettbewerbsrecht, der Verbraucherschutz, Arbeitsschutzbestimmungen, Umweltschutzauflagen usw.

Darüber hinaus fällt dem Wirtschaftsminister die Aufgabe zu, Gefahren für das Funktionieren der Wirtschaft als Ganzes aufzuzeigen und auf negative Entwicklungen und Folgen aufmerksam zu machen, die sich aus der Summierung von einzelwirtschaftlich vielleicht durchaus vernünftigen Entscheidungen für die Gesamtheit ergeben bzw. ergeben können.

Hier muß er vor allen Dingen auch die Interessen der Minderheiten sowie der Gruppen wahren, die sich bei Verschiebungen zu ihren Lasten mangels einer eigenen Lobby nicht zu Wort melden und damit auch nicht wehren können.

Dies sind z. B. die Rentner, die Sparer, aber auch minderqualifizierte Arbeitnehmer oder Jugendliche ohne Arbeits- oder Ausbildungsplatz.

Insbesondere auch im Interesse der letztgenannten muß der Wirtschaftsminister immer auch besonders die Konsequenzen für die Beschäftigung im Auge behalten und auf Fehlentwicklungen hinweisen.

So verständlich ich auch die Sorge des betroffenen Arbeiters oder Angestellten finde, der aufgrund von Rationalisierungsmaßnahmen in der Lohn- und Gehaltsskala abgestuft werden soll, so wenig kann und darf ich als Wirtschaftsminister die gesamtwirtschaftlichen Probleme von dauerhaften individuellen und noch viel mehr von kollektiven Absicherungsregelungen übersehen, die die Tendenz haben, die notwendige Flexibilität über Gebühr einzuschränken.

Sie bringen zumindest langfristig eine Kostensteigerung und erschweren damit tendenziell die Wettbewerbsposition des einzelnen Unternehmens bzw. international sogar ganzer Branchen.

Dabei kann sich sogar eine Gefahr für die Sicherheit der betreffenden Arbeitnehmer ergeben, von der möglichen Erschwerung für die Einstellung neuer Arbeitskräfte ganz zu schweigen.

Die in Nordwürttemberg/Nordbaden gefundene individuelle Absicherung der betroffenen Arbeitnehmer halte ich grundsätzlich für eine vernünftige Kompromißlösung, da sie den notwendigen sozialen Schutz mit der wirtschaftlich notwendigen Flexibilität verbindet.

Die Auswirkungen solcher Absicherungsvereinbarungen verdienen jedoch sorgfältige Beobachtung und Analyse hinsichtlich der möglichen Konsequenzen auf andere Tarifbereiche sowie auf den weiteren technologischen Fortschritt und die Wettbewerbsfähigkeit der Unternehmen.

Lassen Sie mich an dieser Stelle noch vor einem verbreiteten Irrtum warnen: Vereinfachung der Arbeit darf keineswegs gleichgesetzt werden mit einer Abqualifizierung des Arbeitnehmers.

Eine hohe Qualifikation des Arbeitnehmers ist mehr denn je notwendig, insbesondere wegen des schnellen Wandels der Weltwirtschaftsstruktur.

Daß die Chance der industrialisierten Länder dabei nur in einer stärkeren Spezialisierung auf sogenannte intelligente Produkte und Produktionsverfahren liegen kann, ist heute allgemein anerkannt.

Rationalisierung und technischer Fortschritt bedeutet in diesem Zusammenhang deshalb nichts anderes, als die dazu notwendige Allokation der Ressourcen zu verbessern und zu erleichtern.

Außerdem sollten wir nicht übersehen, daß gerade auch die vereinfachten Arbeitsplätze gesteigerte Beschäftigungsmöglichkeiten für wegen ihres Ausbildungsniveaus oder körperlicher Behinderung schwer vermittelbare Arbeitskräfte eröffnen.

Sie können so relativ reibungslos in den Arbeitsprozeß integriert werden.

Andererseits kommen wir nicht an einer sorgfältigen Untersuchung der Frage vorbei, inwieweit die jetzige Arbeitslosigkeit die Folge einer Minderqualifikation einer großen Anzahl von Arbeitnehmern ist.

Facharbeiter können derzeit nahezu problemlos vermittelt werden, ja in manchen Branchen besteht sogar ein ausgesprochener Mangel.

II.5

Wieviel Strukturpolitik ist nötig? oder: Innovationen sind die beste Strukturpolitik

Wahrscheinlich können wir zwei Grundübereinstimmungen in der Bundesrepublik feststellen:

1. Die ökonomische und freiheitsstiftende Überlegenheit der marktwirtschaftlichen Ordnung gegenüber allen anderen Wirtschaftssystemen ist unbestritten.
2. Der Markt kann viel, kann erheblich mehr als manche Kritiker ihm zubilligen wollen, aber er kann nicht alles.
   Er löst nicht sämtliche Probleme einer modernen Industriegesellschaft.
   Und deshalb kommt keine verantwortliche Regierung daran vorbei, Marktergebnisse zu korrigieren, wenn dies gesellschaftspolitisch geboten ist.

Wenn soweit Übereinstimmung besteht, dann kann ernsthaft allein die Frage diskutiert werden, wo solche Korrekturen anzubringen sind und wie weit sie gehen können.

Ich nenne dafür ein Beispiel: Es steht völlig außer Frage, daß die Verteilungsergebnisse des Marktes z. B. sozialpolitisch verändert werden müssen.

Aber dieses richtige Prinzip kann auch ad absurdum geführt werden, wenn die Ansprüche an das soziale Sicherungsnetz so hoch geschraubt werden, daß sie von den Ergebnissen des Marktes nicht mehr finanziert werden können, daß sie den Leistungswillen wegen der damit verbundenen Belastungen lähmen und damit die Kräfte des Marktes entscheidend schwächen. Wenn die an sich notwendige Korrektur zu einer Verfälschung der Marktergebnisse führt, dann allerdings sollten wir nicht mehr von Marktwirtschaft, auch nicht von sozialer Marktwirtschaft reden.

Ich will deutlich machen, daß soziale Marktwirtschaft für mich kein politisches Schlagwort ist, sondern das unerhört erfolgreiche Prinzip, nach dem wir seit nunmehr fast 30 Jahren die Wirtschaftspolitik in unserem Land gestalten, soziale Sicherheit garantieren und den ökonomischen Unterbau einer freiheitlichen Gesellschaft sichern.

Für mich steht außer Frage, daß diese marktwirtschaftliche Ordnung vielleicht nicht das allein denkbare, aber in jedem Fall das optimale Korrelat zu einer demokratischen, politischen Verfassung ist, die diesen Namen verdient.

Deshalb geht unsere Wirtschaftspolitik vom Primat des Marktes aus, nicht aus ordnungspolitischem Starrsinn, sondern weil diese Institution Markt - mit den erforderlichen Korrekturen - sich als das humanste ökonomische Gestaltungsprinzip erweist.

Die grundsätzlich gegebene Freiheit in der marktwirtschaftlichen Ordnung erhält jedoch erst dadurch ihren realen Gehalt, daß für jeden Unternehmer, Verbraucher, Arbeitnehmer möglichst viele konkurrierende ökonomische Alternativen bestehen. Nur so können wir das Diktat des wirtschaftlich Starken vermeiden, zumindest wesentlich einschränken.

Deshalb das Kartellverbot und die marktwirtschaftliche Ächtung der Monopole, deshalb der hohe Rang der Wettbewerbspolitik, deshalb die Fusionskontrolle und deshalb unser Kampf gegen Konzentration.

Das vor allem verstehe ich unter Befreiung des Menschen von ökonomischen Zwängen. Deshalb das Betriebsverfassungsgesetz, deswegen die Mitbestimmung in den Unternehmen.

Die Vielzahl unabhängig und in Konkurrenz zueinander wirtschaftlich Handelnder sichert den individuellen Freiheitsspielraum für alle und für jeden einzelnen.

Deshalb unterstützen wir diejenigen, die sich selbständig machen wollen, erleichtern ihnen den beruflichen Start, deshalb tuen wir jetzt mit neuen Programmen noch mehr, um gerade kleinen und mittleren Unternehmen den Zugang zu Forschung und Entwicklung zu öffnen.

Nun wird gesagt, der Wettbewerb beschränke sich in unserer Marktwirtschaft auf eben diese kleinen und mittleren Unternehmen.

Großunternehmen setzten demgegenüber keine Wettbewerbspreise, sondern strategische Preise.

Machtprozesse spielten dabei eine wesentliche Rolle.

Ich will gerne einräumen, daß der Wettbewerb zwischen Großunternehmen von anderer Art ist.

Aber auch Großunternehmen konkurrieren um nationale Marktanteile, auch sie stehen unter internationalem Konkurrenzdruck.

Deshalb trifft die Vorstellung auch nicht zu, daß dort, wo mittlere und kleinere Unternehmen konkurrieren, der Staat sich darauf beschränken könne, strukturelle Anpassungsprozesse *indirekt* durch Veränderung von Rahmenbedingungen zu unterstützen, im sogenannten vermachteten Bereich dagegen unmittelbare Staatseingriffe angezeigt seien.

Ich halte das nicht für schlüssig.

Die wirtschaftliche Entscheidungsfreiheit der Bürger kann durch Summierung vieler indirekter Staatseingriffe mindestens ebenso nachhaltig beschnitten werden wie durch unmittelbares dirigistisches Handeln des Staates.

Die Unterscheidung in Machtbereich und in Wettbewerbsbereich hilft hier gar nicht weiter.

Auch dem vermeintlichen Vorrang von Staatseingriffen im sogenannten Machtbereich der Wirtschaft liegt ein Mißverständnis über die Marktwirtschaft zugrunde.

Es gibt genug weltweite Fehlentwicklungen, die durch die staatliche Wirtschaftspolitik selbst entstanden sind.

Das wollen viele nicht gern zur Kenntnis nehmen.

Ich erinnere an das überlange Festhalten an festen Wechselkursen in den 60er Jahren und an den inzwischen wohl aufgegebenen Irrglauben, durch Inflation ließen sich Arbeitsplätze sichern.

In diesen Monaten geht es insbesondere um die Sanierungsproblematik strukturschwacher Branchen.

Schauen wir uns die sogenannten Sorgenkinder unserer Wirtschaft einmal an.

Warum haben in nicht wenigen Fällen die gewährten direkten Staatshilfen nicht so angeschlagen, wie es erwartet wurde?

Die Antwort ist nicht schwer.

Staatliche Subventionierung, insbesondere im Übermaß und auf Dauer gewährt, lähmt den Willen zur privaten Selbsthilfe.

Der Wille zur Anpassung an veränderte Marktbedingungen

wird bei staatlich geschützten Unternehmen geschwächt. Allzu leicht geraten sie in die Versuchung, ihre Energie mehr auf weitere Hilfen und Schutzmaßnahmen als auf die Wiedergewinnung ihrer Ertragskraft zu richten.

Weitere Staatshilfen erscheinen unausweichlich, wenn Wahltermine und eine sehr wahrscheinliche Solidarisierung von Landesregierungen, Unternehmerverbänden, Betriebsräten und Gewerkschaften einen Zugzwang entstehen lassen.

Staatseingriffe und Unternehmensentscheidungen verquikken sich schließlich immer mehr.

Letztlich ist nicht mehr unterscheidbar, wer für Fehlentscheidungen tatsächlich die letzte Verantwortung trägt.

Die Folgen der staatlichen Interventionen können dann nicht mehr eindeutig einem klar identifizierbaren politischen Entscheidungsträger zugeordnet werden.

Die Marktwirtschaft droht unter solchen Verhältnissen ihre Effizienz, Flexibilität und Anpassungsfähigkeit zu verlieren.

Der oft zu hörende Vorwurf, es bestehe eine De-facto-Überlebensgarantie allein wegen der Größe eines Unternehmens, scheint durch manche Erfahrungen belegt zu werden.

Wer das jedoch vor allem dem Marktsystem anlastet, verkennt, daß derartige Überlebenshilfen der marktwirtschaftlichen Ordnung grundsätzlich widersprechen.

Ich halte es allerdings für unrealistisch, zum Rückzug aus der Zusammenarbeit zwischen dem Staat und der Wirtschaft zu blasen.

Die Verflechtung zwischen diesen beiden Bereichen ist nicht mehr aufhebbar, sondern nur noch gestaltbar.

Um so mehr kommt es aber auf die Art und Weise an, wie diese Zusammenarbeit gestaltet wird. Was ist dabei zu berücksichtigen?

- Erstens, der Staat – d. h. das Parlament und die Regierung – und die Unternehmen haben ganz unterschiedliche Zielsetzungen.
- Zweitens, der Staat ist für die Unternehmerrolle denkbar wenig geeignet, vor allem dann nicht, wenn im Einzelfall besonderes Sanierungsgeschick erforderlich ist.
- Drittens, gegen weltweite Markttrends helfen auf Dauer auch keine staatlichen Subventionsgelder, sofern sie überwiegend zur Erhaltung überholter Strukturen statt zur

Anpassung an neue wirtschaftliche Notwendigkeiten verwendet werden.

In der Marktwirtschaft muß sich der Wirtschaftspolitiker daher zuerst die Frage vorlegen, ob überhaupt der Einsatz staatlicher Hilfen zu verantworten ist.

Stellt der Wirtschaftspolitiker ein vermeintliches Versagen des Marktes fest, so darf das noch lange nicht als grünes Licht für Staatseingriffe angesehen werden.

Zuerst ist nämlich zu versuchen, durch Verbesserung der Rahmenbedingungen den Markt funktionsfähig zu machen.

Erst wenn dies nicht gelingt, können direkte Hilfen erwogen werden.

Die Wirtschaftswissenschaft hat festgestellt, daß das marktwirtschaftliche Gütesiegel »Ordnungskonformität« nicht bestimmten Typen von Staatseingriffen generell zugeschrieben werden kann.

Die Beurteilung hängt vielmehr davon ab, wie die Instrumente im konkreten Fall eingesetzt werden.

Die Generalvermutung, daß indirekte Eingriffe in den Marktprozeß direkten, globale den isolierten und weniger spezifische den spezifischen Interventionen vorzuziehen sind, muß deshalb für jeden konkreten Einzelfall überprüft werden.

Fällt die Entscheidung, um drohenden, bruchartigen Entwicklungen rasch begegnen zu können, zugunsten direkter staatlicher Interventionen aus, dann ist erneut abzuwägen, ob marktwirtschaftliche Konformitätskriterien zurückgestellt werden müssen. Nicht selten wird nach der Parole »Wer zahlt, soll auch bestimmen, was mit dem Geld geschieht« sogleich eine weitgehende *Mitentscheidungsbefugnis* für den Staat in der aktuellen Unternehmenspolitik gefordert.

Ich halte das weder für systemkonform noch für zweckmäßig.

Solche Eingriffe verwischen nur die Grenzen zwischen staatlichem Handeln und dem der privaten, vor allem der privaten wirtschaftlichen Autonomie- und Interessensphäre.

Die staatliche Verantwortung muß prinzipiell immer klar von dem eigentlichen unternehmerischen Verhalten unterschieden werden.

Aber diese reinliche Trennung darf nicht dazu führen, daß

der Staat nur zahlt oder Bürgschaften leistet, die Eigentümer und Inhaber solcherart gestützter Unternehmen aber nur kassieren, um sich bequem zurückzulehnen, wenn sie mit Hilfe des Steuerzahlers die Gefahrenstrecke überwinden.

Denn zuallererst ist der Eigentümer gefragt und nicht der Steuerzahler, und wenn dieser antritt, dann wird das nicht ohne Auswirkung auf die Eigentümerverhältnisse des betroffenen Unternehmens bleiben können.

Der Staat sollte seine unverzichtbaren Auflagen in einem klar definierten Konditionenkatalog festschreiben und offenlegen, der vor allem den notwendigen Strukturwandel unterstützt.

Das vermeidet die Schwächung der Anreize zur privaten Selbsthilfe.

Dauerhaft subventionierte Arbeitsplätze sind unsichere Arbeitsplätze.

Deswegen sollte sich der Staat so rasch wie möglich wieder zurückziehen können.

Das würde erleichtert, wenn die Instrumente für staatliche Hilfen im Grundsatz immer degressiv, zeitlich befristet und automatisch auslaufend gestaltet werden.

Nach dieser Maxime haben wir versucht, das Werfthilfeprogramm zu konzipieren.

Staatliche Hilfen werden so zeitlich und im Umfang begrenzt und die Anpassungsbereitschaft der Unternehmen an veränderte Marktdaten gefördert.

Daher würden mehr Darlehen als Fördermittel und weniger verlorene Zuschüsse einer Verstärkung der Subventionsmentalität entgegenwirken.

Fazit also: Strukturpolitik ist ein wesentlicher und unverzichtbarer Bestandteil der Wirtschaftspolitik. Sie hat primär die Förderung des Strukturwandels zum Ziel.

Die Umstrukturierung unserer Wirtschaft – die Anpassung an neue Gegebenheiten der Nachfrage, des Wettbewerbs und der Außenbeziehungen – ist Aufgabe aller am Wirtschaftsprozeß Beteiligten.

Wer seinen Beitrag hierzu verweigert, gefährdet die gesamtwirtschaftlichen Ziele des StWG.

Dies sollten Unternehmer und Gewerkschaften gleichermaßen bedenken.

Der Staat kann nach Auffassung der Bundesregierung den Strukturwandel lediglich generell erleichtern und ihn nur in bestimmten Fällen unterstützen. Ziel der Strukturpolitik ist es deshalb auch, Interventionen etwa zur Streckung der Strukturanpassung eng zu begrenzen.

Bei diesem Bemühen, Interventionen einzudämmen, hat uns auch und gerade die Opposition nicht selten im Stich gelassen.

Die Politik ihrer Branchenexperten steht häufig in auffälligem Widerspruch zu ihrem marktwirtschaftlichen Bekenntnis.

Ich könnte eine Reihe von Beispielen nennen.

Der Marktwirtschaftler zeigt sich nicht in Sonntagsreden, sondern bei der Lösung der Probleme des Alltags, d. h. an den konkreten Vorschlägen, die von politisch Verantwortlichen gemacht werden.

Gegenwärtig wird viel über den Strukturwandel diskutiert, ob er sich beschleunigt oder nicht. Ich will in diese mehr akademischen Erörterungen nicht eingreifen, da das meßbare Tempo des Strukturwandels wesentlich von den verwendeten Indikatoren abhängen dürfte.

Soviel läßt sich aber mit Gewißheit sagen, die strukturellen Veränderungen berühren heute Unternehmen und Arbeitnehmer stärker als in früheren Jahren.

Entscheidend dafür ist insbesondere das schwächere Wirtschaftswachstum.

Für diese Entwicklungen lassen sich vielfältige Gründe anführen.

Um nur einige Beispiele zu nennen: Die heftigen Schwankungen im Wechselkursgefüge, der Aufbau von Kapazitäten in Entwicklungsländern, die sprunghafte Verteuerung von vielen Rohstoffen in den letzten Jahren, die Kostenentwicklung und die Veränderungen in der Binnennachfrage.

Diese Umschichtungen haben einen erheblichen Bedarf an Strukturwandel in unserer Wirtschaft entstehen lassen.

Die Bundesregierung unterstützt diesen Umstrukturierungsprozeß mit erheblichen Mitteln.

Ich erinnere an die Programme zur Wachstumsförderung und Nachfragebelebung, insbesondere das Programm zur Förderung von Zukunftsinvestitionen, steuerliche Entlastung der Einkommen, verstärkte Förderung von Forschung und Entwicklung, Verbesserung der degressiven Abschreibung und Erleichterung der Existenzgründung, aber auch spezielle Unterstützungshilfen wie für Stahl und Schiffbau.

Die Bundesregierung lehnt Strukturdirigismus und -protektionismus nach wie vor ab.

In diesem Zusammenhang will ich meine Besorgnis über die Forderungen einiger Mitgliedstaaten der Gemeinschaft, die ihren Niederschlag in Vorschlägen und Maßnahmen der EG-Kommission gefunden haben, nicht verbergen.

Es wird immer die Notwendigkeit des Kompromisses in der Gemeinschaft geben.

Aber die Kompromißmöglichkeit hat dort ihre Grenzen, wo durch gemeinschaftlichen Dirigismus und Protektionismus die Anpassungsfähigkeit unserer Volkswirtschaft behindert und die Weltoffenheit des Gemeinsamen Marktes in Frage gestellt wird.

Ziel unserer Politik muß es sein, höhere Beschäftigung und mehr Wachstum zu ermöglichen.

Was wir brauchen, ist eine Förderung der Dynamik der Wirtschaft.

Für die Strukturpolitik ist Transparenz unentbehrlich. Deshalb hat die Bundesregierung den Aufbau einer Strukturberichterstattung durch wirtschaftswissenschaftliche Forschungsinstitute in die Wege geleitet. Außerdem haben wir in der Konzertierten Aktion einen Gesprächskreis eingerichtet, der den Aufbau der Strukturberichterstattung begleiten soll.

Und in der Konzertierten Aktion selbst wollten wir den strukturpolitischen Themen ein besonderes Gewicht beimessen.

Was die Strukturberichterstattung angeht, so werden Staat und Wirtschaft gleichermaßen Nutznießer dieser Ex-post-Analysen sein.

Die Strukturberichterstattung, wie sie von der Bundesregierung konzipiert wurde, ist ein Beitrag zur Förderung des Strukturwandels und zur Verbesserung der Transparenz der staatlichen Strukturpolitik.

Die Berichterstattung dient daher auch der Absicherung unserer marktwirtschaftlichen Ordnung.

Ordnungspolitische Probleme würden sich erst dann ergeben, wenn sie durch amtliche Strukturprognosen oder gar -projektionen ergänzt würden.

Die Bundesregierung lehnt derartige Vorgaben, insbesondere wegen der hohen Unsicherheiten, die ihnen anhaften, und wegen der gesamtwirtschaftlich nachteiligen Wirkungen von unvermeidlichen Fehleinschätzungen unverändert ab.

Wenn sich unternehmerische Dispositionen in einer Branche an amtlichen Prognosen oder staatlichen bzw. kollektiven Investitionsempfehlungen orientieren, so verlieren unternehmerische Fehlentscheidungen die Qualität einer nur einzelwirtschaftlichen Entscheidung.

Wenn die zugrundeliegenden Prognosen falsch sind, potenzieren sich deshalb die Fehlentscheidungen bei kollektiver Orientierung der Unternehmen einer ganzen Branche oder der Orientierung der staatlichen Strukturpolitik an solchen Prognosen.

Wie hoch ist aber die Treffsicherheit von längerfristigen Branchenprognosen?

Der schon bei gesamtwirtschaftlichen Prognosen leidgeprüfte Praktiker der Wirtschaftspolitik kann nur staunen über den naiven Glauben an eine solche Treffsicherheit.

Dies gilt zu meiner Überraschung auch für diejenigen, die sich in Grundsatzerklärungen gerne gegen Prognosen aussprechen, die aber im Einzelfall offenbar keine Bedenken haben, sich über diese Grundsätze hinwegzusetzen.

Branchenprognosen sind vor allem deshalb so fragwürdig, weil eine Vorausschätzung der Veränderungen der in- und ausländischen Nachfragestruktur vorangestellt werden muß und weil hierbei Zeitpunkt und Stärke von Trendeinbrüchen meist nicht vorhersehbar sind.

Hinzu kommt, daß Änderungen der internationalen Wettbewerbsverhältnisse sich wegen der engerwerdenden weltwirtschaftlichen Verflechtungen mit zunehmend kürzeren Zeitverzögerungen von Land zu Land übertragen.

Bei nationalen Fehlorientierungen gehen dann Marktanteile an ausländische Konkurrenten verloren und Arbeitnehmer werden beschäftigungslos.

Aber selbst, wenn die Branchenprognosen richtig sein sollten, was im Einzelfall ja vorkommen kann, so bleibt immer noch die Frage, welche Schlüsse daraus zu ziehen sind.

Zum Beispiel bedeutet doch die Prognose einer entstehenden Überkapazität noch keineswegs, daß dort vielleicht nicht gerade für einzelne Unternehmen neue Investitionen notwendig sind, um durch eine verbesserte Wettbewerbslage die kritische Periode zu überstehen.

Dies zu entscheiden ist ausschließlich Sache des Risikoträgers.

Andernfalls würde der Staat immer mehr gezwungen, die Risiken abzunehmen und Verluste zu sozialisieren.

Hüten wir uns also daheim und in Brüssel davor, bei aller Notwendigkeit von mehr Transparenz und Voraussicht einen solchen Irrgarten zu betreten.

KAPITEL III

DIE BUNDESREPUBLIK DEUTSCHLAND IN WELTPOLITISCHER UND WELTWIRTSCHAFTLICHER VERANTWORTUNG

Die deutsche Spaltung nach Ende des Zweiten Weltkriegs hat aus dem einstmals weit stärker in seinen Binnenmärkten verankerten Deutschen Reich die stark exportabhängige westdeutsche Volkswirtschaft gemacht. Der Verlust der Binnenmärkte östlich von Elbe und Oder mußte bei gleichzeitiger Konzentration der wichtigsten Investitionsgüterindustrien in Westdeutschland zu einer verstärkten Integration in den Auslandsmärkten führen. Tatsächlich ist kein Aggregat der volkswirtschaftlichen Gesamtrechnung in den letzten 30 Jahren stärker gewachsen als der Export.

Die Bundesrepublik ist heute die nach den USA führende Welthandelsnation. Vom Export lebt heute direkt und indirekt jeder dritte Arbeitnehmer in der Industrie. Eine solche Position bedeutet nicht nur Stärke, sondern auch Abhängigkeit. Ein Rückgang der Weltkonjunktur trifft die ebenso exportstarke wie -abhängige Bundesrepublik härter und folgenschwerer als eine große Binnen-Ökonomie vom Range der USA.

Deswegen hat die deutsche Wirtschaftspolitik – und nicht nur sie – ihre weltwirtschaftliche Verpflichtung von der ersten Stunde an ernst genommen: als aktiver Partner in allen großen übernationalen Wirtschafts- und Währungsgremien, in der europäischen Integration und in ihren Bemühungen um die Dritte Welt.

Unsere Beiträge zur Stabilisierung und Konsolidierung der Weltwirtschaft sind nicht nur Investitionen in unsere eigene Zukunft, sondern die gemeinsame Zukunft der auf dem Globus vereinten Nationen, eine Aufgabe, die uns zunehmend mehr abverlangen wird.

III.1

Bundesrepublik Deutschland – ökonomischer Riese, politischer Zwerg?

Man hat uns – erst feststellend, später zweifelnd – oft als ökonomischen Riesen und politischen Zwerg bezeichnet.

Die meisten Deutschen haben sich mit dieser Zustandsbeschreibung gewiß nicht unwohl gefühlt. Deutsche Erfahrungen mit der Politik sind in der ersten Hälfte dieses Jahrhunderts wahrhaftig nicht die besten gewesen. Und als es nach 1945 so aussah, als hätten wir auf immer Abschied von eigenständiger Politik genommen, seien nur noch Objekt anderer politischer Kräfte, so hat es darüber bei uns keine große Trauer gegeben. Wir mußten, die allermeisten von uns wollten aber auch ein politisches Schattendasein führen; weltpolitischer Einfluß war uns zweimal ganz gründlich und nun offenbar für immer danebengegangen. Es war fast selbstverständlich, daß sich die apolitische Haltung großer Teile unseres Volkes, die bis zu den deutschen Verbrechen des Nationalsozialismus geführt hatte, sich in eine andere Erscheinungsweise des Unpolitischen verwandelte: in das geduckte Beiseitestehen und Beiseiteblicken eines besiegten, dreifach geteilten und zerstörten Landes, dessen Menschen erst allmählich und schmerzhaft erkannten, was in ihrem Namen und mit ihrer willentlichen oder unwillentlichen Mithilfe in den Jahren zuvor geschehen war.

Und auch diejenigen unter uns, die Politik nicht vergaßen, die sich politisch engagierten, dachten – vielleicht mit ganz wenigen Ausnahmen – nicht an neuen deutschen Einfluß in der Welt oder in Europa, sondern an viel einfachere, aber damals viel entscheidendere Dinge: an das Überleben des Gemeinwesens und den Wiederaufbau, und die besten unter ihnen bemühten sich an das Abtragen deutscher Schuld und um geduldige Arbeit zur Reinigung des deutschen Namens.

Das alles ist inzwischen weit zurückliegende Vergangenheit; zwei Drittel der heute lebenden Deutschen haben sie nicht mehr selbst erlebt. Aber diese Vergangenheit bestimmt deutsche Politik bis heute; sie hat tiefe Spuren eingegraben, und das kann nicht anders sein: Deutsche Politik darf deutsche Vergangenheit nicht außer acht lassen. Das ist erst die Voraussetzung dafür, daß wir heute wieder eine zuweilen beachtete und – so hoffe ich jedenfalls – überwiegend auch geachtete Position in den Vereinten Nationen, in der Nato, in der Europäischen Gemeinschaft einnehmen und dort nicht nur präsent sind, sondern konstruktiv und initiativ mitzuwirken versuchen. Gerade dank amerikanischer Nachhilfe sind wir der auf Dauer unmöglichen Rolle des politischen Zwerges längst entwachsen. Wir konnten uns das nicht aussuchen; wir hatten keine andere Wahl. Aber wir kennen besser als manche unserer Freunde und Verbündeten die Begrenztheit unserer politischen Möglichkeiten, die Hypotheken aus unserer Vergangenheit, die gegenwärtigen Lasten eines geteilten Landes. Wir dürfen das alles nicht aus dem Auge verlieren, wenn wir Politik betreiben.

Es ist müßig, den Wiedereintritt der Deutschen in die Weltpolitik exakt terminieren zu wollen. Vor allem die Aufnahme der Bundesrepublik in die eben genannten Gemeinschaften sind die dafür bestimmenden Wegmarken gewesen. Der Beginn dessen, was nicht nur in deutscher Sprache als Ostpolitik bezeichnet wird, war ein weiterer entscheidender Schritt. Aber die Grundlagen dafür, daß man uns – begreiflicherweise nicht immer freudig – wieder politisch zur Kenntnis nahm, sind im wesentlichen doch auf ökonomischem Felde gelegt worden. Ich weiß, daß es etwas nach marxistischer Theorie klingt, aber auch Karl Marx hat ja nicht nur geirrt: Vor allem der wirtschaftliche Wiederaufstieg der Bundesrepublik Deutschland, sicher zunächst gefördert durch die Ost-West-Konflikte der fünfziger Jahre, hat unser politisches Gewicht erhöht und uns aus gern ertragener Bedeutungslosigkeit hinausgestoßen.

Ich muß zur Illustrierung dieser wirtschaftlichen Lage ein paar Zahlen nennen.

Die Bundesrepublik gilt nun einmal als ein reiches Land mit großen wirtschaftlichen Erfolgen. Richtig ist, daß wir

1978 ein Bruttosozialprodukt von 640 Milliarden US-Dollar erwirtschaftet haben. Damit haben wir nach den USA mit 2100 Milliarden Dollar und Japan mit rund 900 Milliarden Dollar an dritter Stelle der westlichen Industrieländer gelegen.

Richtig ist auch, daß wir – nun hinter der Schweiz und Schweden – an dritter Stelle der Industrieländer stehen, deren Einkommen je Einwohner am höchsten ist, diesmal noch vor den Vereinigten Staaten. Unbestreitbar ist der Lebensstandard der Deutschen nach dem Kriege auf ein zuvor nie gekanntes und wohl auch nicht erahntes Niveau gestiegen.

Verständlicher gesagt: Es ist uns noch nie so gut gegangen, und auch die Ölkrisen haben daran bisher nichts geändert. Wir haben auch 1979 ein reales Wachstum von fast viereinhalb Prozent gehabt; die Arbeitslosenzahlen sind deutlich gesunken; die Preissteigerungsrate hält sich im internationalen Vergleich in erträglichen Grenzen; die soziale Sicherung funktioniert. Aber ich zögere dennoch zu sagen, wir seien ein reiches Land. Natürlich sind wir reich im Vergleich zu den wirklich Armen. Aber den privaten Wohlstand, den es in England oder Frankreich, in der Schweiz oder in Skandinavien gibt, den haben wir bei uns nicht. Wir haben hohe Einkommen, die höchsten Löhne in Europa. Aber das haben wir erst seit ein paar Jahren. Bei den Vermögen sieht es ganz anders aus.

Eine dritte Zahl scheint jedoch wieder ganz die Theorie vom wirtschaftlichen Giganten zu untermauern. Das ist unser Beitrag zum Welthandel. Und es ist verständlich, daß man uns gerade im Ausland daran mißt und unsere wirtschaftliche Bedeutung danach beurteilt. Die Bundesrepublik steht an führender, an zweiter Stelle in der Welt nach den Vereinigten Staaten in der Rangliste der Exportländer. 1978 haben wir für 142 Milliarden Dollar exportiert und 8 Prozent der Weltausfuhren auf uns vereinigt. Die Zahlen für 1979 bestätigen dieses Bild.

Natürlich habe ich überhaupt keinen Anlaß, die sich nicht nur in diesen Zahlen ausdrückende deutsche Bedeutung für die Weltwirtschaft zu verschleiern oder zu verkleinern. Aber wenn wir deshalb als wirtschaftlicher Riese beargwöhnt oder bestaunt werden, muß ich darauf aufmerksam machen, daß dieser Riese auf wackligeren Beinen steht, als es uns – und vielleicht auch anderen – lieb sein kann.

Denn anders als in den Vereinigten Staaten, deren gewaltiger Binnenmarkt, deren reiche Rohstoffreserven dem Lande das Überleben auch in schwerer weltwirtschaftlicher Krise sichern, ist unsere intensive Verflechtung in den internationalen Warenaustausch zugleich Stärke und Schwäche:

Wir nehmen unbestreitbar überdurchschnittlich am Wachstum des Welthandels teil, nicht zuletzt dank eines Exportangebots von Investitionsgütern, das auf Industrialisierung und Rationalisierung in unseren Abnehmerländern ausgerichtet ist. Aber wir sind andererseits auch besonders verwundbar. Jeder vierte Beschäftigte in der Bundesrepublik Deutschland arbeitet für den Export. Ein Rückgang des Welthandelsvolumens wirkt sich daher selbst dann schnell und unmittelbar auf die deutsche Wirtschaft aus, wenn wir von solchem Rückgang prozentual weniger betroffen sind als andere Länder. Das Jahr 1980 könnte dafür ein Beispiel werden. Der im Gefolge der jüngsten Ölpreisexplosionen von allen Konjunkturbeobachtern erwartete Rückgang des Welthandelsvolumens hat uns jedenfalls zu einer sehr viel vorsichtigeren Schätzung der gesamtwirtschaftlichen Wachstumserwartungen für dieses Jahr veranlaßt.

Selbstverständlich ist das nicht nur in der Bundesrepublik so. Die Ölpreispolitik der OPEC-Länder hat die konjunkturellen Aussichten in allen Industriestaaten merklich verschlechtert. Die Zahlungsbilanzprobleme werden sich verschärfen; die Bundesrepublik steht besser da als viele ihrer Nachbarn, aber sie steht nicht mehr so da, wie es dem gewohnten Bild entspricht. Unsere Ölrechnung nimmt allmählich phantastische Ausmaße an: Von 1978 auf 1979 ist sie von 30 Milliarden DM auf 45 Milliarden gestiegen. Beim heutigen Wechselkursniveau wird sie 1980 nochmals um etwa 20 Milliarden auf 65 Milliarden DM klettern. Das sind rund 4 ½ Prozent des deutschen Bruttosozialprodukts, die wir allein für Öl ausgeben; 1978 waren es erst knapp 2 ½ Prozent. Erstmals seit 1965 haben wir im vorigen Jahr ein Defizit zwar nicht in unserem Außenhandel, wohl aber in unserer Leistungsbilanz hinnehmen müssen. Es wird sich 1980 voraussichtlich trotz weiter wachsender Ausfuhren um nominal etwa 10 Prozent deutlich vergrößern.

Ich sage das nicht, um nach bewährter Kaufmannsweise über den schlechten Geschäftsgang zu klagen, auch wenn in Wahrheit alles noch gut und ordentlich läuft. Wir können uns bei den hohen deutschen Devisenreserven auch solche Defizite für einige Zeit leisten. Aber auf das strahlende Bild eines kraftstrotzenden wirtschaftlichen Riesen fallen doch ein paar Schatten, wenn man sich die tatsächliche Entwicklung einmal etwas genauer ansieht. Sie verlieren freilich – das will ich gerne einräumen – an Schärfe, wenn man die Lage in anderen Ländern betrachtet, in denen die Aussichten düsterer sind.

Denn wir erwarten trotz aller weltwirtschaftlichen Unsicherheiten auch für 1980 ein reales Wachstum von etwa 2 ½ Prozent. Wir rechnen mit zumindest gleichbleibender, eher etwas steigender Beschäftigtenzahl und einer Zunahme des Volkseinkommens von sechs bis sieben Prozent, mit wachsenden Unternehmens- und Vermögenseinkommen und einem Verbraucherpreisanstieg, der 4½ Prozent nicht überschreitet. Wir brauchen jedenfalls dann nicht pessimistisch zu sein, wenn uns eine Verschärfung der gegenwärtigen politischen Weltkrise erspart bleibt.

Dennoch haben wir in der Bundesrepublik Deutschland allen Grund, uns auf deutlich erschwerte Wettbewerbsverhältnisse einzustellen: Wir sind teuer geworden und können unsere oft zu hohen Wettbewerbspreise nur durch äußerste Qualitätsanstrengungen, pünktlich eingehaltene Liefertermine, überdurchschnittlichen Service kompensieren. Das gelingt bisher, aber es wird schwerer. Die permanente Aufwertung der Deutschen Mark – besser: die permanente Abwertung des US-Dollars – macht uns zunehmend zu schaffen. Sie entzieht uns zunehmend Exportgeschäfte gerade in OPEC-Ländern, auf deren Aufträge wir angewiesen sind, um wenigstens einen Teil jener Gelder zurückzuholen, die uns über höhere Ölpreise von dort abgenommen werden.

Wir glauben, damit fertig werden zu können. Aber internationaler Handelsprotektionismus trifft uns mehr als Nachbarstaaten mit geringer außenwirtschaftlicher Verflechtung. Wenn diese Tendenzen als Folge der OPEC-Politik wieder an

Gewicht gewinnen sollten, dann wird unser angeblicher wirtschaftlicher Riese an einer seiner empfindlichsten Stellen getroffen. Das beharrliche, zugegebenermaßen oft lästige und penetrante Eintreten der deutschen Regierung für die Freiheit des Welthandels, für großzügige GATT-Regelungen, für den Abbau der Handelsschranken beruht gewiß auf unserer festen Überzeugung, daß damit allen Ländern am besten gedient sei. Aber es wäre töricht, wollte ich bestreiten, daß wir damit auch unseren eigenen vitalen Interessen nachgehen. Wir glauben allerdings, daß sich unsere Interessen mit denen unserer Partner aufs beste ergänzen. Denn unsere Importe – und ich meine damit jetzt nicht nur unsere Rohölbezüge – nehmen stärker zu als unsere Ausfuhren.

Das kommt glücklicherweise auch jenen Entwicklungsländern zugute, die selber kein Öl haben und als OPEC-Kunden besonders schwer getroffen sind. Wir importieren mehr von ihnen als sie von uns. Sie merken sehr deutlich, daß wir nicht nur Freihandel predigen, daß wir ihn auch praktizieren, soweit wir das als Mitgliedsland der EG können. Diese weite Öffnung unserer Tore für Importe hat uns die politische und wirtschaftspolitische Zusammenarbeit mit den Ländern der Dritten Welt erleichtert – trotz aller Meinungsverschiedenheiten, die wir wegen ihres Verlangens nach einer neuen Weltwirtschaftsordnung mit ihnen austragen.

Ich kann diesen Teil meiner Betrachtungen über die weltwirtschaftliche Lage der Bundesrepublik nicht ohne einen kurzen Hinweis auf unsere Rohstoffversorgung abschließen. Ich kann das ganz kurz machen: Wir haben zwar eine ganze Menge Kohle in der Bundesrepublik, teure, sehr tief gelegene Kohle. Sie erleichtert es uns etwas, mit den Energieproblemen fertig zu werden. Aber das ist es denn auch. Wir haben keine Rohstoffe. In allen entscheidenden Rohmaterialien sind wir voll auf Einfuhren angewiesen. In normalen Zeiten ist das kein Problem. Wir können diese Einfuhren bezahlen. Aber wenn die Zeiten nicht mehr ganz normal sind, wenn politische Konfrontationen drohen, die Weltmärkte lahmgelegt werden, dann ist es ziemlich leicht, uns aufs trockene zu setzen. Gewiß, wir haben einige Vorräte und werden sie zusammen mit der Industrie noch vergrößern. Aber das hilft natürlich nur für eine begrenzte Zeit.

Wenn also schon deutscher Wirtschaftsriese, dann doch sehr eingeschränkt als eine Art von Schönwetterriese, der leicht einen Schnupfen und Schlimmeres bekommt. Unsere Wirtschaftspolitik, unsere Außenpolitik versucht da vorzubeugen, und bis jetzt waren wir damit ja auch recht erfolgreich. Aber das Bild vom Riesen verwischt die Konturen unserer Wirtschaft mehr als daß es sie erhellt. Kein Zweifel, wir gehören zu den großen Wirtschaftsmächten der Welt. Aber wir sind so in das Netz der Weltmärkte eingesponnen, daß wir eben auch total abhängig von ihrem Funktionieren sind. Wir können unseren Teil dazu beitragen, daß sie funktionieren, aber wir können es nicht allein bestimmen. So ist es in der Wirtschaft, so ist es in der Politik. Die Bundesrepublik Deutschland ist eine Mittelmacht, zugegebenermaßen eine kräftige Mittelmacht, auf dem einen wie auf dem anderen Felde. Aber wahrscheinlich ist unser wirtschaftliches Ansehen, unser Einfluß auf diesem Gebiet, größer als in der Weltpolitik.

Das ändert nichts daran, daß die wirklichen wirtschaftlichen Riesen eben ganz andere sind: auch hier vor allem die USA und die Sowjetunion mit dem sie umgebenden Imperium, und langsam sich nähernd die Volksrepublik China mit ihrem riesigen und ganz und gar ungesättigten Markt. Wenn man schon von Riesen spricht, dann wohl eher im Zusammenhang mit diesen Staaten, wirtschaftlich wie politisch. Auch für sie besteht natürlich jene Abhängigkeit von der weltwirtschaftlichen Entwicklung, die für ein Land wie die Bundesrepublik Deutschland in viel stärkerem Maße gegeben ist. Aber wie stark diese Verflechtung auch für die Sowjetunion ist, wird in ihrer Abhängigkeit von westlichen Spitzentechnologien und deren Lieferung besonders deutlich. Der Unterschied zwischen einem armen wirtschaftlichen Riesen wie der Sowjetunion und einem reichen Land von einiger wirtschaftlicher Bedeutung, wie wir es sind, liegt nur darin: Den Riesen stört es, wenn er von seinen weltwirtschaftlichen Beziehungen abgeschnitten würde. Es stört ihn sogar empfindlich. Aber es wirft ihn nicht um. Uns würde es umwerfen.

Aus allem bisher Gesagten werden Sie vielleicht folgendes herausgehört haben: Ich bestreite nicht die wirtschaftliche Bedeutung der Bundesrepublik Deutschland in der Welt und auch für die Welt, ich verkleinere sie nicht. Aber ich kann auch die Risiken nicht verschweigen, mit denen wir leben, die wir gern verdrängen, aber die uns in unruhigen Zeiten wie heute wieder sehr viel deutlicher bewußt werden. Deutsche Politik muß darauf bedacht sein, diese Risiken so gering wie möglich zu halten.

Natürlich ist das kein deutsches Spezifikum. Engländer, Franzosen, Holländer stehen vor ähnlichen Problemen und gleichen Aufgaben wie wir. Unsere Politik ist gleichgerichtet. Die Frage ist: Haben wir Deutschen eine andere Rolle und Bedeutung als unsere Nachbarn, nur weil wir ein paar Millionen mehr Einwohner und einen größeren Welthandelsanteil haben? Ich glaube nicht, daß wir eine Sonderrolle spielen. Und ein Blick auf Frankreich oder Großbritannien wird es bestätigen. Wir wollen diese Rolle nicht. Gewiß sind wir wirtschaftlich kräftiger als die meisten europäischen Länder, aber in dem weitgehend auf Einstimmigkeit angelegten Entscheidungssystem der Europäischen Gemeinschaft bedeutet das gar nichts. Es geht dort nichts gegen unsere Stimme, aber es geht auch nichts gegen die Stimme von Italien oder Luxemburg oder Frankreich. Ich sage das keineswegs mit Bedauern. Es ist gut, daß es so ist. Es ist notwendig. Jeder Hegemonieanspruch eines einzelnen Landes würde die westeuropäische Einheit zerstören. Und gäbe es deutsche Ambitionen dieser Art, wäre die Abwehr doppelt geballt.

Es gibt solche deutschen Ambitionen nicht. Unsere Nachbarn wissen das. Die europäische Grundhaltung ist auch unsere. Eine ganz andere Frage ist allerdings, ob sich Europa in seiner Gesamtheit nicht zu sehr mit der Rolle des politischen Zwerges begnügt, eifrig mitredend zwar, aber in unterschiedlichen Zungen, wenig handelnd und letztlich ohne genügendes politisches Gewicht. Das mag eine etwas überzogene Beschreibung von mir sein. Dennoch bleibt mein Eindruck, daß die Bedeutung der Europäischen Gemeinschaft in den weltweiten politischen Diskussionen immer noch nicht so groß ist wie die Bedeutung der Summe ihrer Mitgliedsländer. Ich gehe noch weiter: Einzelne Länder, Frankreich oder Großbritannien, vielleicht auch die Bundesrepublik, finden international mehr politische Beachtung als die Gemeinschaft, der sie angehören. Auf wirtschaftlichem und wirtschaftspolitischem Gebiet ist das anders. Aber das außenpolitische Profil der Gemeinschaft könnte schärfer sein.

Das sieht in der Nato, nicht zuletzt dank der amerikanischen Führung, anders aus. Es ist für mich gar keine Frage, daß die Nato gestärkt und gefestigt in die 80er Jahre eintritt, und dazu hat die Bundesrepublik Deutschland wohl ihren Teil beigetragen. Der Nachrüstungsbeschluß, dessen zwingende Notwendigkeit sich nach dem sowjetischen Einmarsch in Afghanistan noch deutlicher darstellt als zuvor, ist nicht zuletzt mit unserer Mitarbeit zustande gekommen. Aber das gilt genauso für das Angebot an die Sowjetunion, Gespräche über die Rüstungskontrolle im Bereich der Mittelstreckenwaffen zu führen. Ich bitte versichert zu sein, daß wir Deutschen zu diesem Rüstungskontrollangebot mit derselben Intensität stehen wie zur Voraussetzung solcher Gespräche: daß sie nicht aus einer Position unübersehbarer westlicher Unterlegenheit geführt werden.

Für die Stärkung des Westens haben wir nach unseren Möglichkeiten einiges getan: Die deutsche Bundeswehr stellt in Mitteleuropa 50 Prozent der Landstreitkräfte, 50 Prozent der bodengebundenen Luftverteidigung, 30 Prozent der Kampfflugzeuge, 70 Prozent der Seestreitkräfte in der Ostsee und 100 Prozent der See-Luft-Streitkräfte in der Ostsee. Im westlichen Bündnis ist die Bundeswehr heute die stärkste europäische konventionelle Militärmacht. Das Konventionelle relativiert diese Bedeutung, die wir nicht vergrößern wollen und keineswegs überschätzen. Aber von Zwergwüchsigkeit kann da wohl keine Rede mehr sein, auch nicht im Hinblick auf unsere politische Mitsprache innerhalb der Nato. Gesundes Mittelmaß haben wir sicher erreicht.

Ich sehe keinen verantwortlichen deutschen Politiker, der darüber hinausmöchte. Aber ich sehe – und deren Meinung teile ich – viele nicht nur deutsche Politiker, die auf eine Stärkung der europäischen Rolle in der Weltpolitik hinauswollen. Hierzu sind wir in der Tat aufgerufen, nicht aus europäischer Großmannssucht, sondern um unsere Alliierten außerhalb Europas zu entlasten. Wir dürfen nicht der Kostgänger der Vereinigten Staaten sein, sosehr wir ihren Schutz und nicht nur ihren atomaren Schutz brauchen. Es gibt überhaupt keine Diskussion darüber, daß Stärkung Europas nichts anderes heißt als Stärkung des Bündnisses mit den Vereinigten Staaten, keine Abkoppelung also, sondern engere Zusammenarbeit.

Afghanistan und die Folgen haben neue Akzente gesetzt. Der US-Präsident hat die notwendigen Antworten gegeben, die wir Deutschen - und wir nicht allein - solidarisch unterstützen. Darüber gibt es keine Meinungsverschiedenheiten zwischen den politischen Parteien, zwischen Regierung und Opposition in unserem Land. Und wir sind, wie es der Verteidigungsminister im Bundestag gesagt hat, bereit zur Arbeitsteilung mit unseren Alliierten. Sicher ist gerade die Bundesrepublik aufgerufen, der Türkei zu helfen, Griechenland zu helfen, anderen Nato-Mitgliedsländern wie bisher Ausrüstungshilfe zu geben. Aber wir werden unsere Grenzen, das sind die Grenzen der Nato-Mitglieder, nicht überschreiten können und wollen. Andere Verbündete, Frankreich oder Großbritannien, haben special relationships etwa zu den Ländern am Persischen Golf. Auch sie werden ihren Teil in dieser Arbeitsteilung übernehmen müssen. Wir sind bereit, ihnen dafür andere Lasten abzunehmen.

Hier, an dieser Stelle, treffen sich wirtschaftliche und politische Bedeutung unseres Landes, in die wir in 35 Nachkriegsjahren hineingewachsen sind. Denn es sagt sich leicht, daß wir zu mehr Anstrengungen in der Nato, zu größeren Entwicklungshilfeleistungen an Pakistan, zur neuen Umschuldung in der Türkei bereit sind und dies alles in kurzer Frist. Ohne unseren ökonomischen Unterbau wären wir dazu nicht in der Lage. Ohne ihn könnten wir in einer weltwirtschaftlich so labilen Situation an solche Hilfen nicht einmal denken. Man hat den Deutschen früher zuweilen vorgeworfen, sie dächten zuviel an Export und zuwenig an ihre und ihrer Verbündeten Sicherheit. Das ist lange vorbei. Es war schon damals vielleicht verständlich, aber nicht richtig. Denn nur die relative Wirtschaftskraft und die damit verbundene hohe soziale und gesellschaftspolitische Stabilität in unserem Land ermöglichen es uns und damit auch unseren Verbündeten, daß die Bundesrepublik die politischen Aufgaben übernimmt, die man von ihr erwartet.

Wir drängen uns nicht dazu. Aber wir brauchen auch nicht darauf gestoßen zu werden. Wir wissen, was die Dritte Welt von uns erwartet und versuchen, sicher unvollkommen, diesen Erwartungen zu entsprechen. Unsere Stimme wird bei den Entwicklungsländern gehört, mehr und nachdenklicher wohl im bilateralen Gespräch als im hektischen Showbusineß, zu dem manche UNCTAD-Sitzungen tendiert haben. Wir bemühen uns, die Aufgaben im Bündnis, in der Europäischen Gemeinschaft, in der UNO zu erfüllen - dort auch unsere finanziellen Lasten zu tragen. Wir spielen unseren Part im Dialog mit ASEAN-Mitgliedern, mit den Ländern des Arabischen Meeres, mit den Staaten Südamerikas. Es sind nicht zuletzt deutsche Initiativen gewesen, die zu einem engeren Verhältnis zwischen diesen Ländergruppen und Europa geführt haben und führen werden. Ohne unsere manchmal vielleicht überschätzte wirtschaftliche Bedeutung wäre das alles nicht, jedenfalls nicht so geschehen.

Aber alle diese Aktivitäten sind weit entfernt von Großmachtpolitik, auch von nationalstaatlicher Politik im klassischen, hergebrachten Sinne. Es ist Politik im Namen und in Abstimmung mit unseren europäischen Partnern, im Zusammenhang und Kontext mit dem atlantischen Bündnis. Das heißt nicht, daß wir entsagungsvoll die Politik anderer, mächtigerer Partner betrieben. Das Interesse Europas und der freien Welt ist weitgehend auch unser Interesse; wir sind Bestandteil des Bündnisses, und wir wissen, daß wir ohne diese Allianz eben nicht in Freiheit überleben könnten, daß wir ohne sie überhaupt keine eigenständige Politik betreiben könnten. Die Kategorie von Zwergen und Riesen wird dabei vollends unbrauchbar: Wir alle sind miteinander so stark oder so schwach wie unser Bündnis. Innerhalb dieser Allianz freilich gibt es eine Macht, nicht allein wegen ihrer Verfügungsgewalt über nukleare Waffen, deren Politik auch die Stärke unserer Gemeinschaft mehr beeinflußt als Regierungen in Rom oder London oder Bonn: Die Führungskraft des amerikanischen Präsidenten ist für uns, die Staaten mittleren Gewichts, von lebenswichtiger Bedeutung.

Ich verkleinere unsere Rolle nicht, wenn ich das sage. Gerade wir Deutschen wissen, was wir dem Bündnis mit den Vereinigten Staaten verdanken. Das schließt die umgekehrte Betrachtung nicht aus: Auch die USA wären weltpolitisch etwas weniger sicher, gäbe es die Atlantische Gemeinschaft nicht. Aber wir geben uns keinen Täuschungen darüber hin, wer das Bündnis noch um einiges dringender braucht.

Es ist vermutlich nicht übertrieben, wenn ich Ostpolitik und Entspannungspolitik als den nachdrücklichsten, sicher auch einen umstrittenen Beitrag der Bundesrepublik Deutschland zum internationalen Geschehen der letzten 10 Jahre bezeichne. Die sowjetische Invasion in Afghanistan hat in unserem Land den Streit um Begriff und Inhalt dieser Politik erneut angefacht. Ich möchte daher zum Schluß versuchen, an diesem Beispiel die Möglichkeiten und die Grenzen deutscher Politik zu erläutern.

Ost- und Entspannungspolitik, wie wir sie immer verstanden und betrieben haben, haben nichts mit appeasement à la München 1938, nichts mit Beschwichtigungspolitik zu tun. Das Gegenteil ist richtig. Sie war überhaupt nur möglich im westlichen Bündnis und in enger Abstimmung mit unseren Bündnispartnern. Ostpolitik und Sicherheitspolitik im Bündnis sind nicht voneinander zu trennen. Und Ostpolitik kann nur betrieben werden, wenn dieses Bündnis militärisch gleichwertig und politisch handlungsfähig ist. Wir haben es nicht anders gesehen und nicht anders gehandelt. Unsere Bemühungen um Ost-West-Entspannung waren stets von entsprechenden Anstrengungen um die Stärkung des Bündnisses begleitet. Und deshalb sind wir in unserer Vertragspolitik mit der UdSSR, mit Polen und der Tschechoslowakei, mit der Deutschen Demokratischen Republik nie von einzelgängerischen Illusionen ausgegangen. Wir haben dieselben nüchternen Sicherheitsüberlegungen angestellt, die auch zum Viermächteabkommen über Berlin oder zur Schlußakte von Helsinki geführt haben. Wir haben gewiß eigenständige deutsche Politik gemacht, aber vereinbart mit unseren Freunden und nicht nur in deutschem Interesse allein.

In der Bundesrepublik, in beiden Teilen Berlins, in der DDR hat man die Folgen besonders erfreulich gespürt: in sicherem, ungestörtem Reiseverkehr zwischen Westdeutschland und Westberlin, in millionenfachen Besuchen zwischen beiden Teilen Deutschlands, in Hunderttausenden von Ausreisemöglichkeiten für Deutsche aus osteuropäischen Ländern. Bei allen politischen Gegensätzen zwischen kommunistisch regierten Staaten und uns war und ist bis heute nicht zu bestreiten, daß hier eine Form des Miteinanderlebens gefunden wurde, die sehr viel erträglicher war als aller bis dahin gepflogene Umgang. Das war keine neue Rapallopolitik, wie manche anfangs befürchteten, sondern der keineswegs erfolglose Versuch begrenzter Kooperation im Interesse der direkt betroffenen Menschen. Und Berlin war kein Krisenherd mehr. So sehen wir es, so sahen und sehen es die Regierungen unserer Verbündeten.

Ist das nach dem Einmarsch in Afghanistan, der Einverleibung eines blockfreien Landes in das Sowjetimperium jetzt alles falsch? Für viele wird es so aussehen. Rücksichtsloser Völkerrechtsbruch, und um nichts anderes geht es dort, ist eine klare Bedrohung des Friedens in der Welt, ist das Gegenteil dessen, was wir, was die Staaten der Dritten Welt unter Entspannung verstehen. Das mußte der Sowjetunion nicht nur durch die eindrucksvolle UNO-Abstimmung gesagt werden. Sie muß es auch durch unser aktives Handeln begreifen.

Ich brauche unsere Solidarität mit unserem Bündnispartner USA nicht noch einmal zu betonen. Sie steht außerhalb jeder Debatte. Wir werden nicht in Geschäfte eintreten, die amerikanische Firmen mit der Sowjetunion oder dem Iran unterlassen.

Diese Solidarität wird sich auch ausdrücken in tatkräftiger Unterstützung jener Länder der Dritten Welt, die sich durch das sowjetische Vorgehen direkt bedroht fühlen, in der Stärkung ihrer Unabhängigkeit und nicht zuletzt in vermehrten Anstrengungen, unser Bündnis noch leistungsfähiger zu machen.

Aber die Bundesrepublik Deutschland – und damit komme ich auf die Frage zurück, ob deutsche, ob westliche Entspannungspolitik heute falsch geworden sei – ist gewiß nicht bereit, auf Afghanistan mit Säbelrasseln zu antworten, mit leeren Drohgebärden, hinter denen nichts steht. Wir tun nicht so, als ob nichts geschehen sei. Es ist Schlimmes geschehen, und wir stellen uns mit neuen Anstrengungen darauf ein. Aber wir werden nicht eine Politik aufgeben, die auf Verhandlungen und Verträge ausgerichtet ist und illusionslos bemüht bleibt, unter dem Schutz des Atlantischen Bündnisses den Frieden in Europa zu bewahren. Ich glaube, daß wir dazu in der Tat unseren Teil beitragen können. Freilich ist das nicht unsere deutsche Sache, die Sache des Westens allein. Entspannung verlangt auch den Partner, der sie will, und dem immer wieder nahegebracht werden muß, daß sie in seinem Interesse ebenso liegt wie in unserem. Mit unseren Verbündeten sind wir uns darüber einig. Die Bundesregierung wird bemüht bleiben, darüber auch mit den Politikern des Ostens zu reden, in Moskau, in Ost-Berlin, in Polen, in der Tschechoslowakei: Denn wenn Ostpolitik für Europa sich bewähren muß, dann gerade in einer Situation, wie wir sie jetzt haben: wenn es darum geht, Spannungen einzudämmen und allmählich aufzulösen; nicht durch beschwichtigende Worte, sondern durch Willen zum Frieden, der auf eigener Stärke und dem Bewußtsein der Sicherheit im Bündnis beruht. Das werden wir auch den osteuropäischen Hauptstädten nahezubringen versuchen. Ob das Erfolg haben wird, liegt nicht allein in unserer Hand.

Die Vereinigten Staaten können sich auf die Bundesrepublik Deutschland verlassen; wir verlassen uns auf die Vereinigten Staaten. Wir haben es seit bald 35 Jahren getan, und ich brauche nur das Wort Berlin zu erwähnen, um deutlich zu machen, wie sehr alle Deutschen in ihrer Schuld stehen. Wir vergessen ihr Eintreten für die Freiheit Berlins und damit auch für die Freiheit der Bundesrepublik Deutschland nicht.

Daß wir politisch und wirtschaftlich an Gewicht gewonnen haben, verdanken wir nicht zuletzt der amerikanischen Politik. Natürlich glauben wir, auch selber dazu einiges beigetragen zu haben. Es wird uns, so scheint mir, nicht zu neuer deutscher Großmannssucht verführen. Wir sehen die Verpflichtungen, die uns unsere Position auferlegt.

Die Bundesrepublik, darüber ist man sich in unserem Lande ziemlich einig, ist zu klein, um große, weltweit angelegte Politik zu betreiben. Sie kann es auch aus historischen Gründen und wegen der deutschen Teilung, wegen der empfindlichen Lage Berlins nicht. Was sie kann und tut, ist etwas anderes: Aufgaben, auch größer werdende Aufgaben im Bündnis übernehmen. Sie muß das, eben wegen deutscher Vergangenheit, mit besonderem Takt und besonderer Umsicht tun. Die Bundesrepublik ist auf der anderen Seite nicht klein genug, um sich aus der Weltpolitik zurückziehen zu können. Sie will das auch nicht. Aber wegen ihrer besonderen geopolitischen Lage bleibt sie besonders darauf angewiesen, daß der Friede in Europa erhalten bleibt. Dafür allerdings werden wir weiter arbeiten, zusammen mit unseren europäischen Verbündeten, zusammen mit unserem großen Alliierten, den Vereinigten Staaten von Amerika.

III.2

Probleme der Atlantischen Allianz am Beginn der 80er Jahre

Die sowjetische Aggression gegen Afghanistan, ein blockfreies Land, bevor es besetzt wurde, stellt unser Bündnis vor neue Proben. Ich werde später darauf zurückkommen.

Wir wissen, jeder denkende Deutsche weiß, was das atlantische Bündnis für uns bedeutet. Wir wissen, daß wir ohne diese Allianz keine Sicherheit, keine Freiheit, keinen Frieden in Europa, in Deutschland, in Berlin hätten. Wir könnten ohne sie Entwicklungen in Europa nicht ausschließen, deren brutaler Charakter in Afghanistan für die ganze Welt deutlich geworden ist. Dank der Nato, wegen der gemeinsamen Verteidigungsanstrengungen aller Bündnispartner, dank des nuklearen Schutzes der USA auch für uns leben wir heute ohne Furcht, ein gleiches Schicksal ertragen zu müssen. Die Allianz hat seit 30 Jahren Krieg in Europa und damit den dritten und wohl letzten Weltkrieg verhütet. Die Allianz hat es uns erst ermöglicht, Ost- und Entspannungspolitik zu betreiben, um so zu einem erträglichen Miteinander der Völker in Ost- und Westeuropa zu gelangen. Und wir wissen schließlich, welchem Verbündeten wir die Stärke dieser Gemeinschaft vor allem zu verdanken haben, die weit mehr ist als ein Militärbündnis im herkömmlichen Sinne.

Gewiß, als der Nordatlantische Vertrag 1949 in Kraft trat, war das vor allem anderen die sicherheitspolitische Antwort des Westens in einer Konfliktsituation, die als kalter Krieg in die Geschichte eingegangen ist. Wenige werden damals, als es darum ging, dem militärischen Druck des Ostens entschlossener und schlagkräftiger zu begegnen, über das Militärbündnis hinausgedacht haben. Es zeichnete sich nicht gleich ab, daß hier eine Gemeinschaft geboren wurde, die den Zusammenhalt und die Zusammenarbeit ihrer Mitglieder und derer, die später dazustießen, so nachhaltig beeinflussen würde. Die Nato ist über das Militärbündnis, über den Zwang, das Kräftegleichgewicht zu sichern hinaus, sehr bald ein Zusammenschluß von Staaten gleicher Wertvorstellungen geworden.

Ihr Aufgabengebiet erschöpft sich seit langem nicht mehr in der Bereitstellung von Truppenstärken und Bewaffnung. Gerade die wirtschaftliche und wirtschaftspolitische Zusammenarbeit hat unter den Nato-Partnern immer besondere Bedeutung gehabt. Die Allianz hat im gemeinsamen Handeln auf die Erschütterungen der Weltwirtschaft reagiert, die einzelne Partner besonders betroffen haben. Das wird sich nicht ändern. Die neue umfangreiche ökonomische Hilfsaktion für die Türkei ist ein Beispiel dafür.

Aber auch das macht nicht den besonderen Charakter dieses Bündnisses aus. Das Entscheidende ist für mich, daß hier freie und unabhängig von ihrer Größe gleichwertige und gleichhandelnde Länder vereinigt sind, um praktisch-politisch zusammenzuarbeiten, sich solidarisch zu unterstützen und den Frieden in der Welt zu wahren. Dies ist kein Zwangsbündnis, keine machtpolitische Interessengemeinschaft mit imperialistischen Neigungen, sondern eine Gruppierung, die niemanden bedroht, aber vor den Drohungen anderer nicht zurückschreckt. Nato und die Bemühung um militärisches Gleichgewicht gehören ebenso zusammen wie Nato und das Bemühen um militärische Entspannung. Diese neue Qualität einer Allianz bestimmt unsere gemeinsame Arbeit, die getragen wird von dem gemeinsamen Streben nach Verwirklichung der großen Idee von der Freiheit und Würde des Menschen.

Ich will hier nichts idealisieren. Aber gerade in Deutschland ist das Bewußtsein lebendig, daß dieses Bündnis die Grundlage unserer politischen, unserer nationalen und jeder individuellen Existenz ist. Das gilt, so glaube ich, nicht nur in der Bundesrepublik Deutschland. Gerade weil diese Gemeinschaft für alle Partner mehr ist als nur eine Militärallianz, hat sie ja auch immer wiederkehrende kritische Phasen überstanden und ist nach gar nicht zu bestreitenden Turbulenzen und Schwächeanfällen aus solchen Phasen gekräftigt hervorgegangen. Ihre Stärke ist der entscheidende Grund dafür, daß Ereignisse wie in Afghanistan, wie auf andere Weise in Äthiopien oder Angola, sich in Europa nicht abgespielt haben und nicht abspielen konnten. Erst ihre Stärke ist auch die Voraussetzung dafür, daß wir in Europa im Bündnis Entspannungs- und Koexistenzpolitik betreiben konnten, die ohne militärische Sicherheit nur Farce wäre, nur ein falsches Etikett für Wohlverhalten gegenüber einem übermächtigen östlichen Nachbarn.

Nur wenn das Bündnis stark und kräftig bleibt, kann es seine zentrale Aufgabe erfüllen, das friedenserhaltende Gleichgewicht gegenüber dem Warschauer Pakt zu sichern. Diese Funktion kann die Nato nur ausüben, wenn sie die organische sicherheitspolitische Verbindung zwischen den Verteidigungspotentialen Nordamerikas und Westeuropas gewährleistet. Diese Verbindung schafft erst das ausreichende und für potentielle Gegner erkennbare Gleichgewicht, mit dem die wachsende Stärke des Warschauer Paktes ausbalanciert werden kann.

Ist die Nato, so müssen wir uns kritisch fragen, dazu heute in der Lage, besser: Sind ihre Mitgliedsländer dazu bereit? Denn die Nato ist nur so kräftig, wie die Regierungen und Parlamente ihrer Mitgliedsländer es wollen. Und manchem Beobachter scheint es, daß dieses Bündnis eben nicht mehr so vital sei wie in der heroischen Gründerzeit vor 30 Jahren, als die Probleme größer, deutlicher umrissen und im ersten Elan auch einfacher zu bewältigen waren: Ich nenne den Aufbau der Integration, die Entwicklung der Strategie, die Bereitstellung von Mitteln, die Kohäsion im Zeichen des kalten Krieges. Diese Rahmenbedingungen haben sich regional und global seit 1949 tiefgreifend verändert. Die Faktoren dieser Veränderung sind bekannt. Ich erinnere nur an einige von ihnen:

- Die Überleitung von der Strategie der Abschreckung in einer Situation der umfassenden Konfrontation zu einer Doppelstrategie, die der Friedenssicherung zugleich durch Kooperation, wo möglich, dienen will. Seit dem Harmel-Bericht des Jahres 1967 hat sich das Bündnis folgerichtig auch zu einem wirksamen Verhandlungsinstrument entwikkelt.
- Seit über fünf Jahren verhandelt die Nato als einheitliche Verhandlungsgruppe mit der östlichen Seite bei MBFR in Wien. Wir haben da immer noch keine greifbaren Ergeb-

nisse erzielt. Das wird zuweilen kritisiert. Doch sollte ein Aspekt nicht übersehen werden, der in einem allgemeineren Hinblick auf die strukturelle Entwicklung des Staatensystems sehr bedeutend ist. Durch die Aufnahme der Verhandlungen in Wien hat der Osten die Nato als gewichtigen und legitimen Partner von sicherheitspolitischen Übereinkünften akzeptiert. Dazu gehört auch die grundsätzliche Bereitschaft Osteuropas, das Prinzip der Kollektivität für Truppenreduzierungen und für das anschließende Limitierungs- und Verifikationssystem ins Auge zu fassen. Dieses Prinzip der Kollektivität ist für uns von entscheidender Bedeutung. Gemeint ist damit, daß mit Ausnahme der amerikanischen und der sowjetischen Truppen keine *nationalen* Höchststärken für die Truppenkontingente der beiden Bündnisse hergestellt werden, sondern kollektive Höchststärken. Es muß also Sache der Bündnisse sein zu entscheiden, welcher Partner welche Reduzierung vornimmt. Hier kommt auf die Nato eine wichtige operative Aufgabe als direktes Gegenüber des Ostens im Rahmen einer Sicherheitspartnerschaft in Europa zu. Diese Rolle wird noch umfassender, wenn es zu Verhandlungen über die Mittelstreckenwaffen kommen sollte, die in Europa auf beiden Seiten stationiert sind oder werden.

– Die westeuropäische Gesundung und letztlich auch der Einigungsprozeß sind in einem Maße fortgeschritten, der im Jahre 1949 trotz der damals zumindest in der Bundesrepublik vorhandenen Europabegeisterung unvorstellbar war. Diese enorme Steigerung der eigenen Leistungsfähigkeit hat jedoch keineswegs zu einer Lockerung der inneren, vor allem der transatlantischen Bindungen der Allianz geführt. Im Gegenteil, der europäische Einigungsprozeß, der sich innerhalb der Europäischen Gemeinschaft und der europäischen politischen Zusammenarbeit vollzieht, hat zu einer Kräftigung des Zusammenhalts auch in der Allianz wesentlich beigetragen. Er hat nämlich durch die Stärkung der europäischen Rolle dazu geführt, daß das transatlantische Verhältnis ausgewogener und gleichberechtigter ist.

Es wird unsere Aufgabe bleiben, den dynamischen und fortschreitenden Prozeß der europäischen Einigung in der Allianz auch weiterhin so zu reflektieren, daß zu keinem

Zeitpunkt die Wirksamkeit und Glaubwürdigkeit der Bündnisstruktur und der organischen europäisch-amerikanischen sicherheitspolitischen Verbindung beeinträchtigt wird.
An inneren Krisen hat es dem Bündnis nicht gefehlt. Ich erwähne nur das Ausscheiden Frankreichs und Griechenlands aus der militärischen Integration und die ernsten Probleme an der Südostflanke des Bündnisses überhaupt. Ich muß aber auch an die Mansfield-Doktrin erinnern – zehn Jahre alt und längst vergessen, nach der einige Zehntausend Soldaten aus Westeuropa abgezogen werden sollten. Das waren schwere Krisen. Wir haben sie überstanden. Das Bündnis hat sich immer wieder als anpassungsfähig, zugkräftig und integrationsfähig erwiesen. Frankreich und Griechenland stehen heute der Nato wieder näher. Vom US-Truppenabzug spricht keiner mehr. Die Nato hat die Türkeihilfe der OECD auf den Weg gebracht. In Madrid denkt man laut darüber nach, ob es nicht vorteilhaft wäre, diesem Bündnis beizutreten.
Wir können deshalb heute feststellen, daß die Allianz in der nie betrogenen Gewißheit unter Freunden wurzelt, daß man sich über Meinungsverschiedenheiten letztlich doch stets einigen wird. Nur einige Beweise dafür aus letzter Zeit: 1978 haben wir das Langfristige Verteidigungsprogramm zur Stärkung der konventionellen Kampfkraft – das Long Term Defense Program – beschlossen. Im selben Jahr wurde der Beschluß über die gemeinsame Beschaffung des Frühwarnsystems AWACS getroffen. Im vergangenen Jahr 1979 haben sich die Regierungen verpflichtet, ihre Verteidigungsausgaben für die nächsten fünf Jahre um real drei Prozent jährlich zu erhöhen. Wir werden uns daran halten. Und ich nenne schließlich die Entscheidung der Außen- und Verteidigungsminister der Nato vom Dezember 1979 über die Modernisierung des LRTNF-Potentials (Long Range Theatre Nuclear Forces) der Nato, die Nachrüstung also, und über ein damit verbundenes Rüstungskontrollangebot an die Sowjetunion.

Ich fasse zusammen:
- Die Allianz kann an der Schwelle der 80er Jahre ihre zen-

trale Aufgabe erfüllen, den Frieden im Bündnisgebiet sichern: Sie ist zur Abschreckung und Verteidigung bereit und fähig. Und ist ebenso bereit zu Kooperation, wo diese möglich ist, zur Rüstungskontrolle und Abrüstung bei Aufrechterhaltung der Sicherheit.
- Die bisher bewiesene Anpassungsfähigkeit und Kohäsion der Allianz gibt uns die realistische Zuversicht, daß sie auch neue Probleme bewältigen wird.

Welche Probleme das sind, zeigt ein Blick auf die politische Entwicklung im Nahen und Mittleren Osten, vor allem in Afghanistan. Dabei handelt es sich um Ereignisse außerhalb des Gebietes der Allianz, aber um Ereignisse, die besondere Anforderungen an den Zusammenhalt der Allianz, an die Solidarität der Partner stellen.

Durch ihre Intervention in Afghanistan hat sich die Sowjetunion unter Einsatz massiver militärischer Mittel bis auf wenige Hundert Kilometer an den Indischen Ozean, an *den Arabisch-Persischen* Golf und an die Erdöllagerstätten herangeschoben. Die Sowjetunion hat damit zusätzlich politische Hebel gegenüber den anderen Staaten gewonnen. Das weltpolitische Gleichgewicht ist verändert worden. Die Besetzung Afghanistans durch die Sowjetunion betrifft vor allem das Nord-Süd-Verhältnis, erstmals die Integrität blockfreier Staaten. Sie bedroht unmittelbar die Sicherheit und Stabilität der angrenzenden Länder, der ganzen geographischen Region einschließlich des indischen Subkontinents, einschließlich des Mittleren Ostens und der arabischen Welt. Man spürt das in den Anrainerstaaten *des Golfes,* die ich vor kurzem besucht habe. Die Besorgnis ist nicht zu übersehen, und sie wird durch die persische Turbulenz, von der wir hoffen, aber nicht wissen, daß sie nach der Wahl des iranischen Staatspräsidenten durch geordnetere politische Verhältnisse überwunden wird, noch verstärkt. Die Kombination beider Ereignisse verstärkt die Befürchtungen vor einer Bedrohung arabischen Territoriums. Zu den Staaten dieser Region hat die Bundesrepublik Deutschland gute, zu den meisten von ihnen sehr freundschaftliche Beziehungen. Aus diesen bilateralen Beziehungen ergibt sich für uns, die bisherige Zusammenarbeit noch zu intensivieren.

Das heißt konkret, daß wir uns in der Europäischen

Gemeinschaft mit besonderem Nachdruck für eine engere politische Kooperation mit den *arabischen Golfstaaten* einschließlich des Irak einsetzen werden. Muster dieser Verbindung könnte das Abkommen sein, das wir mit den Ländern des ASEAN-Paktes schließen werden. Ich habe bei den von mir besuchten arabischen Regierungen ein sehr eindringliches Interesse an derartigen Überlegungen gefunden, die wir in die Gemeinschaftsberatungen eingebracht haben und die von unseren Partnern unterstützt werden.

Pakistan, von der sowjetischen Bedrohung als Nachbar mit einer weitgehend offenen Grenze direkt tangiert, wird von der westlichen Welt unter maßgeblicher Beteiligung meines Landes Umschuldungshilfen und umfangreiche Kredite erhalten. Wir werden uns auch an der Hilfe für afghanische Flüchtlinge beteiligen, die in Pakistan aufgenommen wurden.

Darüber hinaus werden die Mitgliedsländer des Bündnisses gut daran tun, wenn sie, aufbauend auf dem überzeugenden und eindrucksvollen Votum der UNO-Vollversammlung gegen den sowjetischen Einmarsch, ihre Kooperation mit den Ländern der Dritten Welt allgemein verstärken. Das kann keine kurzfristige Ad-hoc-Entscheidung sein. Es geht vielmehr um ein langfristiges Konzept, das behutsam und mit Einfühlungsvermögen in die besonderen Probleme und Empfindlichkeiten der blockfreien Länder die gemeinsamen Interessen des Westens und der Dritten Welt definiert und zur Geltung bringt. Gewiß werden schon die geplanten Sofortmaßnahmen zur Eindämmung der sowjetischen Expansionspolitik ihre Probleme mit sich bringen. Wie verhält sich Indien, wenn sein Rivale Pakistan bevorzugt unterstützt wird? Wie reagieren Israel und Ägypten bei verstärkter westlicher Kooperation mit den Ländern des *Arabischen Meeres?* Wie verhalten sich diese wiederum bei vor allem amerikanischer Unterstützung für Israel? Wir werden sehr aufpassen müssen, daß wir in unserer Antwort auf Afghanistan nicht bestehende regionale Konflikte schüren.

Das Ergebnis solcher Überlegungen im Bündnis kann so zu einer generell intensivierten Politik des Westens gegenüber den Entwicklungsländern führen. Ohnehin bedauern wir – ich zitiere den deutschen Außenminister –, daß wir in der Bundesrepublik eine DM für Entwicklungshilfe und im Verhältnis dazu neun DM für militärische Zwecke ausgeben. Wir würden das Verhältnis gerne umdrehen. Aber das liegt nicht an uns allein; denn man muß auch sehen, daß im Osten für einen Rubel, den man für Entwicklungshilfe ausgibt, 417 Rubel für Rüstungsausgaben aufgewandt werden.

Die Besetzung Afghanistans berührt selbstverständlich in empfindlicher Weise auch das Ost-West-Verhältnis, wie das bei jeder Veränderung der weltpolitischen Gleichgewichtslage der Fall ist. Damit stellt sich für die Allianz das Problem und die Aufgabe, einer Ausweitung der Krise entgegenzuwirken und die Krise zu entschärfen. Dabei kommt es darauf an, daß die Hauptelemente der Sicherheitspolitik der Allianz erhalten bleiben:

- Es muß deutlich bleiben, daß die Allianz ein entspanntes und geregeltes Miteinander im Ost-West-Verhältnis will. Deshalb muß mit der anderen Seite weiter gesprochen werden. Deshalb ist es wichtig, daß Präsident Carter erneut erklärt hat, der SALT II-Vertrag liege im Interesse der USA und der ganzen Welt. Deshalb ist es wichtig, daß die Allianz ihr Verhandlungsangebot über die LRTNF vom Dezember 1979 nicht vom Tisch nimmt und daß die Bemühungen um militärisches Gleichgewicht auf niedrigerem Niveau über Rüstungskontrolle und Abrüstung fortgesetzt werden. Die Weigerung der Sowjetunion, darüber jetzt zu verhandeln, darf uns nicht abschrecken, unsere eigene Verhandlungsbereitschaft auch weiter zu signalisieren.
- Zugleich aber stellt sich für die Allianz die Aufgabe, das weltpolitische Kräftegleichgewicht unter den veränderten Umständen wieder zu stabilisieren. Dazu gehört zunächst, daß wir konsequent das langfristige Verteidigungsprogramm der Nato von 1978 verwirklichen und die Entscheidung über die Nachrüstung als Antwort auf die sowjetischen Rüstungen bei den Mittelstreckenraketen in die Tat umsetzen – wie gesagt, bei aufrechterhaltenem Verhandlungsangebot über die Kontrolle der Mittelstreckenwaffen. Nebenbei: Wie notwendig dieser doch sehr umstrittene Nachrüstungsbeschluß war, ist durch die Ereignisse von Afghanistan auf eine sehr unerfreuliche Weise unterstrichen worden. Die Zweifler und Kritiker auf unserer Seite sind jetzt hoffentlich eines Besseren belehrt. Dieser

Beschluß war und bleibt unverzichtbar, wenn wir das Gleichgewicht sichern wollen, das durch die sowjetische Vorrüstung gefährdet ist.

Ich zitiere dazu aus dem Kommuniqué der Nato-Ministerratstagung vom 13./14. Dezember 1979. Es heißt dort, die Minister hätten ihre Besorgnis geäußert über »direkte oder indirekte Aktionen der Sowjetunion und einiger ihrer Verbündeter in mehreren Unruhegebieten, begleitet von einem sehr beträchtlichen qualitativen und quantitativen Ausbau der militärischen Stärke des Warschauer Paktes und insbesondere der wachsenden sowjetischen kontinentalen nuklearen und konventionellen Fähigkeiten«. Solche Entwicklungen, so heißt es in dem Kommuniqué weiter, seien weder mit den Versicherungen der Staaten des Warschauer Paktes vereinbar, sie strebten nicht nach militärischer Überlegenheit noch mit ihrer öffentlich erklärten Absicht, die militärische Entspannung zu fördern.

So ist es in der Tat. Auch wer, wie ich, der Sowjetunion keineswegs unterstellt, sie wolle den Krieg, kann doch nicht über die Tatsache hinwegsehen, daß sie jedenfalls die militärische Fähigkeit dazu besitzt. Und weil das so ist, war der Nachrüstungsbeschluß nicht zu vermeiden. Nachrüstung ist – auch nach Afghanistan – kein Abbau der Entspannungspolitik, sondern Gleichgewichtspolitik, die von der anderen Seite nicht mehr verfolgt worden war. Erst in einer ungefähren Gleichgewichtslage kann die Entspannungspolitik betrieben werden, an der wir festhalten wollen. Die deutschen Verträge mit den Ländern Osteuropas, das Viermächteabkommen über Berlin und die Schlußakte von Helsinki werden gerade für die deutsche Politik im Bündnis bestimmend bleiben. Wir wollen daran nichts ändern.

Aber das kann nicht die einzige Antwort auf Afghanistan sein, die das Bündnis zu geben hat und geben wird. Wir werden weitere Hilfe für die Türkei in einer zweiten internationalen Stabilisierungsaktion geben müssen, die sich wohl nicht in einem Jahr erschöpfen wird. Die Bundesrepublik Deutschland ist bereit, hier wiederum für das Bündnis die Federführung zu übernehmen und sich erneut mit erheblichen Beträgen zu beteiligen.

Innerhalb der Nato werden wir die bereits gewährte militärische Ausbildungs- und Waffenhilfe an die Türkei und Griechenland erhöhen; die Modernisierung der Streitkräfte beider Länder erscheint in der Nato als ein zwingendes Gebot. Hier ist schon viel geschehen – in den letzten Jahren haben wir über eine Milliarde DM für Ausrüstungshilfe innerhalb der Nato bereitgestellt. Wir werden das fortsetzen müssen; arbeitsteilig im Bündnis.

Dabei wird sich gerade die Bundesrepublik Deutschland strikt auf die Aufgaben zu beschränken haben, die ihr im Bündnis zugewiesen sind. Das ist Militärhilfe, wie ich sie eben skizziert habe, das ist vor allem die konventionelle Verteidigung Mitteleuropas. Andere Bündnismitglieder unterhalten seit langem special relationships auf militärischem Gebiet zu Ländern außerhalb der Allianz, auch zu den Ländern des persisch/arabischen Golfes. Sie werden möglicherweise diese Beziehungen verstärken können. Wir haben ihnen dann Lasten in Europa abzunehmen; das gehört zur Arbeitsteilung, die von allen Beteiligten mehr finanzielle Opfer fordern wird. Aber generell gilt sicher, daß die Diskussion über die weltweiten Aufgaben der Nato sehr vorsichtig und zurückhaltend geführt werden muß. Die Dritte Welt, deren Interessen sich in dieser Lage mit den unseren decken, darf nicht zurückgestoßen werden durch eine Politik, die als Nato-Imperialismus mißverstanden werden könnte. Sie darf andererseits nicht entmutigt werden durch eine – nicht völlig wegzudiskutierende – kleinmütige Stimmung, der Westen befinde sich in der weltweiten Auseinandersetzung stets auf der Verliererseite; man lasse sich daher besser nicht zu sehr mit ihm ein. Das Bündnis muß sich zwischen diesen beiden Polen politischer Erwägungen in der Dritten Welt auf eine schmale Gratwanderung vorbereiten, die gleichermaßen Stärke und diplomatischen Takt erfordert. Ich glaube, daß dies im Westen auch so verstanden wird, und nenne zwei Beispiele dafür: auf der einen Seite die unmißverständliche Erklärung des amerikanischen Präsidenten, daß ein russischer Angriff auf die Ölfelder der Golfregion wie ein Angriff auf Amerika selbst empfunden werde. Andererseits die kluge, extrem disziplinierte Mäßigung der Politik der Vereinigten Staaten gegenüber dem Iran trotz der demütigenden, unmenschlichen, völkerrechtswidrigen Geiselhaft in der Teheraner Botschaft. Beides ist richtige Politik nicht nur für die Vereinigten Staaten von Amerika, sondern auch für das Bündnis. Beides wird von uns, von den anderen Verbündeten, voll mitgetragen.

Die Nato, unser gemeinsames Bündnis, steht in einer krisenhaft zugespitzten Weltlage vor einer neuen Bewährungsprobe, damit auch vor neuen Aufgaben. Sie wird diese Probe bestehen, wenn es ihr gelingt, der anderen Seite klarzumachen, daß die Festigkeit dieses Bündnisses nur noch gewachsen ist. Das hat nichts mit Säbelrasseln zu tun, mit hektischer Aufgeregtheit, sondern mit langfristig angelegter, gelassener und überzeugender Strategie. Die Ansätze dazu sind vorhanden. Dazu gehört ebenso wie die Stärkung der militärischen Kraft das unverzagte Festhalten an der Entspannungs- und Vertragspolitik, die beide zusammen den großen Krieg bisher verhindert haben. Kein Volk ist auf Erfolg dieser Politik mehr angewiesen als das zweigeteilte deutsche Volk, durch dessen Land die Grenze zwischen Ost und West gezogen ist. Diese Politik muß unter den neuen Bedingungen fortgeführt werden. Die Vereinigten Staaten, der wichtigste Partner dieses Bündnisses, können sich auf die Mitarbeit Europas, auf die Solidarität der Bundesrepublik Deutschland verlassen. Unsere Interessen sind dieselben. Sie sind nicht voneinander zu trennen.

Wir in Europa fühlen uns im Schutz des Bündnisses sicher. Wir arbeiten daran und wir vertrauen darauf, daß es die Welt vor dem tödlichen Konflikt bewahren wird. Dieses Vertrauen wird solange gerechtfertigt sein, wie wir im Bündnis zusammenstehen und mit ihm – fest und geschmeidig, wie immer es nottut – Politik für den Frieden betreiben können. Der Frieden in der Welt, der unteilbar bleibt, ist gefährdet worden. Je enger sich das Bündnis jetzt zusammenschließt, desto sicherer werden wir ihn dennoch bewahren.

III.3

Warum Industrie- und Entwicklungsländer eine freie und offene Weltwirtschaft brauchen

I.

Es liegt in unser aller Interesse, die Volkswirtschaften der Entwicklungsländer leistungsfähiger zu machen, sie stärker in einer arbeitsteiligen Weltwirtschaft zu integrieren und damit auch die Lebensbedingungen der Menschen in den Entwicklungsländern zu verbessern.

Es wäre meiner Ansicht nach aber falsch, den Schlüssel für solche Verbesserungen nur in Anstrengungen der Industrieländer zu sehen, so unerläßlich diese auch sind. Entwicklungshilfe im weitesten Sinne kann nur wirksam sein, wenn sie Hilfe zur Selbsthilfe ist.

Wir wissen die Anstrengungen vieler Entwicklungsländer zu würdigen, die darauf abzielen, zukunftssichernde Investitionen zu ermöglichen, soziale Reformen zu erreichen, zu besserer Einkommensverteilung zu gelangen, das Ausbildungsniveau zu erhöhen. Diese Anstrengungen und Opfer sind, wie ich glaube, für die Entwicklungsländer lebenswichtig.

Wir sollten jedoch die Augen auch nicht vor der Tatsache verschließen, daß viele Probleme der Entwicklungsländer, deren Überwindung auch für die Industrieländer wichtig ist, große Schwierigkeiten für alle Seiten bereiten. Sehr maßgeblich sind hier weltweite Erscheinungen wie Inflation und Währungsverfall sowie die Ölpreisexplosion; all das hat zur zunehmenden Verschlechterung der Zahlungsbilanzen geführt. Besonders bedeutsam ist die rapide Vermehrung der Bevölkerung in den Entwicklungsländern, die alle Anstrengungen zur Verbesserung des Loses der Menschen zu behindern droht oder sogar vergeblich werden läßt. Hier liegt ein wesentliches, vielleicht entscheidendes Problem. Über die

Schwierigkeiten einer Lösung mache ich mir keine Illusionen. Auf der anderen Seite verdient die gegenwärtige Situation der Weltwirtschaft nach unserer Meinung - erfreulicherweise - eine positivere Beurteilung als ihr im Arusha-Programm zuteil geworden ist. Obwohl die Lage vieler Entwicklungsländer, vor allem der ärmsten unter ihnen, unverändert ernst ist, hat sich die wirtschaftliche »Großwetterlage« in den vergangenen drei Jahren weiter gebessert. In vielen Ländern hat sich das Wirtschaftswachstum erholt und die Zahlungsbilanzsituation entspannt. Andererseits wirken die vielfach nicht gebannte Inflation und die gerade erst in jüngster Vergangenheit unerwartet stark gestiegenen Erdölpreise als latente Bedrohung für diesen Erholungsprozeß. Die Zukunftsperspektiven bleiben damit unsicher.

In welche Richtung die wirtschaftliche Entwicklung schließlich führt, hängt von einer Vielzahl von Entscheidungen ab, die tagtäglich von den verschiedensten Instanzen überall in der Welt zu treffen sind. Es wäre ein Irrtum zu glauben, daß diese Entscheidungen - oder auch nur die wichtigsten von ihnen - sich zu einem einheitlichen weltwirtschaftlichen »Management« zusammenfassen ließen, das dann nur nach bestimmten neuen Verfahrens- und Abstimmungsprinzipien organisiert zu werden brauchte, um die gewünschten Resultate zu erzielen. Vielmehr kommt es darauf an, daß alle Entscheidungsträger sich ständig ihrer Verantwortung für die Funktionsfähigkeit der Weltwirtschaft als Ganzes bewußt sind.

Wenn wir zu diesem Zweck den Informations- und Meinungsaustausch zwischen Industrie- und Entwicklungsländern intensivieren würden, könnte dies das Bewußtsein der gemeinsamen Verantwortung stärken. Dafür benötigen wir aber keine neuen Institutionen. Ganz im Gegenteil, schon jetzt befassen sich gegenwärtig zu viele Gremien mit zu vielen - und zum Teil denselben - Fragen auf einmal; dabei ist die gebotene Abgrenzung der Aufgaben im Sinne einer vernünftigen Arbeitsteilung nicht immer gewährleistet. Es wäre daher eine Illusion zu glauben, daß wir bisher nicht Erreichtes leichter erzielen könnten, wenn wir neue Institutionen gründen.

Wichtig ist vielmehr, daß wir uns auf die Zielrichtung der

Sachlösungen einigen und auf ihre Auswahl. Wir sollten uns in den UNCTAD-Konferenzen stärker auf die jeweils drängenden Fragen konzentrieren und sollten nicht den Ehrgeiz haben, sämtliche wirtschaftspolitischen Themen gleichzeitig zu behandeln. Dazu gehört auch, daß wir bewährte und gut funktionierende Institutionen, wie den IWF und das GATT nicht ihrer Wirkungsmöglichkeiten berauben. Im Gegenteil: Die Tendenzen zum Protektionismus und die Gefahren für die Weltwährungsstabilität erfordern es, daß diese Institutionen schlagkräftig bleiben.

Unsere gemeinsamen Anliegen bedürfen in jedem Land konkreter Politiken, die in der Verantwortung jedes einzelnen Landes liegen. Selbstverständlich wollen wir uns dabei nicht in die inneren Verhältnisse der Entwicklungsländer einmischen. Wir respektieren ohne Einschränkung ihre Souveränität, und das gilt auch für die Wahl des Wirtschaftssystems. Insoweit sind unsere Leistungen in den Entwicklungsländern wertneutral. Entwicklungshilfe ist für uns eine Verpflichtung der internationalen Solidarität. Sie darf z. B. nicht als Belohnung für ein bestimmtes politisches Verhalten gewährt werden.

Auf der anderen Seite darf aber Solidarität keine Einbahnstraße sein. Solidarität heißt doch wohl, Zusammenstehen in Gesinnung und Handeln und nicht einander bekämpfen, wenn die eigenen Vorstellungen nicht ohne Kompromisse durchzusetzen sind.

Es ist daher nicht hilfreich, wenn z. B. politisch ungerechtfertigte Vorwürfe erhoben werden, wie das wiederholt in internationalen Foren geschehen ist. Kritik ist zulässig und nötig. Wir sind nicht empfindlicher als andere Staaten. Wir wehren uns aber dagegen, wenn sie sachlich falsch ist und dazu noch verzerrt und verletzend vorgetragen wird. Das erleichtert es uns nicht, bei unserer eigenen Bevölkerung das Verständnis für die Entwicklungshilfe zu erhöhen und damit die Bereitschaft zu verstärkten Opfern. In Demokratien – wie in meinem Lande – muß das Parlament über die Hilfe beschließen, und zwar zu Lasten anderer Ausgaben, die auch ihre Prioritäten haben. Das sollte bei internationaler Kritik bedacht werden.

II.

Ganz bewußt im Anschluß hieran möchte ich nun ein Thema aufnehmen, das vielfach im Vordergrund der Diskussion zwischen Entwicklungs- und Industrieländern steht: die öffentliche Entwicklungshilfe. Für viele, insbesondere die ärmsten Entwicklungsländer, ist sie der wichtigste Aspekt der Unterstützung durch die Industrieländer. Hier gibt es sicher, ich räume es freimütig ein, Grund zur Enttäuschung. Das Ziel, 0,7 Prozent des Bruttosozialprodukts für die öffentliche Entwicklungshilfe bereitzustellen, konnte in vielen Industrieländern nicht erreicht werden. Dies gilt auch für mein Land, obwohl wir unsere Aufwendungen für diesen Zweck Jahr für Jahr gesteigert haben. Die Gründe dafür sind sicher vielfältig.

Es sollte aber nicht übersehen werden, daß die Exporterlöse der Länder der Dritten Welt und die Devisenzuflüsse aufgrund privater Transfers als Einnahmequelle bei weitem größer und wichtiger sind, als die öffentliche Entwicklungshilfe es je sein kann. Während sich die Deviseneinnahmen der Entwicklungsländer aus Hilfszahlungen zwischen 1963 und 1976 etwa verdoppelten, stiegen ihre Exporterlöse im gleichen Zeitraum auf das Achtfache. Daraus folgt, selbst wenn die öffentlichen Entwicklungshilfeleistungen in den kommenden Jahren beträchtlich gesteigert würden, vermögen sie doch nicht annähernd in Größenordnungen vorzustoßen, die durch steigende Exporterlöse zu erzielen sind. Wenn man im übrigen das Gesamtergebnis der finanziellen Transfers der Bundesrepublik Deutschland in die Entwicklungsländer betrachtet, so liegen diese erheblich über ein Prozent des Bruttosozialprodukts, was in hohem Maße dem Engagement deutscher Investoren in den Entwicklungsländern zu verdanken ist.

Ich erwähne das nicht, um die Bedeutung der öffentlichen Entwicklungshilfe zu mindern. Sie ist für viele Entwicklungsländer nach wie vor sehr wichtig, besonders für die ärmsten unter ihnen. Daher hat die Bundesregierung einen Schuldenerlaß für öffentliche Kapitalhilfekredite für die am wenigsten entwickelten Länder (LLDC) verfügt. Das bedeutet für die Bundesrepublik einen Betrag von über vier Milliarden DM, die diese Entwicklungsländer nicht zurückzuzahlen brauchen.

In konsequenter Fortsetzung dieser Linie wird meine Regierung Entwicklungshilfe an LLDC auch in Zukunft grundsätzlich nur noch in Form von Zuschüssen leisten.

Es wird nach wie vor darüber diskutiert, in welchem Umfange die öffentliche Entwicklungshilfe weiter erhöht werden kann. Wir haben eine moralische Verpflichtung zu dieser Hilfe. Allerdings wollen und können wir keine Absichtserklärung abgeben, deren Einlösung unsicher ist. Die Bundesregierung ist bestrebt, einen seriösen und soliden Kurs zu steuern. Sie hält es für falsch, zu Finanzmethoden zu greifen, die u. a. zu Inflationsschüben und zu unverantwortlicher Geldschöpfung beitragen könnten; das würde letztlich Erhöhungen an Hilfe wieder zunichte machen. Die Empfänger dieser Entwicklungshilfe legen mit Recht Wert auf Zahlungen in inflationsfreier Währung.

Unsere Finanzplanung sieht bisher vor, daß wir unsere öffentliche Entwicklungshilfe 1980 und 1981 jeweils um über 500 Millionen DM erhöhen. Wenn wir Prioritäten für Entwicklungshilfe setzen, müssen wir andere politisch wichtige Haushaltsansätze kürzen. Ich möchte hinzufügen, daß jetzt schon die Steigerungsrate unserer öffentlichen Entwicklungshilfe wesentlich über der Steigerungsrate des Gesamthaushaltes liegt. Das reicht allerdings noch nicht aus, um das 0,7-Prozent-Ziel zu erreichen. Wir bemühen uns aber um eine stetige Annäherung.

Die Bundesregierung wird weiterhin bemüht sein, ihre öffentliche Entwicklungshilfe so effizient wie möglich einzusetzen. Auch in Zukunft wird sie ihre Hilfe grundsätzlich nicht an eigene Lieferungen binden; das erhöht eindeutig ihre Qualität.

III.

Die immense Bedeutung des Ressourcentransfers für die Entwicklungsländer habe ich bereits unterstrichen. Ebenso wichtig sind aber der Welthandel und der Kampf gegen den Protektionismus, der Strukturwandel und die Privatinvestitionen.

Es ist durchaus verständlich, wenn die Entwicklungsländer die Forderung nach einer Umstrukturierung der Weltwirtschaft erheben, wenn sie einen größeren Anteil an der industriellen Produktion und am Welthandel verlangen. Wir sind nicht nur bereit, diesen Prozeß hinzunehmen, wir wollen ihn auch aktiv fördern. Das angemessene Konzept wäre nicht, Strukturwandel administrativ zu verordnen. In erster Linie bleibt es eine wichtige Aufgabe der Unternehmen, den erforderlichen Strukturwandel zu bewältigen. Aufgabe des Staates kann es grundsätzlich nur sein, die Bereitschaft und Fähigkeit zur strukturellen Anpassung durch Verbesserung der Rahmenbedingungen zu stärken. Andernfalls wären schwerwiegende Fehlentwicklungen nicht auszuschließen. Denn die Vielfalt ökonomischer Daten, die über freien Warenverkehr und freie Investitionsentscheidungen leistungsfähige Strukturen erhalten und schwache verändern, können im Rahmen administrativer Maßnahmen nicht erfaßt werden. Diese Form der Strukturpolitik wäre weltwirtschaftlich nicht weniger bedenklich als es der Versuch wäre, überlebte Strukturen durch handelsbeschränkende und andere dirigistische Maßnahmen künstlich zu erhalten.

Strukturwandel muß vor allem auf dem Wege über einen ungehinderten internationalen Warenaustausch herbeigeführt werden. Die Entwicklung der vergangenen Jahre auf diesem Gebiet ist durchaus ermutigend:

Von 1970 bis 1977 sind die Einfuhren der 24 OECD-Länder aus der Dritten Welt um 385 Prozent gestiegen, der innere OECD-Handel lediglich um 201 Prozent. Diese Steigerung reflektiert vor allem die Einfuhrentwicklung von Fertigwaren aus Entwicklungsländern. Nach Untersuchungen der Weltbank hat sich die Zahl der Entwicklungsländer, die einen wesentlichen Anteil am Welthandel mit Fertigwaren haben, in zehn Jahren verdoppelt.

Gleichzeitig hat sich auch die Struktur der Fertigwarenexporte der Entwicklungsländer in die OECD-Länder verbessert, vor allem haben Erzeugnisse des Maschinen- und Fahrzeugbaus sowie der Elektrotechnik und Elektronik gegenüber mehr traditionellen Exportwaren wie etwa Textilien oder Ledererzeugnissen an Bedeutung gewonnen.

Insgesamt ist das eine bemerkenswerte Entwicklung, die auf erfreuliche Weise die zunehmende Wettbewerbsfähigkeit von Entwicklungsländern auf den Industrieländermärkten ausweist.

An dieser Entwicklung hatte die Bundesrepublik Deutschland in besonderem Maße Anteil: Während unser Land beim Warenaustausch mit jenen Entwicklungsländern, die nicht zu den Erdölexporteuren gehören, vor 1976 beträchtliche Überschüsse erzielt hatte, wuchsen in den letzten drei Jahren die Einfuhren aus dieser Region überdurchschnittlich stark, so daß die Gruppe dieser Partnerländer seither mit Aktivsalden abschließt. 1977 war bisher mit knapp drei Milliarden DM das Spitzenjahr.

Ich möchte hinzufügen: Die Einfuhren von Halb- und Fertigwaren sind der verläßlichste Indikator für die Weltoffenheit eines Landes. Denn hier ist der Wettbewerb am stärksten und die Nachfrage wird weniger von binnenwirtschaftlichen Einflüssen als vom Ausmaß der Marktöffnung bestimmt. In den vergangenen drei Jahren sind nun unsere Halb- und Fertigwareneinfuhren aus Entwicklungsländern ununterbrochen stärker expandiert als der Gesamtimport dieser Erzeugnisse: Bei einem Vergleich der Pro-Kopf-Einfuhren von Halb- und Fertigwaren aus Entwicklungsländern hält die Bundesrepublik Deutschland mit 84 Dollar die zweite Stelle. Das gleiche gilt für Textil- und Bekleidungseinfuhren aus Entwicklungsländern; hier hat die Bundesrepublik mit 40 Dollar pro Kopf ebenfalls den zweiten Platz. Gerade bei Textilien sind in den letzten Jahren erfreulicherweise auch unsere Exporte erheblich gewachsen.

Das beweist, daß beide Seiten von einer Handelsausweitung profitieren und eine Arbeitsteilung zwischen Nord und Süd bei den einzelnen Sektoren möglich ist – wobei das weitgehend ein Ausdruck der arbeitsteiligen Spezialisierung ist. Daraus folgt, daß keine Notwendigkeit besteht, ganze Branchen forciert zu verlagern.

Diese Tatsachen sprechen für sich selbst. Zwar widerlegen sie die These nicht, daß protektionistische Tendenzen den Welthandel weiterhin bedrohen; aber sie können dazu beitragen, daß dieser Problemkreis hier in den kommenden Wochen vorurteilsloser und frei von Emotionen diskutiert wird.

Wir haben im eigenen Land mit Markt und Wettbewerb gute Erfahrungen gemacht, und zwar in guten und schlechten Zeiten. Handels- und wettbewerbsbeschränkende Maßnahmen sind auf die Dauer self-defeating. Sie abzuwehren ist in Demokratien nicht immer leicht durchzuhalten; aber wir wollen unbeirrt auf diesem Wege fortfahren, und ich meine, wir haben diese Politik auch überzeugend in die Tat umgesetzt. Was wir brauchen, ist auch international ein besseres Verständnis für weitere Marktöffnung und gegen Markt- und Machtmißbrauch.

Anstrengungen der westlichen Industrieländer allein sind nicht ausreichend, die sozialistischen Staaten Osteuropas und die Entwicklungsländer selbst müssen daran mitwirken. Der Warenaustausch der Staatshandelsländer mit der Dritten Welt konzentriert sich auf eine verhältnismäßig kleine Anzahl von Partnern; darüber hinaus bestehen ihre Lieferungen zu einem nicht unbeträchtlichen Teil aus militärischen Ausrüstungsgütern. Es ist schlechterdings nicht einzusehen, weshalb diese Staatengruppe 1977 nur 3,3 Prozent der Exporte der Entwicklungsländer aufgenommen hat, während 71,8 Prozent dieser Lieferungen in die OECD-Staaten gegangen sind.

Mit den öffentlichen Leistungen der sozialistischen Länder verhält es sich leider ähnlich. Im Vergleich mit dem Westen schneiden sie hier ebenfalls schlecht ab. Die dafür gegebene Erklärung hat uns nie überzeugt. Damit will ich keineswegs leugnen, daß auch die westlichen Industrieländer in einigen Teilbereichen nicht ohne Fehl sind.

Als klassisches Beispiel für protektionistische Behinderungen gilt das Welttextilabkommen. Eine erste Auswertung der Statistiken zeigt aber, daß im Zeitraum 1977/78 die Einfuhren der Bundesrepublik Deutschland von Textilien und Bekleidung aus Entwicklungsländern praktisch gleich geblieben sind. Wir können uns trotzdem mit den Regelungen des Abkommens nur vorübergehend abfinden. Ein Dauerelement des Welthandels kann es nicht sein. Für eine befristete Übergangszeit ist es als außenwirtschaftlicher Flankenschutz für reibungslose strukturelle Anpassung freilich unverzichtbar.

Gerade das Beispiel der Textilindustrie zeigt, daß unsere Volkswirtschaft in den letzten Jahren zu einem beträchtlichen Strukturwandel fähig war: Von 1970 bis 1976 ist die Zahl der Betriebe fast um ein Viertel gesunken, und die Zahl der Beschäftigten hat sich noch stärker, nämlich um ein Drittel, verringert. Ähnliches gilt für die Bekleidungsbranche.

Hieran zeigt sich, daß Strukturwandel soziale Härten und finanzielle Lasten mit sich bringt und innenpolitisch nicht allein mit Sonntagsreden bewältigt werden kann. Ich wiederhole nochmals, wir sind bereit, die sozialen und finanziellen Lasten dieses Prozesses auf uns zu nehmen. Das bedeutet, daß verlorengehende Arbeitsplätze durch neue ersetzt werden müssen. Bruchartige Entwicklungen liegen in niemandes Interesse. Wir müssen sie vermeiden, ohne daß wir die Folgen davon den Entwicklungsländern aufbürden.

Von den außenwirtschaftlichen Krisenmaßnahmen, welche die Europäische Gemeinschaft im Stahlbereich ergriffen hat, sind primär Industrieländer betroffen, Entwicklungsländer hingegen nur in einzelnen Fällen. Wir haben diese Maßnahmen nur zögernd mitgemacht. Sie sehen daran, daß auch wir interne Solidaritätsprobleme haben. Sie ergeben sich daraus, daß zwischen Industrieländern ein gewisses Wirtschaftsgefälle besteht. Die Maßnahmen auf dem Stahlsektor sind daher ein Beitrag zur politischen Stabilisierung, an der uns allen gelegen sein muß. Sie können aber ebenfalls nur eine temporäre außenwirtschaftliche Flankierung sein, die die interne Umstrukturierung erleichtern soll.

IV.

Die Abwehr des Protektionismus ist auch ein wesentliches Element der im Rahmen des GATT beendeten multilateralen Handelsverhandlungen. Schon das ist eine positive Signalwirkung für den Welthandel. Das Ergebnis dieser Verhandlungen ist ein Sieg über den Protektionismus und zugleich ein substantieller Fortschritt bei der weiteren Liberalisierung des Welthandels. Unter schwierigen Weltwirtschaftsbedingungen sind insgesamt befriedigende Erfolge erzielt worden, und zwar sowohl bei den Zöllen als auch bei den nichttarifären Handelshemmnissen. Die Kodizes und die neuen Konsultationsmechanismen – vorausgesetzt sie werden aktiv und von allen Handelspartnern genutzt – stellen nicht nur erhebliche Fortschritte in den handelspolitischen Rahmenbedingungen dar, sondern können auch die Keimzelle für eine verstärkte Zusammenarbeit bei der Bewältigung der strukturellen Anpassungsnotwendigkeiten sein. Man sollte daher an diesen

Ergebnissen nicht voreilig Kritik üben und sie nicht als mittelmäßigen Kompromiß abtun.

Im Bereich der tropischen Erzeugnisse haben die Verhandlungen bereits frühzeitig positive Resultate erbracht: Die Europäische Gemeinschaft ist hier den Entwicklungsländern mit Zugeständnissen entgegengekommen, die ein Handelsvolumen von rd. 1,9 Milliarden Europäischer Rechnungseinheiten betreffen. Auf dem Zollsektor im übrigen profitieren die Entwicklungsländer von den substantiellen Zollsenkungen der Industrieländer, ohne im Prinzip zu reziproken Zugeständnissen verpflichtet zu sein. Allerdings erwarten wir von den Entwicklungsländern, die auf Teilbereichen bereits sehr konkurrenzfähig sind und sogar bilaterale Handelsbilanzüberschüsse mit einzelnen Industrieländern oder Entwicklungsländern haben, ebenfalls eine angemessene Marktöffnung. Der Ruf gegen den Protektionismus richtet sich nicht nur an die Industrieländer.

Wir streben bei den noch offenen Fragen der GATT-Verhandlungen einen fairen Interessenausgleich zwischen allen Beteiligten an. Das gilt insbesondere für die Schutzklausel, wo besonders die Entwicklungsländer eine selektive Anwendung kritisieren. Wir haben es uns in dieser Frage nicht leichtgemacht, und das ist auch der Grund, warum dieser Komplex noch nicht abschließend geregelt werden konnte. Als Mitglied der Europäischen Gemeinschaft sind wir für eine klare Regelung des Art. XIX GATT; wir sehen auch die politischen Notwendigkeiten für eine selektive Schutzklausel, nach gründlicher Abwägung des Für und Wider. Sie muß aber mit den notwendigen Sicherungen versehen sein, d. h. mit einem wirksamen Überwachungs- und Konsultationsmechanismus. Nur so kann eine mißbräuchliche Anwendung der Klausel, die die Entwicklungsländer fürchten, vermieden und zugleich unabweisbaren Schutzinteressen Sorge getragen werden. Aber nur wenn die Entwicklungsländer sich an den Verhandlungen über die Revision beteiligen, haben wir gemeinsam die Gewähr für eine stärkere Disziplin im Welthandel.

Der Protektionismus ist schädlich unter verschiedenen Gesichtspunkten: Protektionismus ist self-defeating, weil er schon im Ansatz zu falschen Politiken führt; schon die Protektionismusdrohung kann zu Investitionshindernissen führen. Er bewirkt zwar zunächst eine Erleichterung für die eigene Industrie, läßt aber letztlich nur eine kurze Atempause, die die dauerhaften Folgeschäden für die eigene Wirtschaft verdeckt und die notwendigen Strukturanpassungen verzögert und erschwert; Arbeitsplätze werden letztlich mit Hilfe des Protektionismus weder gerettet noch geschaffen. Auch im übrigen beeinträchtigt er die eigene wirtschaftliche Entwicklung – denn Protektionismus bleibt nicht ohne Reaktion anderer Handelspartner und schmälert damit die benötigten Devisenerlöse aus Exporten.

Die GATT-Ergebnisse können insgesamt eine positive weltwirtschaftliche Entwicklung stützen und fördern. Die Bundesregierung appelliert daher an die Entwicklungsländer, sich zu diesen Ergebnissen zu bekennen und sie in Genf zu zeichnen, zumal diese Ergebnisse den Entwicklungsländern eine Reihe von präferentiellen Vorteilen sichert. Das gilt insbesondere für die verschiedenen Kodizes und die »enabling clause«, die ausdrücklich eine präferentielle Differenzierung erlaubt.

Die besondere Bedeutung derartiger Vorzugsbehandlungen für Entwicklungsländer zeigt sich immer wieder an den Zollpräferenzen, die die Industrieländer ihnen gewähren.

Untrennbar verbunden mit einer marktwirtschaftlich orientierten Weltwirtschaftsordnung ist zweifellos auch die Freizügigkeit der internationalen Kapitalbewegungen und damit die Möglichkeit zu Auslandsinvestitionen. Direktinvestitionen im Ausland führen per saldo zu einem verstärkten zwischenstaatlichen Wirtschaftsverkehr. Diesen privaten Direktinvestitionen kommt daher vor allem bei der Integration der Entwicklungsländer in der Weltwirtschaft eine ganz entscheidende Funktion zu. Alle Privatinvestitionen bedeuten langfristiges Kapital für Entwicklungsländer, sind mit der Übertragung von technischem und unternehmerischem Know-how verbunden, beflügeln die Diversifizierung der Wirtschaftsstrukturen, stärken die Exportkraft des Gastlandes und schaffen über verbesserte Arbeits- und Ausbildungsmöglichkeiten die Voraussetzungen für eine nachhaltige Verbesserung der Lebensbedingungen. Wir sehen Direktinvestitionen im Ausland nicht unter dem Gesichtspunkt »export of jobs«, und erfreulicherweise teilen auch die deutschen Gewerkschaften diesen Standpunkt weitgehend. Es ist dabei ein unnachahmlicher Vorzug privater Investitionen, daß sich der Investor mit seinem ganzen unternehmerischen Engagement hinter den wirtschaftlichen Erfolg seines Vorhabens stellt. Das ist eine starke Triebfeder, die sich auch schon einige Entwicklungsländer - wie die Erfahrung zeigt - zunutze gemacht haben.

Eine unerläßliche Voraussetzung für das Engagement von Unternehmerkapital und Technologie, das eine wachsende Zahl von Entwicklungsländern offensichtlich wünscht, ist ein gutes Investitionsklima; letztlich haben es also allein die Entwicklungsländer in der Hand, ob und in welchem Umfang ihr Land für Privatinvestitionen attraktiv ist. Investitionsentscheidungen sind und bleiben freiwillige Entscheidungen der Unternehmen, nicht der Bundesregierung. Wir können nur Anreize für Investitionen in Entwicklungsländern geben, insbesondere Steuererleichterungen und Garantien. Wir wollen unsererseits dazu beitragen, Befürchtungen der Entwicklungsländer vor Auslandsinvestitionen abzubauen. Wir wirken aktiv bei den Bemühungen mit, die Tätigkeit von transnationalen Unternehmen transparenter zu machen und klare Verhaltensregeln für die Tätigkeit dieser Unternehmen sowie für die Heimat- und Gastländer der Investoren zu schaffen.

V.

Die Bundesrepublik Deutschland bekennt sich zu der Verpflichtung, die Entwicklungsländer bei ihren schwierigen Anstrengungen, ihre Länder voranzubringen, zu unterstützen. Sie wird ihrerseits im Rahmen ihrer Möglichkeiten, ihren Beitrag dazu leisten, nicht nur durch finanzielle Leistungen, sondern auch durch Gewährung freien Marktzugangs und durch eine international Rücksicht nehmende, verantwortungsvolle Wirtschaftspolitik, und sie erhofft sich viel von einer gegenseitigen, vertrauensvollen Zusammenarbeit.

Unsere Beiträge werden dabei stets an dem Gesichtspunkt orientiert sein, ob Lösungsvorschläge die weltwirtschaftlichen Beziehungen verbessern und das Nord-Süd-Gefälle in praktischer Weise abbauen helfen. Unser gemeinsames Ziel, durch Erhaltung einer prosperierenden Weltwirtschaft die Voraussetzungen dafür zu schaffen, daß die Lebensbedingungen der Menschen in den Ländern der Dritten Welt verbessert werden können, unterschreiben wir erneut. Wir werden es zielstrebig weiterverfolgen.

III.4

Absage an den Protektionismus

Bei einem Anteil des Exports und des Imports von jeweils zwischen 25 und 30 Prozent ist die Bundesrepublik wie kein anderes großes Industrieland von der Entwicklung der Weltwirtschaft und der Aufrechterhaltung eines freien Welthandels abhängig.

Zum Vergleich: Der Exportanteil liegt in den Vereinigten Staaten bei rd. 10 Prozent, in Japan bei rd. 15 Prozent und damit deutlich unter dem in unserem Land.

Der Welthandel bietet dem Beoachter ein verwirrendes Bild höchst unterschiedlicher Tendenzen:

- Bestrebungen um den Abbau von Handelshemmnissen stehen neben Forderungen nach mehr Protektionismus.
- Vorschläge über mutige Zollsenkungen werden zugleich mit Plänen für den stärkeren Schutz bestimmter Industriesektoren erörtert.
- Die Förderung des eigenen Exports hindert so manches Land nicht, gleichzeitig Aktionen zur mehr oder weniger subtilen Behinderung fremder Ausfuhren zu verlangen.
- Es mehren sich die Stimmen, die statt des »freien Handels« den »fairen Handel« fordern und die statt des »weltoffenen Handelssystems« die »Organisation des Handels« befürworten.

Allen offenen und verdeckten protektionistischen Tendenzen muß entschieden entgegengetreten werden, wenn die Freiheit des Welthandels aufrechterhalten bleiben soll.

Die Regierungen und Parlamente aller Länder, vor allem aber die der drei größten Welthandelspartner, nämlich der USA, Japans und der EG-Länder, haben eine besondere Verantwortung, diese Bemühungen mit Nachdruck zu unterstützen.

Erhebliche Sorgen bereitet mir deshalb auch die industriepolitische Entwicklung in der Europäischen Wirtschaftsgemeinschaft.

Die Zahl der Befürworter von protektionistischen, dirigistischen und interventionistischen Maßnahmen wird immer größer.

Ihr Erfindungsreichtum scheint grenzenlos.

Die Bundesregierung ist demgegenüber der Auffassung, daß die Anpassungsprobleme, die infolge der veränderten weltwirtschaftlichen Rahmenbedingungen unvermeidbar geworden sind, durch gemeinsame Anstrengungen auf Gemeinschaftsebene gelöst werden sollten, und zwar mit marktwirtschaftlichen Mitteln, d. h. unter Verzicht auf protektionistische und interventionistische Maßnahmen.

Einfuhrbeschränkende Maßnahmen sind kein geeignetes Instrument zur Überwindung der Strukturprobleme. Die EG als größte Handelsmacht mit starken Exportinteressen trägt eine entscheidende Mitverantwortung für den freien Welthandel.

Jede neue protektionistische Maßnahme kann den vielfach in der Welt verbreiteten Wachstumspessimismus nur noch verstärken.

Die Bundesregierung hat daher nur mit erheblichen Vorbehalten einfuhrregulierenden Maßnahmen im Stahl- und Textilsektor zugestimmt, um nationale Schutzmaßnahmen zu vermeiden und den Integrationsstand in der Europäischen Gemeinschaft aufrechtzuerhalten.

Sie wird sich jedoch mit Nachdruck dafür einsetzen,

- dem Subventionswettlauf Einhalt zu gebieten,
- den Liberalisierungsgrad im Welthandel zu erhalten,
- neue Eingriffe in den internationalen Warenaustausch zu verhindern
  und
- die vorübergehend eingeführten Beschränkungen möglichst bald wieder aufzuheben.

Es gibt nun in Brüssel Bestrebungen, über die für die besonders neuralgischen Sektoren beschlossenen Maßnahmen hinaus sektorenspezifische Lösungen für immer mehr Branchen zu suchen, und dies auch dann, wenn es sich nur um regionale Probleme handelt:

- Im Schuhsektor soll die Einfuhr kontrolliert und dann möglicherweise begrenzt werden.
- Im Papiersektor sollen die Kapazitäten verringert werden.
- Selbst für die Automobilindustrie spricht man von Überkapazitäten und der Notwendigkeit handelspolitischer Schutzmaßnahmen.
- Außerdem sollen Wachstumsindustrien identifiziert werden, um sie besonders zu fördern.

So würde eine Branche nach der anderen erfaßt und reglementiert.

Entsprechend wachsen die Personalanforderungen für eine zunehmende Gemeinschaftsbürokratie.

Die Strategie der Brüsseler Bürokratie ist dabei folgende:

- Zuerst Gespräche mit den betroffenen Branchen, die auf ihre Wettbewerbsprobleme hinweisen;
- dann Gespräche mit den Gewerkschaften, die Sorge um die Erhaltung der Arbeitsplätze haben;
- und schließlich Schutzmaßnahmen nach außen und sogenannte Umstrukturierungsmaßnahmen innerhalb der EG durch Subventionen aus dem Gemeinschaftshaushalt. Es ist nicht ausgeschlossen, daß es sich hier sogar um Erhaltungssubventionen handelt.

Dabei werden jeweils nur die punktuellen Probleme der spezifischen Branche gesehen.

Sosehr für diese Probleme durchaus Verständnis aufzubringen ist, so darf dies doch nicht dazu führen, daß durch eine Summierung von derartigen Brancheninterventionen die Leistungsfähigkeit der Gesamtwirtschaft davon in Mitleidenschaft gezogen wird. Dies ist nicht die Industriepolitik, die wir uns für Europa wünschen.

Die Wirtschaftspolitik darf nicht mehr und mehr in Branchenpolitiken aufgefächert werden, schon gar nicht, wenn diese Politiken eine interventionistische und protektionistische Tendenz haben.

Kern der europäischen Industriepolitik muß die Schaffung geeigneter Rahmenbedingungen für die Tätigkeit der Unternehmen in dem größeren, Gemeinsamen Markt sein.

Dies beginnt

- bei der Angleichung der den freien Warenverkehr immer noch in erheblichem Umfang beeinträchtigenden unter-

schiedlichen Rechts- und Verwaltungsvorschriften der Mitgliedstaaten
und geht
- über die Weiterentwicklung der europäischen Wettbewerbsordnung
bis hin
- zum Abbau steuer- und gesellschaftsrechtlicher Hindernisse für die Zusammenarbeit der Unternehmen über die nationalen Grenzen hinaus.

So, und nur so, kann die EG den Gemeinsamen Markt festigen und damit die Voraussetzungen für weitere Schritte auf dem Weg zu einem einigen Europa verbessern.

Die Bundesregierung hofft auf die Einsicht der deutschen Wirtschaftsverbände und Gewerkschaften, daß protektionistische und dirigistische Maßnahmen nicht dazu beitragen, die weltweit aufgetretenen konjunkturellen und strukturellen Probleme zu lösen, sondern sie im Gegenteil eher verschärfen.

Sie erwartet deshalb auch von allen Gruppen Unterstützung bei der von mir hier aufgezeigten Politik zur Erhaltung und zum Ausbau eines freien Gemeinsamen Marktes und einer freien Weltwirtschaft.

Protektionistische Maßnahmen werden weltweit mit dem *notwendigen* Schutz inländischer Arbeitsplätze begründet.

Welche Kurzsichtigkeit und welcher elementare Trugschluß hinter dieser Betrachtungsweise steckt, hat der Generalsekretär des GATT, Olivier Long, in nur einem Satz zusammengefaßt: »Regierungen, die protektionistische Tendenzen unterstützen, müssen damit rechnen, daß sie sozialen Frieden in Form von ökonomischer Ineffizienz und von Wachstumsverlusten erkaufen.«

Kürzer und treffender kann man es nicht ausdrücken. Protektionismus ist ein Bumerang; eigene Maßnahmen werden von den Handelspartnern mit noch größeren Gegenmaßnahmen beantwortet, mit der Konsequenz, daß zum Schluß keiner etwas gewinnt, aber alle viel verlieren.

Ich bezweifele sogar, ob dadurch auf Dauer sozialer Frieden erkauft werden kann.

Auf dem Londoner Gipfeltreffen haben die Staats- und Regierungschefs der westlichen Industriestaaten einander versprochen, eine Führungsrolle im Kampf gegen protektionistische Tendenzen und zur Stärkung des offenen Welthandels zu übernehmen.

Im Kommuniqué heißt es dazu: »Wir lehnen den Protektionismus ab.

Er würde die Arbeitslosigkeit verstärken, die Inflation vermehren und das Wohl unserer Völker mindern.«

Deshalb müssen die Regierungen der Industrieländer dem Protektionismus energisch entgegentreten.

Deshalb ist der Erfolg der derzeitigen GATT-Verhandlungen so wichtig.

Die Bundesregierung wird große Anstrengungen unternehmen, damit elementare Verbesserungen durchgesetzt werden können.

Es ist aber noch aus einem anderen Grund sehr wichtig, der Eskalation protektionistischer Maßnahmen Einhalt zu gebieten.

Eine Verschlechterung der internationalen Zusammenarbeit in der Handelspolitik hätte vor allem auch auf die Beziehungen zu den Entwicklungsländern verhängnisvolle Folgen.

Wir können die Glaubwürdigkeit des gegenwärtigen Weltwirtschaftssystems nur verteidigen, indem wir gegenüber den Entwicklungsländern eine Politik des guten Gläubigers vertreten.

Wir müssen ihnen die Chance einräumen, ihre Erzeugnisse auf unseren Märkten abzusetzen.

Die Bundesregierung sieht hier einen der besten Ansatzpunkte für eine wirtschaftlich sinnvolle Entwicklungspolitik, die über die Gewährung von Kapitalhilfe und technischer Hilfe hinausgehen muß.

Aber auch die Kapitalhilfe ist nicht frei von der Gefahr protektionistischer Eingriffe.

Ich meine die Auflage der Geberländer, das empfangene Geld wieder für Käufe im Geberland zu verwenden, die sogenannte Lieferbindung.

In wirtschaftlich schwierigen Zeiten werden alle Regierungen mit dieser Frage konfrontiert, und sie geben ihr oft – bedauerlicherweise – allzu leicht nach. Die Bundesregierung wird an dem Prinzip der Lieferungsgebundenheit wie in der Vergangenheit auch in Zukunft festhalten.

Es entspricht marktwirtschaftlichen Grundsätzen und erlaubt es den Entwicklungsländern, das für sie jeweils günstigste Angebot auszuwählen.

Lieferbindung droht außerdem dazu beizutragen, daß langfristig orientierte entwicklungspolitische Zielsetzungen der Entwicklungsländer zu kurz kommen, da die Hilfe dann oft nur an kurzfristigen konjunkturpolitischen Erfordernissen in den Geberländern ausgerichtet wird.

Eine allgemeine Lieferbindung gehört in die Schublade Protektionismus, und die sollte - wie gesagt - leerer, nicht voller werden.

KAPITEL IV

MARKTWIRTSCHAFTLICHE LÖSUNGEN FÜR UMWELT, LANDWIRTSCHAFT UND MITTELSTAND

»Grüne« wie »Rote« unterschätzen gleichermaßen das in der Marktwirtschaft angelegte Problemlösungspotential für jenseits der nackten Betriebskosten angesiedelte gesamtwirtschaftliche Schäden und Belastungen. Wenn Umwelt nicht länger als »freies« (kostenloses) Gut mißverstanden wird, sondern realistischerweise als ein Gut, das unter erheblichem Aufwand in Ordnung gehalten werden muß, lassen sich auch die damit verbundenen Kosten kalkulieren und ihrem Verursacher zurechnen.

Der marktwirtschaftlich orientierte Gesetzgeber der Bundesrepublik ist längst dazu übergegangen, durch Einbeziehung des Faktors Umwelt in den Kreis der öffentlich zu schützenden Güter die Umweltschäden nicht nur kalkulierbar und finanzierbar zu machen, sondern sie durch entsprechende Präventiv-Auflagen gar nicht erst entstehen zu lassen. Dies ist ein höchst instruktives Beispiel dafür, wie man ein System ändert, ohne es zu sprengen. Durch Einbeziehung bislang »exogener« Daten in die Marktpreisbewertung ist das »Verursacherprinzip« bereits in weiten Bereichen eingeführt.

Auch Landwirtschaftspolitik ist ein wesentlicher Bereich (vielleicht sogar der wichtigste) des Landschaftsschutzes.

Wenn wir wollen, daß unsere Kinder und Enkel noch Dörfer und Bauernhäuser, Äcker und Wiesen erleben, dann müssen wir für eine sichere Zukunft unserer Bauern sorgen und ihnen für ihren Dienst an unserer Umwelt etwas vergüten: eine Landschaftspflegeprämie. Aus dieser Sicht erscheint auch eine Umorientierung der Hochpreis-Agrarpolitik der EG, deren Widersinn in den wachsenden, von den Märkten nicht mehr zu absorbierenden Überschüssen sichtbar wird, möglich hin zu sinnvoller Einkommenspolitik und weg von sinnlos gewordenen Erzeugerpreisgarantien.

Die Erhaltung eines gesunden Mittelstandes ist für die Marktwirtschaft, ihr Funktionieren wie ihr Selbstverständnis unverzichtbar. In seinem zu Anfang des »deutschen Wirtschaftswunders« 1950 für die Bundesregierung verfaßten Gutachtens (Ist die deutsche Wirtschaftspolitik richtig?) schrieb der große liberale Ökonom Wilhelm Röpke: (Man muß) von der Einsicht (ausgehen), daß der moderne Großbetrieb eines der schwersten menschlichen und sozialen Probleme unserer Zivilisation darstellt. ...(und) daß die Undurchsichtigkeit des modernen Wirtschaftslebens, das der gemeine Mann in seiner unüberschaubaren Verästelung, in seinen eigentlichen Funktionen nicht mehr klar erkennt, nicht nur den echten Wettbewerb erschwert, sondern eine der tiefsten Quellen des heutigen sozialen Unbehagens sein dürfte, da nichts die Menschen so sehr verbittert wie das Gefühl, ein für dumm gehaltenes Objekt von undurchsichtigen Vorgängen zu sein, das man bequem ausbeuten kann – eine Analyse, der auch 30 Jahre danach nichts hinzuzufügen ist.

Umweltfeind Marktwirtschaft? Zum Verhältnis von Technologie, Umwelt und Wirtschaftsordnung

Die frühzeitige Beherrschung und wirtschaftliche Nutzung moderner Technologien ist für unsere hochindustrialisierte, in die Weltwirtschaft eingebundene Volkswirtschaft entscheidende Voraussetzung, um die hohen Lohnkosten zu verkraften.

In vielen Fällen ist diese Fähigkeit unser einziger Standortvorteil.

Es ist deshalb weder möglich noch wünschenswert, sich von der Dynamik der technischen Entwicklung in der übrigen Welt abzukoppeln.

Der technische Fortschritt vollzieht sich weltweit.

Ein Aussteigen würde angesichts der Exportabhängigkeit unserer Wirtschaft für den Wohlstand, die Wettbewerbsfähigkeit und die Beschäftigung katastrophale Auswirkungen haben.

Lange Zeit dachte man bei den Aufgaben der Schaffung und Erhaltung von Technologievorsprüngen vor allem an die Investitionsgüterindustrie, insbesondere an den Maschinenbau.

Aber auch Verbrauchsgüterindustrien sehen sich zunehmend vor der Notwendigkeit, moderne Fertigungstechnologien zu nutzen und neue technologieintensive Produkte zu entwickeln.

Man denke nur einmal daran, welche Entwicklungen sich in der Spielzeugindustrie durch den Einzug der Elektronik abzeichnen.

Die Schwellenländer unter den Entwicklungsländern sind bereits heute in der Lage, nahezu alle standardisierbaren Verbrauchsgüter zu sehr viel niedrigeren Kosten und zu konkurrenzfähigen Qualitäten anzubieten. Dennoch besteht kein

Anlaß zum Schwarzsehen. Immer wieder bilden sich neue Märkte für neue Produkte, schwenken ganze Branchen erfolgreich auf ein neues Tätigkeitsfeld um, entstehen ganz neue Industriezweige.

Findige Unternehmer entdecken immer wieder Marktnischen, die die volkswirtschaftlichen Experten nicht vorausgesehen haben.

Als Beispiel nenne ich nur den erstaunlichen Wandel in der Produktionsstruktur der Textilindustrie.

Die bisherigen Erfahrungen zeigen, daß Umstrukturierungen immer wieder notwendig sind, daß sich aber keine Branche selbst aufgeben muß.

Solange der technische Fortschritt, das wirtschaftliche Wachstum und der Strukturwandel wie in den fünfziger und sechziger Jahren steigenden Wohlstand, aber - per saldo - keine Beschäftigungsprobleme mit sich brachten, wurde der Zusammenhang von Wirtschaft und Technik überwiegend positiv gedeutet.

Erhebliche strukturelle Änderungen konnten bei Wachstumsraten des Sozialprodukts von real fünf und mehr Prozent ohne große Schwierigkeiten verkraftet werden.

Innovationen wurden allgemein als Beitrag zum Wachstum und zur Stärkung der Wettbewerbsfähigkeit begrüßt.

Die prosperierende wirtschaftliche Entwicklung hatte zu einem Grundkonsens geführt, bei dem technischer Fortschritt in hohem Grade mit gesellschaftlichem Fortschritt gleichgesetzt wurde.

Erst vor 10 Jahren etwa begann man das wirtschaftliche Wachstum prinzipiell in Frage zu stellen, was sich in den Forderungen nach Lebensqualität und qualitativem Wachstum niederschlug.

Die wirtschaftlichen Rahmenbedingungen haben sich mittlerweile in vielen Ländern der Welt in beträchtlichem Umfang geändert.

Die Nachfragestruktur hat sich gewandelt. Es gibt in einigen Bereichen der Konsumgüternachfrage unverkennbare Sättigungserscheinungen.

Alte Kapazitätsstrukturen stimmen daher mit der Nachfrage und den Anforderungen der Märkte nicht mehr überein.

Problemverschärfend kommt hinzu, daß die ausländische Konkurrenz zunimmt, und zwar:

1. von seiten der Industrieländer, insbesondere USA und Japan, die mit hochqualifizierten Produkten auf unseren Markt drängen;
2. von seiten der sozialistischen Länder, insbesondere bei rohstoffarmen Massengütern, aber auch bei Textilien und Bekleidung;
3. von seiten der Anschlußländer auf Gebieten qualifizierter, aber standardisierter elektronischer und optischer Gebrauchsgüter, aber auch im rohstoffnahen Bereich;
4. von seiten der Rohstoffländer, die mehr und mehr auch zur Veredelung übergehen.

Um in dieser Konkurrenzsituation auf Dauer zu bestehen, müssen wir vermehrt auf Forschung und Technik setzen.

Der Staat hat dafür zunächst günstige Rahmenbedingungen zu schaffen.

Soweit darüber hinaus staatliche Forschungsförderung erforderlich ist, kann und darf sie in einer pluralistisch angelegten Organisation der Forschung und Entwicklung nur in begrenztem Umfang inhaltliche Akzente setzen.

Die Förderung von Forschung und Entwicklung durch den Staat setzt eine sorgfältige Prüfung voraus, ob und inwieweit die Marktkräfte wirklich nicht ausreichen, um technologische Suchprozesse überhaupt in Gang zu setzen.

Nur wenn wegen der zu erwartenden wirtschaftlichen oder technologischen Risiken die Steuerung über den Markt nicht ausreichend funktioniert, gleichwohl ein hoher volkswirtschaftlicher Nutzen zu erwarten ist, sind staatliche Förderungsmaßnahmen zulässig.

Niemand wird in Frage stellen, daß eine qualitativ hochwertige, international anerkannte Grundlagenforschung ohne staatliche Förderung nicht möglich ist.

Günstige Forschungsbedingungen, die heute oft sehr aufwendigen Geräte und Arbeitsmaterialien und die notwendige Unabhängigkeit in Themenwahl und Forschungsmethode kann in dem erforderlichen Umfang wohl nur der Staat gewährleisten.

Er muß diese Aufgabe ernst nehmen.

Denn von den grundlegenden wissenschaftlichen Erkenntnissen, die heute gewonnen werden, hängen der technische Fortschritt und die wirtschaftliche Entwicklung von morgen und übermorgen ab.

Eine Vernachlässigung der Grundlagenforschung zugunsten einer einseitigen Förderung der mehr kurzfristig ausgerichteten angewandten Forschung und Entwicklung wäre gefährlich und würde sich langfristig rächen.

In der Bundesrepublik sind in erster Linie die Länder für die Förderung der Grundlagenforschung verantwortlich, da das Schwergewicht hier im Hochschulbereich liegt. Gleichwohl bin ich der Meinung, daß auch der Bund bei der Festlegung der Prioritäten innerhalb seines FuE-Budgets den hohen Stellenwert der Grundlagenforschung noch stärker berücksichtigen müßte und dafür durchaus die in vielen Fällen höchst problematische wirtschaftsnahe direkte Projektförderung zurückschrauben sollte.

In der Tat: Wenn wir uns dem Bereich der angewandten Forschung und der Entwicklung bei den Unternehmen zuwenden, kommt die Problematik staatlicher FuE-Förderung mit aller Deutlichkeit ins Blickfeld.

Wir müssen uns immer der großen ordnungspolitischen Probleme, die mit direkten Fördermaßnahmen verbunden sind, bewußt bleiben.

Die direkte, spezifische Zuwendung von Mitteln für konkrete Forschungs- und Entwicklungsaufträge durch den Staat gibt nur wenigen – vor allem großen – Unternehmen die Chance einer Förderung.

Zu befürchten sind Mitnehmereffekte, Wettbewerbsverzerrungen und unangebrachte Beeinflussung unternehmerischer Entscheidungen.

Vor allem bergen die Maßnahmen der direkten FuE-Förderung die große Gefahr des Strukturdirigismus in sich.

Niemand hat die Blaupause unserer zukünftigen Wirtschaftsstruktur im Kopf, am wenigsten staatliche Instanzen.

Der Markt ist nicht, wie immer behauptet wird, zukunftsblind.

Forschung, Entwicklung, das Aufspüren vermarktungsfähiger Technologien und ihre Umsetzung im Markt, das Agieren und Reagieren im strukturellen Wandel sind in unserer Wirtschaftsordnung vielmehr grundsätzlich Aufgaben der Unternehmen. Der strukturelle Wandel kann nicht vom Staat geplant werden.

Wer glaubt, durch Vorgabe und selektive Förderung bestimmter, angeblich zukunftsträchtiger Wirtschaftszweige die zukunftsorientierte Anpassung unserer Wirtschaft an die geänderten nationalen und weltwirtschaftlichen Rahmenbedingungen leisten zu können, befindet sich auf dem Holzweg.

Nicht der Staat, sondern die Unternehmen müssen den strukturellen Wandel meistern. Der Staat kann und darf ihnen diese Aufgabe nicht abnehmen, auch nicht durch Strukturdirigismus im Gewand direkter FuE-Förderung.

Sicher gibt es Projekte, etwa im Bereich der Energieversorgung, wo unumstritten ein konkreter gesamtwirtschaftlicher Bedarf besteht, die technischen und wirtschaftlichen Risiken und der notwendige Forschungs- und Entwicklungsaufwand aber so erheblich sind, daß selbst sehr große Unternehmen hier nicht alleine vorangehen können.

Eine direkte staatliche Projektförderung halte ich in solchen Fällen für zulässig, ja für notwendig.

Sie darf jedoch nicht uferlos in immer weitere Bereiche ausgedehnt werden, wo die zentralen Fördervoraussetzungen, nämlich konkreter gesamtwirtschaftlicher Bedarf und außergewöhnliche Risiken, nicht gegeben sind.

Ich halte deshalb künftig eine ausgewogenere Rollenverteilung zwischen direkter und indirekter Forschungs- und Entwicklungsförderung für notwendig.

Wir können es in vielen Bereichen gut den Unternehmen überlassen, wo und wie sie staatliche incentives für neue Forschungs- und Entwicklungsvorhaben nutzen.

Bei aller Notwendigkeit der Kritik an den Maßnahmen der direkten Projektförderung verkenne ich durchaus nicht, daß auch der Gegenpol, die unspezifische indirekte FuE-Förderung etwa durch steuerliche Regelungen ihre Probleme hat.

Wettbewerbsverzerrungen und Strukturdirigismus sind hier zwar nicht zu erwarten.

Dafür müssen wir uns hier mit dem Argument auseinandersetzen, der Anstoßeffekt solcher Fördermaßnahmen für zusätzliche Innovationsbemühungen sei kaum überprüfbar und oft gar nicht vorhanden.

Vielleicht sollten wir in Zukunft mehr den »dritten Weg«

beschreiten, indem wir indirekt-spezifisch fördern, das heißt, die technologischen Fördergebiete – wie z. B. Technologien zur Energieeinsparung – werden zwar abgegrenzt und vorgegeben, und dem Unternehmer bleibt es überlassen, wie er dann vorgeht; er braucht, um die Förderung zu bekommen, nichts von staatlichen Begutachtergremien genehmigen zu lassen.

Auf diese Weise erhalten relativ viele Unternehmen einen fühlbaren Anreiz zu Neuerungsanstrengungen.

Mitnehmereffekte und reine Gießkannenförderung werden jedoch weitgehend vermieden.

Einen weiteren Schwerpunkt künftiger forschungs- und technologiepolitischer Maßnahmen sehe ich vor allem in der Intensivierung des Technologietransfers.

Eine besser funktionierende Übertragung und Vermittlung wissenschaftlicher und technologischer Kenntnisse zwischen Hochschulen, Großforschungseinrichtungen und Unternehmen kann staatliche Fördermaßnahmen in anderen Bereichen zum Teil überflüssig machen.

Es sollte jedenfalls nicht länger hingenommen werden, daß das in diesen Institutionen vorhandene Wissen weiterhin nicht oder nur von Großunternehmen genutzt wird und daß mit staatlichen Mitteln nochmals Forschungs- und Entwicklungsarbeiten gefördert werden, die in Forschungseinrichtungen oder anderen Unternehmen schon erfolgreich durchgeführt worden sind.

Die bereits heute gut funktionierenden Beispiele, etwa aus dem Fachhochschulbereich in einigen Bundesländern, zeigen ganz deutlich, wie man hier vorgehen muß: Ortsnähe, Praxisorientierung und Verständlichkeit gerade für kleine und mittlere Unternehmen sind hier wesentliche Voraussetzungen.

Nun sind allerdings technischer Fortschritt, Forschung und Entwicklung ins Gerede gekommen, daß sie eine Reihe von wirtschaftlichen, sozialen und ökologischen Problemen mit sich bringen.

Der Sockel der bestehenden Arbeitslosigkeit gilt für viele als weitgehend technologiebedingt.

Das Wort vom Mikroprozessor als »Jobkiller« macht die Runde, obwohl sie sich m. E. in vielen Fällen als »Jobknüller« erwiesen haben.

Viele Arbeitnehmer fürchten, durch Rationalisierung und Automatisierung arbeitslos zu werden.

Andere rechnen damit, daß ihre unter erheblichen Anstrengungen erworbene berufliche Qualifikation durch die Einführung neuer Technologien entwertet wird.

Diese Befürchtungen dürften sich verstärken, wenn die Anwendung der Mikroelektronik mehr und mehr im Verwaltungs- und Dienstleistungssektor um sich greift.

Welche Bedeutung diese Ängste auch für tarifpolitische Auseinandersetzungen gewinnen können, zeigen die Entwicklungen im Bereich der Druckindustrie.

Ich finde, man sollte die Befürchtungen nicht überziehen und folgende 3 Punkte bedenken:

1. Jede technische Neuerung, vor allem wenn sie so buntschillernd ist wie die Mikroprozessoren, entfacht die Phantasie zu Gedankenspielen mit der Einleitung: »Was wäre, wenn ...«
   Es ist noch gar nicht so lange her, daß man vor der großen Arbeitsplatzvernichtung durch EDV-Anlagen gewarnt hat.
   Es war damals – das heißt vor 15 Jahren – unvorstellbar, daß die Einführung von EDV so viele Arbeitsplätze schaffen würde, wie es tatsächlich geschehen ist.
   Man konnte nicht voraussehen, zu welchen Zwecken die EDV später benutzt würde.
   Ein anderes Beispiel ist die Automation. Für das Jahr 1980 wurden vollautomatische Fabriken vorausgesagt.
   Der Mensch sollte an der einen Seite nur die Rohstoffe abliefern und auf der anderen Seite die fertigen Produkte abholen.
   Bisher hat man mir eine solche Fabrik noch nicht gezeigt.
2. Nicht alles, was technisch machbar ist, wird gewünscht.
   Nicht alles, was technisch machbar ist, kann bezahlt werden.
   Es ergibt deshalb keinen rechten Sinn, wenn man alles technisch Machbare zusammenstellt und als Lebensbedingungen der nahen Zukunft beschreibt.
   Deshalb läßt mich auch kalt, daß sogenannte Experten heute schon zu wissen vorgeben, daß im Zusammenhang mit den Mikroprozessoren rund 25 000 neue Produkte auf den Markt kommen sollen.

Ende 1979 hat DIE ZEIT einmal untersucht, was von dem eingetroffen ist, was die Futurologen vor 20 Jahren vorausgesagt haben.
Das Ergebnis: Die wichtigsten Trends unserer Tage wurden in den Prognosen allesamt nicht erkannt.
Weder wurde die Landung auf dem Mond prognostiziert noch die Energiekrise.
Aber bis 1967 schon sollten Wissenschaftler das Pflanzengrün synthetisch herstellen können, sollten Hafenbecken mit Hilfe von nuklearen Explosionen ausgehoben werden, sollten praktisch verwendbare Maschinen für die Übersetzung von Fremdsprachen zur Verfügung stehen, sollten Bohrungen bis zur Grenze zwischen Erdkruste und Erdinnern vorgetrieben werden und sollten Geschirrspüler in der Küche die Speisereste mit Ultraschall von Tellern und Töpfen entfernen.
Wie Sie wissen, ist auch heute - 13 Jahre später - das alles noch nicht Wirklichkeit.

3. Wir haben ein stabiles politisch-soziales System.
   Kein von technologischen Veränderungen Betroffener fällt ins Leere, ist hilfloses Opfer.
   Deshalb sollten wir dazu fähig sein, technisch-wirtschaftliche Wandlungen etwas gelassener zu betrachten, als das vor einigen Jahrzehnten angebracht war.

Zwei erst kürzlich vorgelegte Gutachten über die zu erwartenden Auswirkungen des technischen Fortschritts legen überzeugend dar, daß nicht mit bruchartigen Entwicklungen zu rechnen ist.

Vergessen wir nicht, daß unsere Gesellschaft in wenigen Jahrzehnten die Mechanisierung der Landwirtschaft und des Bergbaus, die Industrialisierung der Textilwirtschaft, die Einführung des Automobils, der Elektrizität und der Kunststoffwirtschaft verkraftet hat.

Bei den Arbeitsplatzverlusten der 70er Jahre spielte die Elektronik nur eine nachrangige Rolle.

Das arbeitsmarktpolitisch Problematische bei der Mikroelektronik könnte allerdings darin liegen, daß die Einsparungseffekte nicht gleichzeitig durch Expansionseffekte an anderer Stelle kompensiert werden, zumindest nicht im gleichen Land oder in der gleichen Region.

Dann würde sich die Frage stellen, wie die »Zeitlücke« zwischen den Einsparungs- und den Expansionswirkungen verkürzt werden könnte.

Es ist nicht auszuschließen, daß wir einmal uns Gedanken darüber machen müssen, wie die *Produkt*innovation kräftiger als die *Prozeß*innovation angeregt werden kann.

Auch die Umweltprobleme lassen sich nicht durch Verteufelung jedes weiteren technischen Fortschritts lösen.

Wir dürfen zwar nicht übersehen, daß der unüberlegte Einsatz von Technik bereits zu irreversiblen, bedrohlichen Schäden im Ökosystem geführt hat.

Die Schadstoffbelastung für den einzelnen, sei es durch Emission gefährlicher Gase in die Luft oder durch Einleitung von Chemikalien in die Gewässer oder durch Verwendung von Pestiziden in der Landwirtschaft, wird von ernst zu nehmenden Sachverständigen in vielen Fällen für unvertretbar hoch gehalten.

Mit Großtechnologien wie der Kernenergie kommen weitere ökologische Risiken auf uns zu.

Diese Bestandsaufnahme gilt es nüchtern anzuerkennen.

Ebenso nüchtern muß die Antwort auf die Frage gesucht werden, wie wir einerseits den benötigten technischen Fortschritt fördern, andererseits aber die Umweltbelastungen reduzieren wollen, die die Weiterentwicklung und vermehrte Anwendung von Technik mit sich bringt.

Zunächst einmal ist festzuhalten, daß eine Antwort mit ideologisch verstelltem Blick nicht zu finden ist.

Moldau und Wolga sind genauso verschmutzt wie Rhein und Seine.

Andererseits dürfen wir vom Markt nicht fordern, was er nicht leisten kann.

Die qualitative Beeinträchtigung von Umweltgütern läßt sich nicht in Marktwerten und Geldeinheiten ausdrücken und geht ohne besondere Vorbedingungen nicht in die Wirtschaftsrechnungen der Unternehmen und Haushalte ein.

Der Umweltschutz muß deshalb von außen in unser Wirtschaftssystem eingebaut werden.

Das ist auch ein Gebot der sozialen Gerechtigkeit.

Denn wir müssen klar erkennen, daß eine Abwälzung der Umweltkosten auf unbeteiligte Dritte, deren Lebensqualität verschlechtert wird, ohne daß sie sich dagegen wehren können, nichts anderes ist als eine sekundäre Verteilung der Realeinkommen zu Lasten der Allgemeinheit.

Es liegt nahe, nach dem Verursacherprinzip vorzugehen und dem die Kosten anzulasten, der die Umweltbelastung veranlaßt hat.

Die Liberalen haben sich hierfür mit Nachdruck eingesetzt, als noch niemand von den »Grünen« redete.

In den Freiburger Thesen von 1971 wird ganz klar gefordert, daß die Kosten der Umweltbelastung grundsätzlich nach dem Verursacherprinzip aufgebracht werden.

Denn die Kosten des Umweltschutzes sind Kosten der Produktion und des Verbrauchs.

Wer die Ressource »Umwelt« - ob als Produzent oder als Verbraucher - in Anspruch nimmt, muß dafür so selbstverständlich wie für jeden anderen Rohstoff auch bezahlen.

Ich möchte hier nicht zu den einzelnen Maßnahmen Stellung nehmen, die schon praktiziert werden oder noch in Vorbereitung oder in der Diskussion sind.

Umweltprobleme sind Querschnittsprobleme.

Sie lassen sich nicht einzelnen wissenschaftlichen Disziplinen und Ressorts zuordnen.

Sie müssen regional, national und supranational angegangen werden.

Umweltprobleme sind Ergebnisse von gesellschaftlichen Wert- und Zielvorstellungen, auf die der Staat nur begrenzten Einfluß haben kann.

Es ist jedoch nicht zu übersehen, daß das Gebot der Umweltverträglichkeit von Erzeugnissen oder Verfahren in unserer Gesellschaft auf dem Weg ist, einen ähnlich hohen Rang zu erlangen, wie die Gebote der sozialen Gerechtigkeit, der technischen Zuverlässigkeit und der Meinungsfreiheit.

Mit dieser Entwicklung bekommen die Politiker eine größere Handlungsfreiheit, da die Bürger eher bereit sind, Kosten, Auflagen, Gebote und Verbote williger als früher in Kauf zu nehmen.

Für die Lösung der Umweltprobleme spielen neue Technologien eher eine wichtige Rolle.

So läßt sich z. B. die Schadstoffemission der bei uns vorhandenen, technisch oft überalterten Kohlekraftwerke nachhaltig nur durch den Bau neuer Kraftwerke mit gänzlich neuen Verfeuerungstechniken reduzieren, die obendrein mit einem höheren Wirkungsgrad arbeiten.

Dieses Beispiel macht auch deutlich, daß vielfach eine positive Verbindung von umwelttechnischem und wachstumsorientiertem technischen Fortschritt und ein enger Zusammenhang zwischen der Art der Umweltschutzmaßnahme und den Auswirkungen auf das Wachstum besteht.

Die generelle Hypothese von der wachstumsdämmenden Umweltpolitik geht in der Regel von »einfachen« Beseitigungsanlagen wie Kläranlagen oder Filtern aus; integrierte Vermeidungsmaßnahmen eröffnen jedoch andere Perspektiven.

Es besteht durchaus die Möglichkeit, Umweltschutzanforderungen durch Auflagen- oder Abgabensysteme als Anstoß für Prozeßinnovationen zu nutzen, die die umweltschutzbedingten Steigerungen des Anlagekapitals durch Outputerhöhungen überkompensieren.

Ja, einer Volkswirtschaft, die sich frühzeitig dafür interessiert, kann der Umweltschutz sogar eine »technologische Vorsprungrente« verschaffen.

Die Intensivierung des technischen Fortschritts durch den Umweltschutz führt zur Verwendung neuer Rohstoffe, zur Erhöhung des Outputs bei gegebenem Rohstoffeinsatz, zur Reduzierung von Abfallmengen durch Recycling, zur Rohstoffeinsparung usw.; sie schafft daher neue Wachstumsspielräume.

Ganz allgemein möchte ich zum Verhältnis von Umweltschutz und Wirtschaftswachstum sagen:

Wirtschaftswachstum ist grundsätzlich durch die natürlichen Ressourcen begrenzt.

Ein *umweltpolitisch ungesteuertes* Wachstum stößt an ökologische Grenzen, da es selbst negative Effekte bei der Allgemeinheit hervorbringt und zu einer vorschnellen Ausschöpfung von Ressourcen führt.

Nicht erst der Umweltschutz schafft hier also Schranken.

Er macht nur auf sie aufmerksam und sorgt dafür, daß sie im unternehmerischen Kalkül berücksichtigt werden.

Gewiß ist diese Grenze nicht exakt bestimmbar.

Wir haben aber mittlerweile Beispiele genug, wo die Übernutzung der Ressourcen regional das Wirtschaftswachstum praktisch zum Erliegen gebracht hat.

Ein umweltpolitisch gesteuerter Prozeß läßt die Grenzen dagegen ökonomisch früher hervortreten, da er sie bereits vorsorglich in Kostenkategorien übersetzt und damit auch als Expansionshemmnis wirksam werden läßt.

Umweltpolitik ist daher von grundlegender strukturpolitischer Bedeutung; sie zwingt zu einer rascheren Anpassung an ökologische Rahmenbedingungen und bewirkt eine Änderung in der Zusammensetzung des Sozialprodukts.

Sie führt dabei gegenüber einer »Umweltnutzung zum Nulltarif« zu einer effizienteren Allokation der Produktionsfaktoren, da sie die durch das Auseinanderfallen volkswirtschaftlicher und privater Kosten vorhandenen Preisverzerrungen beseitigt oder zumindest die Diskrepanzen mindert.

Umweltpolitik ist, wenn sie verursachergerecht vorgeht, daher durchaus wachstumspolitisch konform.

Sie ist wichtiger Teil der Wirtschaftspolitik.

Joseph Schumpeter hat den technischen Fortschritt als »Prozeß der schöpferischen Zerstörung« bezeichnet.

Mit dieser Formulierung hat er sehr treffend die Ambivalenz der Technik ausgedrückt: Schöpfertum, Beseitigung des Mangels auf der Welt durch fortschreitende Naturbeherrschung und Güterproduktion auf der einen Seite, Zerstörung alter sozialer und natürlicher Strukturen, schädliche Auswirkungen und erhöhte Risiken auf der anderen Seite.

Weder naive Fortschrittsgläubigkeit in die technische »Machbarkeit« von allem und jedem, noch radikale Ablehnung jeden technischen Fortschritts helfen deshalb weiter.

Für viele, wohl für die meisten ist die technische Entwicklung zwiespältig, positiv und negativ zugleich.

Ich meine daher, es müßte in unserer Gesellschaft eine weitgehende Einigkeit über folgendes zu erreichen sein:

Die technische Entwicklung sollte nicht gestoppt werden, sondern so gesteuert werden, daß sie den Bedürfnissen der Menschen besser entspricht.

Ein Konsens müßte auch darüber herzustellen sein, daß die Steuerung der technischen Entwicklung über den Marktmechanismus einerseits die entscheidende Voraussetzung für die unstrittigen Vorteile des technischen Fortschritts ist, andererseits dadurch aber auch negative Folgen wie z. B. Umweltbelastungen entstehen, die eine Ergänzung der Steuerung durch staatliche Rahmensetzungen nötig machen.

Wenn das Automobil durch Lärm und Abgase dazu beiträgt, daß immer mehr Familien aus der Stadt fliehen, ist es Aufgabe des Staates, durch Festlegung von Höchstgrenzen für Lärm und Abgase die Entwicklung leiser, umweltfreundlicher Automobile zu stimulieren und damit die unbeabsichtigten negativen Folgen des technischen Fortschritts zu verringern. Wenn Schadstoffemissionen aus Industriebetrieben die Menschen, die in der Nähe wohnen, über Gebühr belästigen oder gar gesundheitlich gefährden, muß der Staat Rahmenbedingungen setzen, die das verhindern.

Wenn Flüsse als kostenlose »Kläranlagen« mißbraucht werden, muß der Staat einschreiten und diese Form der Abwasserbeseitigung so teuer machen, daß sie unterbleibt.

Generell meine ich:

Es ist besser und ökonomisch rationeller, eine Umweltbelastung direkt an ihrer Quelle zu erfassen und einzudämmen, als durch aufwendige Maßnahmen des passiven Umweltschutzes, die zudem vielfach neue Umweltbeeinträchtigungen darstellen, lediglich an den Symptomen herumzukurieren.

In unserer Gesellschaft dürfte auch weitgehend Übereinstimmung darüber herrschen, daß die Steuerung der technischen Entwicklung nicht etwa allein auf zentrale staatliche Instanzen übergehen sollte.

Im Gegenteil, es würde die Dinge nur verschlimmern, wenn wir an die Stelle der Steuerung des technischen Fortschritts durch den Markt einseitig die Steuerung durch Beamte setzen wollten.

Denn dem »Versagen des Marktes«, alle negativen Folgen des technischen Fortschritts von sich aus zu vermeiden, steht ein entsprechendes »Staatsversagen« gegenüber.

Hat nicht der Staat zum Beispiel selbst durch die Art des Straßenbaus und die Bauleitplanung in den Städten entscheidend dazu beigetragen, daß Automobile in vielen Fällen die Urbanität zerstören konnten?

Ich bin deshalb der Meinung, daß Markt *und* Staat bei der Steuerung der technischen Entwicklung zusammenwirken sollen.

Ordnungspolitisch von entscheidender Bedeutung ist dabei allerdings die Frage, in welchem Ausmaß der Staat an der Steuerung beteiligt sein sollte.

Für eine stärkere Staatsbeteiligung treten gegenwärtig vor allem jene ein, die der Auffassung sind, daß die Wirtschaft der Bundesrepublik die Probleme der veränderten nationalen und weltwirtschaftlichen Rahmenbedingungen, auf die ich bereits näher eingegangen bin, allein nicht lösen könne.

Erforderlich sei heute die Entwicklung neuer Produkte und nicht mehr nur die Verbesserung alter Güter und Verfahren.

Private Unternehmen hätten jedoch eine verständliche Vorliebe für die risikoärmere Strategie der Verbesserung alter Produkte.

Es sei daher zu befürchten, daß die riskantere Entwicklung neuer Produkte, die im In- und Ausland neue Märkte schaffen, in unzureichendem Maße erfolgt.

Staatliche Forschungs- und Technologiepolitik müsse daher diese Lücken ausfüllen, Bereiche mit unbefriedigendem Bedarf aufspüren und vorgeben und technische Neuerungen hier in erster Linie direkt fördern.

Auch die Umweltprobleme seien nur durch mehr Staat und verstärkte Vorgabe fixer Umweltstandards zu lösen.

Eine derart einseitige Strategie halte ich für verfehlt, weil sie die Gefahr besonders großer und nicht revidierbarer Fehlinvestitionen heraufbeschwören würde.

Risiko ist jeder Innovation immanent und darf nicht per se zum Ruf nach dem Staat führen.

Ohne Risikobereitschaft der Unternehmen kann der Innovationsprozeß – ob mit oder ohne staatliche Unterstützung – nicht funktionieren.

Stets werden sich viele der eingeschlagenen Wege letztlich als Sackgassen herausstellen.

Daher ist es wichtig, daß es viele voneinander unabhängige Versuche gibt.

Wenn der Staat mit massivem finanziellen Einsatz lediglich wenige Schwerpunkte der Entwicklungsbemühungen festlegen würde, entzöge er damit Ressourcen für eine Vielzahl unabhängiger privater Entwicklungsansätze.

Die Zahl der Neuerungsbemühungen würde insgesamt erheblich verringert, und es würden sich nicht genügend erfolgversprechende Märkte für neue Güter und Produktionsverfahren herausbilden.

Mit meinen Ausführungen wollte ich vor allem deutlich machen, daß für den Wirtschaftspolitiker Forschung, Umwelt und Wirtschaftsordnung keine disparaten Begriffe, sondern verschiedene, aber eng miteinander verwobene Politikbereiche sind.

Umweltpolitische Maßnahmen dürfen nicht isoliert geplant, sondern müssen auf ihre Verträglichkeit mit den grundlegenden Prinzipien unserer Wirtschaftsordnung hin geprüft werden.

IV.2

Von der Agrarpreis- zur landwirtschaftlichen Förderpolitik

Inner- und außerhalb der Landwirtschaft kommt von Zeit zu Zeit die Forderung hoch, den Gemeinsamen Agrarmarkt und die Gemeinsame Agrarpolitik abzuschaffen und zu nationalen Regelungen zurückzukehren. Ich halte dies für eine politische Torheit. Die Gemeinsame Agrarpolitik war eine entscheidende Voraussetzung für die Schaffung der Zollunion auf dem gewerblichen Sektor. Sie ist zur Sicherung der Ernährung von 260 Millionen Europäern und nicht zuletzt zur sozialen Absicherung von mehr als 8 Millionen europäischen Landwirten und ihren Familien unverzichtbar.

Wer sich dazu bekennt, muß allerdings auch bereit sein, in Teilbereichen die Weichen neu zu stellen, wenn der Zug auf ein falsches Gleis geraten ist.

Ich möchte noch ein weiteres klarstellen: Wenn ich den Agrarbereich aus der Sicht des Bundeswirtschaftsministers beleuchte, so will ich damit keineswegs in den Kompetenzbereich des Landwirtschaftsministers eindringen.

Josef Ertl hat für die deutsche Landwirtschaft in zehn langen und anstrengenden Dienstjahren Hervorragendes geleistet. Maßgeblich hat er die nationale und europäische Agrarpolitik geprägt.

In manch langer Verhandlungsnacht hat er in Brüssel die deutschen Interessen verteidigt – eine Leistung, die nur derjenige ganz zu würdigen weiß, der das Interessengeflecht und das Bürokratiedickicht in Brüssel aus eigener Erfahrung kennt.

Die Leistungen, die die deutsche Landwirtschaft mit tatkräftiger Unterstützung ihres Landwirtschaftsministers erbracht haben, können sich sehen lassen:

Noch nie in der deutschen Geschichte ist der Verbraucher

so reichlich und so sicher mit Nahrungsmitteln versorgt worden wie in den letzten Jahren.

Dabei wird das Angebot an Nahrungsmitteln immer vielfältiger und entspricht in hohem Maße den strengen gesundheits- und umweltrechtlichen Anforderungen, die ein moderner Industriestaat stellen muß.

Ich verstehe sehr wohl, daß ein Stillstand oder Rückgang der landwirtschaftlichen Erzeugerpreise von den Landwirten mit gemischten Gefühlen zur Kenntnis genommen wird, scheint er doch für die Produzenten Einkommensverluste mit sich zu bringen.

Aber dies scheint eben bisweilen nur so. Sinkende Erzeugerpreise können aber sehr wohl mit steigenden Einkommen – im Wirtschaftsjahr 1977/78 war dies der Fall – vereinbar sein.

Die Erzeugerpreise sind ja nur einer von mehreren Faktoren, die das landwirtschaftliche Einkommen bestimmen.

Preisrückgänge gehen nicht selten mit steigenden Verkaufsmengen einher.

Des weiteren erhöhen Produktivitätsfortschritte – also durch die Unternehmerleistung eingeführte neue Produktionsverfahren und vorgenommene Umstrukturierungen der Betriebe das individuelle landwirtschaftliche Einkommen.

Dasselbe gilt auch für den Fall, daß die Betriebsmittelpreise hinter der Entwicklung der Erzeugerpreise zurückbleiben.

Die Diskussion über das landwirtschaftliche Einkommen nimmt verständlicherweise einen großen Teil der gesamten agrarpolitischen Diskussion ein.

Dabei fällt mir auf, daß häufig mit wenig aussagekräftigen Daten einzelner guter oder schlechter Jahre argumentiert wird.

In einem Wirtschaftszweig, der so eng von der Witterung abhängt, ermöglicht erst die längerfristige Betrachtung der Agrareinkommen ein zutreffendes Bild über die Einkommenslage der Landwirtschaft und ihre Entwicklung.

Darüber hinaus meine ich, daß sich ein Vergleich der Einkommenssituation innerhalb und außerhalb der Landwirtschaft nicht nur auf das statistisch erfaßbare Geldeinkommen beschränken darf.

Unterschiedliche Steuer- und Soziallasten, die Sicherheit des Arbeitsplatzes, die Selbständigkeit im Berufsleben, die Umwelt am Arbeitsplatz, all dies sind Faktoren, die natürlich in einen solchen Einkommensvergleich einbezogen werden und auch in der politischen Diskussion nicht vernachlässigt werden sollten.

Hinzu kommt, daß zwischen den verschiedenen Betriebsgrößen, Betriebsformen und Regionen nicht unerhebliche Einkommensunterschiede bestehen.

Wenn man alle diese Aspekte berücksichtigt, stellt sich die Einkommenslage der deutschen Landwirtschaft und ihre Entwicklung nicht so ungünstig dar, wie das bisweilen gesagt wird. Gewiß könnte es der Landwirtschaft noch besser gehen, sicher ist aber auch, daß es ihr schon erheblich schlechter gegangen ist.

Diese Einschätzung wird auch durch einen Blick auf die Investitionstätigkeit in der Landwirtschaft bestärkt.

In den letzten Jahren ist der Umfang der Bruttoanlageinvestitionen in der Landwirtschaft durchweg stärker als im Durchschnitt der übrigen Wirtschaft gestiegen.

Während die gesamtwirtschaftliche Investitionsquote in der letzten Rezession spürbar zurückgegangen ist und sich erst 1978 etwas erholt hat, ist der Anteil der landwirtschaftlichen Investitionen am Sozialprodukt kontinuierlich gestiegen.

Die Landwirtschaft hat mit ihrer Investitionstätigkeit die Konjunktur wirksam gestützt. Der Bundesminister für Wirtschaft begrüßt das dankbar.

In einem dicht besiedelten Industriestaat wie der Bundesrepublik Deutschland kommt den ländlichen Räumen eine zunehmende Bedeutung als Erholungsraum für die städtische Bevölkerung und als ökologischer Ausgleichsraum zu.

Die Landwirtschaft hat sich der Aufgabe gestellt, diese Räume funktionsfähig zu erhalten und die Landschaft als Kulturlandschaft zu bewahren.

Sie erfüllt damit eine nicht zu unterschätzende Dienstleistung für die städtische Bevölkerung.

Auch für den Bundesminister für Wirtschaft ist die tatsächliche Bedeutung der Landwirtschaft größer, als sie im zahlenmäßigen Anteil am Bruttosozialprodukt zum Ausdruck kommt.

Gerade wegen dieser gesamtwirtschaftlichen Bedeutung, die ich der Landwirtschaft beimesse, sehe ich mit Sorge Entwicklungen, die die Position der Landwirtschaft auf Dauer erschüttern können.

Diese Entwicklungen laufen nicht außerhalb, sondern innerhalb des Agrarsektors ab und spitzen sich in jüngster Zeit zu.

Ich meine die Situation auf den Agrarmärkten. Bei Milch, Butter und Magermilchpulver, Zucker, Wein und Weizen übersteigt das Angebot in der EG Jahr für Jahr die Nachfrage. Bei diesen Produkten haben wir erhebliche strukturelle Überschüsse.

Bei anderen Produkten, wie Schweine-, Rind- und Geflügelfleisch oder bestimmten Obst- und Gemüsesorten, ist gegenwärtig ein Angebotsdruck spürbar, von dem sich noch nicht eindeutig sagen läßt, ob er nur temporär ist oder den Anfang ständiger Angebotsüberschüsse darstellt.

Besonders kritisch entwickelt sich die Lage auf dem Milchmarkt.

Im mehrjährigen Durchschnitt hat sich die Produktion von Butter und Magermilchpulver um 4 bis 5 Prozent pro Jahr erhöht und übersteigt immer mehr den Verbrauch.

Die Mehrproduktion fließt fast vollständig in die Interventionsläger, deren Bestände sich Jahr für Jahr erheblich erhöhen.

Allein durch diesen Produktionsanstieg werden die Kosten der Milchmarktordnung weiter kräftig ansteigen, so daß 1980 dafür rd. 12 Milliarden DM aufgebracht werden müssen.

Auch bei anderen Produkten werden nach allen Prognosen der nationalen und internationalen Experten die Marktprobleme eher größer als kleiner.

Der bevorstehende politisch wünschenswerte Beitritt der Mittelmeerstaaten Griechenland, Spanien und Portugal bringt die Gefahr weiterer Überschußprobleme mit sich, vor allem bei typischen Mittelmeerprodukten wie Wein, Olivenöl, Obst und Gemüse.

Ich sehe in den strukturellen Überschüssen auf den wichtigsten Agrarmärkten der EG die schwerwiegendsten Probleme, die auf die Landwirtschaft zukommen.

Wenn das Marktgleichgewicht auf Dauer gestört bleibt,

sind auch die Marktordnungen in ihrer jetzigen Form und damit die Einkommenssicherung der Landwirtschaft gefährdet.

Dafür gibt es eine Reihe von Gründen: Die Ausgaben des Europäischen Garantiefonds betrugen 1979 bereits 24 Milliarden DM, von denen fast 40 Prozent allein zur Finanzierung des Milchmarktes dienen.

Stündlich kostet der Milchmarkt den europäischen Steuerzahler mehr als eine Million DM.

Diese Kostenbelastung ist dem Steuerzahler immer schwerer klarzumachen.

Die Marktordnungsausgaben nehmen rd. 70 Prozent des gesamten EG-Haushalts in Anspruch.

Für andere Bereiche, in denen die EG ebenfalls vor großen Problemen und Zukunftsaufgaben steht – ich nenne hier beispielhaft die Beschäftigungsprobleme in bestimmten Regionen und Industriezweigen, die Energieversorgung, die EG-Erweiterung und nicht zuletzt die Entwicklungspolitik –, stellen sich größere finanzielle Anforderungen an den EG-Haushalt.

Dabei kommt für die Bundesregierung eine Erhöhung der Eigenmittel der EG, z. B. durch eine höhere Beteiligung am nationalen Umsatzsteueraufkommen, nicht in Betracht.

Denn dies wäre ja für den einzelnen Bürger mit höheren Steuern, weniger öffentlichen Leistungen oder erhöhter Inflationsgefahr in seinem Heimatstaat verbunden.

Der Finanzbedarf für neue und wichtige Aufgaben der EG muß in erster Linie durch Einsparungen und eine Umstrukturierung des EG-Haushalts gedeckt werden.

Hierin sind wir uns mit den meisten EG-Partnern einig.

Darüber hinaus kommt der Garantiefonds vor allem den Ländern zugute, in denen die größten Agrarüberschüsse produziert werden. Dies sind überwiegend die leistungsfähigsten Länder der EG.

Dieser Sachverhalt stößt in den wirtschaftsschwächeren Ländern auf Unverständnis und fördert eine nicht selten anzutreffende ablehnende Einstellung gegenüber der EG.

Eine Umstrukturierung des EG-Haushalts wird deshalb dort vehement und mit erheblichem politischen Druck gefordert.

Unsere Argumentation dagegen wird angesichts der genannten Fakten zunehmend schwieriger.

Die finanziellen Belastungen aus der gegenwärtigen und zu erwartenden Überproduktion im Agrarbereich bergen deshalb sowohl innenpolitisch als auch zwischen den EG-Ländern Sprengstoff, der sich leicht zu Lasten der Landwirtschaft entladen kann.

Die Landwirte als die Betroffenen und die politisch Verantwortlichen sollten deshalb mit allen Mitteln versuchen, zu mehr Ausgeglichenheit auf den EG-Agrarmärkten zu kommen.

In fast allen anderen Wirtschaftszweigen führt Überschußproduktion so lange zu Preissenkungen, bis das Gleichgewicht zwischen Angebot und Nachfrage erreicht ist.

Wegen der Besonderheiten der Landwirtschaft denkt daran niemand.

Aber es liegt im wohlverstandenen Interesse der Landwirtschaft selbst, unter anderem Zurückhaltung bei den Forderungen auf preispolitischem Gebiet zu üben, vor allem bei Überschußprodukten.

Die Produktion von Agrarüberschüssen belastet auch die Handelsbeziehungen gegenüber den Ländern außerhalb der EG.

Ein Pfeiler des Gemeinsamen Marktes ist das Prinzip der Gemeinschaftspräferenz.

Agrarprodukte, die in der EG erzeugt werden, genießen Schutz vor Importen durch variable Einfuhrbelastungen.

Mit wachsender EG-Produktion und Annäherung an die 100prozentige Selbstversorgung wurde dieser Außenschutz laufend erhöht.

Traditionelle Agrarexportländer wie z. B. Australien oder Neuseeland haben auf diese Weise ihre Märkte in den EG-Mitgliedstaaten weitgehend verloren, zunehmend exportfähigen Ländern der Dritten Welt wird der Zugang zu den EG-Märkten dadurch erschwert.

Die zum Teil mit einzelnen Ländern, zum Teil mit ganzen Staatengruppen abgeschlossenen Präferenzabkommen können – so positiv sie auch zu bewerten sind – diese Beeinträchtigung des Handelsverkehrs nicht ausgleichen.

Trotzdem akzeptieren die meisten unserer Handelspartner

das Prinzip der Gemeinschaftspräferenz, soweit ihnen dadurch der Marktzugang nicht vollständig verwehrt wird.

Ich habe eben das Stichwort »Selbstversorgung« erwähnt.

Was liegt – so fragen uns viele Bürger – angesichts dieser Situation näher, als unsere Überschüsse an die Länder der Ditten Welt weiterzugeben, die noch über Jahre hinweg gegen Hunger und Unterversorgung kämpfen müssen?

Über einen Punkt sind wir uns sicher alle einig: Solange die Entwicklungsländer sich weder quantitativ noch qualitativ ausreichend mit Nahrungsmitteln aus der eigenen Produktion versorgen können – und alle ihre Anstrengungen in dieser Richtung erweisen sich angesichts des Bevölkerungszuwachses allzuoft als Sisyphusarbeit –, müssen verfügbare Agrarerzeugnisse aus den Industrieländern im Rahmen der Nahrungsmittelhilfe eingesetzt werden.

Dabei dürfen allerdings – und dies ist aus der Sicht des Wirtschaftsministers besonders wichtig – weder die im Aufbau befindlichen örtlichen Produktionen noch die internationalen Handelsbeziehungen gestört werden.

Zur humanitären Hilfe sagen wir uneingeschränkt ja.

Es wäre allerdings unredlich, unsere Überschußprobleme unter dem Deckmantel der humanitären Hilfe lösen zu wollen.

In letzter Zeit häufen sich die Forderungen, durch zusätzliche Einfuhrbeschränkungen, z. B. für Soja oder Tapioka, die Marktprobleme in der EG zu lösen.

Dadurch soll erreicht werden, daß mehr Futtergetreide und Magermilchpulver aus der EG in der Veredlungswirtschaft verfüttert werden.

Man verspricht sich dadurch eine Lösung der Überschußprobleme sowohl für den Getreide- als auch für den Milchmarkt.

Ich halte die künstliche Verteuerung und Verdrängung der Getreidesubstitute nicht für die Patentlösung, für die sie vielfach angesehen wird.

Der Austausch billiger Importfuttermittel durch teures EG-Futtergetreide und Magermilchpulver würde die Veredlungswirtschaft empfindlich treffen.

Wegen der Verteuerung des Futtermitteleinsatzes würde das Einkommen der Schweine-, Geflügel-, Rindfleisch- und

Milchproduzenten von der Kostenseite her stark geschmälert werden.

Denn der Markt erlaubt eine Überwälzung der gestiegenen Futterkosten auf die Verbraucher nicht, und sie wäre auch stabilitätspolitisch unerwünscht.

Nicht ausreichend beachtet werden die schwerwiegenden Folgen einer solchen agrarprotektionistischen Maßnahme im Außenhandelsbereich: Die weitere Belastung des schon überaus gespannten Verhältnisses der EG zu den Entwicklungsländern, die Beeinträchtigung unserer ersten Kooperationsbemühungen zu den Ländern der ASEAN-Gruppe, die Verschärfung der Devisen-, Entwicklungs- und Sicherheitsprobleme Thailands, die negativen Rückwirkungen auf die amerikanischen Soja-Exporte.

Ich stimme Josef Ertl uneingeschränkt zu, daß der freie Import von Soja, Tapioka und ähnlichen Substituten nicht eingeschränkt werden sollte.

Auch ich halte es für richtiger, bei den Hauptlieferanten, u. a. den USA, darauf zu dringen, daß sie mehr mit Hilfe dieser Substitute produzierte Veredlungsprodukte aus der Gemeinschaft abnehmen.

Ich bin bereit, mich dafür ebenso aktiv einzusetzen, wie ich dies getan habe, als die USA ankündigten, sie würden ab Januar 1979 nicht mehr auf die Erhebung von Ausgleichszöllen für subventionierte EG-Agrarprodukte verzichten.

Mittlerweile hat Präsident Carter auch die Zustimmung des amerikanischen Kongresses zu einem neuen Waiver, wie dieser Verzicht auf Ausgleichszölle genannt wird, erhalten.

Ähnlich wie bei Tapioka stellt sich aus meiner Sicht das Problem der Neuseeland-Butter oder des AKP-Zuckers.

Wenn wir diesen Ländern den Zugang zu ihren z. T. traditionellen europäischen Märkten vollständig sperren, müssen sie statt dessen ihre Produkte auf den Weltmärkten anbieten.

Dadurch würden Butter und Zucker der EG vom Weltmarkt verdrängt oder nur mit noch höheren Erstattungen als gegenwärtig exportiert werden können.

Für die Lösung unserer Überschußprobleme wäre damit nichts gewonnen.

Im Gegenteil: Im Außenwirtschaftsbereich entstünden zusätzliche Probleme.

Nachdem bei vielen Agrarprodukten der Selbstversorgungsgrad bereits über 100 Prozent liegt, stellt sich auch das Problem der Verwertung der Überschüsse.

Die EG-Kommission geht immer mehr dazu über, die Märkte durch subventionierte Ausfuhren zu entlasten.

1978 hat sie über 8 Milliarden DM, das sind fast 25 Prozent ihres gesamten Haushalts, aufwenden müssen, um nicht konkurrenzfähige Agrarprodukte auf dem Weltmarkt absetzen zu können.

Bei den wichtigsten Überschußprodukten beträgt die Ausfuhrsubvention zwischen 60 und 70 Prozent des Interventionspreises.

Diese Politik der EG stößt bei vielen unserer Handelspartner auf Unverständnis und löst teilweise Verbitterung aus.

Denn auf diese Weise bedroht die EG die Märkte, auf die die Drittländer ausgewichen sind.

In deren Erschließung haben sie nicht wenig Mühe und Kapital investiert, nachdem ihnen die EG den Zugang zu ihren traditionellen europäischen Märkten erschwert und unmöglich gemacht hat.

Ich sehe mit Besorgnis diese Entwicklung und spüre bei meinen Gesprächen mit ausländischen Politikern immer stärker den Unwillen und die Ungeduld der betroffenen Länder.

Daß diese Länder handelspolitische Gegenmaßnahmen ergreifen, ist nicht mehr auszuschließen.

Australien und Brasilien führen bereits formell Klage vor dem GATT gegen die Ausfuhrerstattungen der EG für Zukker.

Sie werden dabei u. a. von den USA, Neuseeland, Indien, Argentinien und Kanada unterstützt.

Die größte Vereinigung der US-Weizenerzeuger hat beim US-Finanzministerium Klage gegen die Weizen-Exporterstattungen der EG erhoben und droht mit einem »Weizenkrieg« gegen die EG nach dem Muster des »Hähnchenkrieges« von 1962.

Im Verlauf dieser handelspolitischen Auseinandersetzung haben seinerzeit die USA u. a. Sonderzölle für deutsche Kleinlastwagen und Omnibusse eingeführt, die sehr zum Schaden unserer Kraftfahrzeugindustrie bis heute bestehen.

Diese Gegenmaßnahmen könnten sich gegen die Agrarexporte der EG direkt wenden, aber auch vor allem gegen Industrieprodukte aus der EG.

Rohstoffreiche Länder spielen bereits mit dem Gedanken, die EG-Mitgliedstaaten langfristig nur dann mit Rohstoffen zu beliefern, wenn in der Frage der Agrarexporte eine einvernehmliche Lösung gefunden wird.

Die EG muß im Gegensatz zu den USA oder der Sowjetunion den größten Teil der benötigten industriellen Rohstoffe importieren, so daß dem Zugang zu den wichtigsten Rohstoffmärkten allergrößte Bedeutung zukommt.

Die EG hat deshalb auf der Pariser Konferenz für internationale wirtschaftliche Zusammenarbeit ein internationales Verbot von Ausfuhrbeschränkungen vorgeschlagen, um sich damit den freien Zugang zu den Welt-Rohstoffmärkten zu sichern.

Dieser Vorschlag scheiterte insbesondere an der Haltung der rohstoffreichen Länder Kanada und Australien, die den EG-Wunsch nach Versorgungssicherheit mit dem Zugang auf die EG-Märkte für ihre Agrarprodukte verknüpften.

Auch in der Tokio-Runde des GATT wurde bis zuletzt über Exportbeschränkungen verhandelt. Da sich noch keine Lösung ergab, wurde das Thema auf die Zeit nach dieser Verhandlungsrunde verschoben.

Die Gefahr negativer Rückwirkungen der EG-Agrarexportpolitik auf die Verhandlungsbereitschaft der Rohstoffexportländer nehme ich daher sehr ernst.

Man erkennt an diesem Beispiel, daß die Überschußproduktion des EG-Agrarbereichs unmittelbar unsere Absatz- und Rohstoffbeschaffungsmärkte in der übrigen Welt gefährdet und unsere außenpolitischen Beziehungen belastet. Diese Auswirkungen könnten sich in vielfältiger Weise auch als Bumerang für die eigene Landwirtschaft erweisen.

Man stelle sich vor, in welchem Ausmaß unsere landwirtschaftliche Produktion beeinträchtigt wird, wenn andere Länder aus Verärgerung über die EG kein Erdöl oder keine eiweißhaltigen Futtermittel mehr liefern.

Sie werden wohl verstehen, daß dieser außenwirtschaftliche Aspekt der EG-Agrarpolitik den Wirtschaftsminister eines Landes, das etwa 12 Prozent seines Bruttosozialproduktes in

Länder außerhalb der EG exportiert und mit Ausnahme weniger Rohstoffe von ausländischen Rohstoffquellen abhängig ist, direkt angeht und ihm beträchtliche Sorgen bereitet.

Selbstverständlich weiß ich, daß bei Agrarprodukten kein vollständig freier Handel möglich ist.

Ohne gewisse Protektion der eigenen Landwirtschaft gegenüber ausländischen Konkurrenten wäre die Versorgung unserer Bevölkerung mit Nahrungsmitteln weitgehend abhängig von ausländischen Anbietern.

Jede größere Mißernte in der Welt würde sich auf die Versorgungslage der Bevölkerung in der EG negativ auswirken.

Die Gefahr der politischen Erpreßbarkeit wäre unerträglich.

Wir müssen also aus wohlverstandenem Interesse die Kirche im Dorf lassen.

Sie darf aber nicht zur autarken Festung ausgebaut werden. Sie könnte leicht ausgehungert werden, wenn unsere Rohstofflieferanten Gegenmaßnahmen zu agrarprotektionistischen Maßnahmen treffen und z. B. den Import von Erdöl, Phosphat, Metallen, Futter- und Düngemitteln sperren.

Neben Maßnahmen im Außenwirtschaftsbereich wird in der öffentlichen Diskussion immer wieder auch eine Mengenkontingentierung zur Lösung der Überschußprobleme des Agrarsektors vorgeschlagen.

Ich habe manchmal den Eindruck, daß dabei die schwerwiegenden Mängel, die diesem Instrument anhaften, übersehen werden. Einmal treten politische und administrative Schwierigkeiten auf.

Das Globalkontingent muß festgelegt werden. Dieses politisch zu entscheidende Produktionsziel muß nach irgendwelchen Kriterien auf die einzelnen Betriebe aufgeteilt werden. Weiterhin ist die Einhaltung der Kontingente zu kontrollieren.

Die Gefahr ist groß, daß das politische Entscheidungsgremium den jährlichen Bedarf überschätzt und das Globalkontingent zu hoch festsetzt.

Die Zuckerproduktion, die durch Mengenkontingente gesteuert wird, gehört nicht ohne Grund zu den kritischsten Überschußbereichen.

Darüber hinaus können die Verteilung des Globalkontingents auf die einzelnen Betriebe und die Kontrolle der einzelbetrieblichen Kontingente nicht frei von bürokratischer Willkür sein.

Wer gegen den um sich greifenden, aufgeblähten Bürokratismus ist, der den Freiheitsraum für selbständiges Wirken ständig einschnürt, sollte auch die Mengenkontingentierung ablehnen.

Sonst hängen tatsächlich bald an jedem Kuhschwanz mehrere Paragraphen.

Mengenkontingente engen die Entscheidungsfreiheit der einzelnen Betriebsinhaber in hohem Maße ein.

Der Betriebsinhaber ist nicht mehr in der Lage, seinen Betrieb zur kostengünstigsten Betriebsgröße weiterzuentwikkeln.

Die im Zeitpunkt der Kontingentsverteilung existierende Produktionsstruktur kann er nicht mehr seinen persönlichen Vorstellungen gemäß verändern.

Wer ein großes Kontingent für die Milchproduktion und nur ein kleines oder gar keines für die Rindfleischproduktion zugeteilt bekommen hat, kann nicht einfach von der Milch- auf die Rindfleischproduktion umstellen oder gar verstärkt zum Ackerbau übergehen.

Mengenkontingente schreiben die einzelbetrieblichen Strukturen weitgehend fest und erschweren die für das Einkommenswachstum so wichtigen Produktivitätsfortschritte.

Ich wäre froh, wenn diese Gesichtspunkte bei der bevorstehenden Neuregelung des Zuckersektors berücksichtigt werden könnten.

Welche Probleme und Ungerechtigkeiten allein bei der Verteilung von Kontingenten entstehen, zeigt ein Bereich, in dem Kontingente bereits angewandt werden: bei der Einfuhr bestimmter Produkte.

Ich denke hier vor allem an ein einfuhrbegünstigtes Kontingent an Rindergefrierfleisch.

Trotz politischer Anstrengungen während der vergangenen Jahre partizipieren von diesem preisgünstigen Kontingent nur wenige Unternehmen, während andere draußen bleiben müssen.

Dadurch, daß der Zugang zu solchen Kontingenten nicht

frei ist, werden immer dieselben Handelsunternehmen begünstigt – und ich fürchte, am wenigsten die Verbraucher!

Von der dringenden Notwendigkeit, die Überschußprobleme des Agrarsektors in den Griff zu bekommen, habe ich bereits gesprochen. Zu diesem Zwecke muß man ihre Ursachen kennen.

Ich sehe die Ursachen der Marktungleichgewichte in erster Linie nicht im System der Marktordnungen, sondern eher in ihrer Handhabung.

Ursprünglich sollten die Marktordnungen größere Schwankungen der Agrarpreise und -einkommen verhindern helfen.

Im Laufe der Zeit erhielt eine andere Aufgabe immer größere Bedeutung:

Durch jährliche Festsetzung von landwirtschaftlichen Mindestpreisen, die z. B. im Milch- und im Getreidesektor weitgehend mit einer unbegrenzten Absatzgarantie verbunden sind, soll der Landwirtschaft ein angemessenes Einkommen gesichert werden.

Wird die Preispolitik primär als Einkommenspolitik eingesetzt, so besteht die Gefahr, daß von ihr Produktionsanreize ausgehen, die allzuoft Angebotsüberschüsse nach sich ziehen.

Die andere Funktion der Agrarpreise, nämlich das landwirtschaftliche Angebot in Umfang und Zusammensetzung an die Nachfrage nach Agrarprodukten anzupassen, wird dann gar nicht oder nur unzureichend erfüllt.

Es ist klar, daß die Marktordnungen auf Dauer nicht funktionieren können, wenn es vorteilhafter ist, für die Intervention statt für den Markt zu produzieren.

Der Lösungsansatz liegt darin, die Verbindung von überwiegend einkommensorientierten Preisen und unbegrenzten Absatzgarantien zu lockern.

Der Markt muß wieder mehr zum Zuge kommen. Zu diesem Zweck hat die EG-Kommission eine Reihe von vornehmlich preispolitischen Maßnahmen zur Diskussion gestellt.

Sie reichen vom Einfrieren der Agrarpreise über eine Anhebung der Mitverantwortungsabgabe im Milchsektor und ihre Ausdehnung auf andere Überschußbereiche bis hin zur Bindung der Interventionspreise an die Erzeugung.

Sogar für manche Brüsseler Agrarexperten sind eine feste

Begrenzung der Marktordnungsausgaben und eine Einschränkung der Absatzgarantien für die Überschußprodukte nicht mehr undenkbar.

Diese preispolitischen Vorschläge erscheinen für viele Landwirte als unverdauliche Suppe.

Trotzdem sollten sie sich nicht dazu verleiten lassen, einfach den Suppenkasper zu spielen und die Schüssel vom Tisch zu ziehen. Vorurteilsfrei das Für und Wider abwägen, offen mit den verantwortlichen Politikern diskutieren und gemeinsam nach wirksamen Lösungsansätzen suchen – das halte ich für den richtigen Weg.

Dieser Weg ist jedenfalls besser, als wenn eines Tages die Finanzminister sich gezwungen sehen, Agrarpolitik zu machen.

Auch das jetzt bekannte Ergebnis der diesjährigen Preisrunde vermindert natürlich die Probleme und meine hier vorgetragenen Sorgen nicht. Es liegt zwar ein einstimmiges Ergebnis vor, mit dem die Landwirtschaft leben kann, wie ich meine.

Aber die heißen Eisen hat niemand angefaßt und ob es hilfreich ist, wenn die Kommission sich beinahe resignierend vom Ergebnis distanziert, begegnet meinen Zweifeln.

Ich fürchte, daß sich der äußere Druck auf die Außenpolitik weiter verstärken wird.

Ich habe auch meine Zweifel, ob das Agrarsystem überhaupt weiter regiert werden kann – wohl kaum im Europa der 12 – mit dem Prinzip der Einstimmigkeit.

Ich meine, hier wäre eine dringende Rückbesinnung auf den Vertrag, d. h. auf die Artikel 43 und 148 erforderlich, wonach mit Mehrheit abgestimmt werden kann.

Wobei ich gerne hinzufüge, daß das Kind nicht mit dem Bade ausgeschüttet werden sollte bei Fragen von wirklichen nationalen Interessen. Vielleicht könnte sich auch das europäische Parlament dieser Frage annehmen.

Es bleibt die Frage, wie denn die Landwirtschaft den Anschluß an die allgemeine Einkommensentwicklung halten kann, wenn die Marktlage bei den wichtigsten Agrarprodukten Preiserhöhungen verbietet, eine Entlastung der Agrarmärkte im Außenhandelssektor auf immer stärkere politische Widerstände stößt und eine Mengenkontingentierung dem einzelnen Landwirt immer weniger Entscheidungs- und Handlungsspielraum läßt.

Ich kann für diese berechtigte und schwierige Frage keine Patentlösung anbieten. Ich will mich aber bemühen, einige Ansätze aufzuzeigen, die aus meiner Sicht dazu beitragen können, etwa entstehende Einkommensprobleme in Grenzen zu halten und erträglich zu machen.

Eine teilweise Entlastung der Preise von ihrer Einkommensfunktion würde natürlich ergänzende Maßnahmen erforderlich machen, durch die Einkommensverluste und soziale Härten weitgehend vermieden werden.

Diese Hilfen müßten insbesondere den Betrieben mit geringer Einkommenskapazität und eingeschränkten Erwerbsalternativen gewährt werden.

Dabei müssen wir darauf achten, daß wir nicht zusätzliche hemmende Barrieren für den Strukturwandel aufbauen, die für eine ganze Generation zu beruflichen Fehlentscheidungen führen können.

Ich halte es für unsozial, durch falsche Signale, sei es bei Preisen oder bei staatlichen Investitionsbeihilfen, den Landwirten Einkommenschancen in Aussicht zu stellen, die später nicht realisierbar sind.

Berufliche Enttäuschung, einzelbetriebliche Überschuldung und eingeschränkte Mobilitätsfähigkeit wären dann leicht die Folgen, für die die betroffenen Landwirte nicht verantwortlich wären.

Unter dem Gesichtspunkt sollte aus der Sicht des Wirtschaftsministers erneut ernsthaft darüber nachgedacht werden, ob nicht direkte Einkommensbeihilfen schrittweise in die kritischen Überschußbereiche eingeführt werden könnten.

Auch im Agrarsektor treten Einkommensprobleme häufig regional konzentriert auf. Ihnen kann man nur schwer mit Instrumenten begegnen, die global wirken und in allen Regionen gleichermaßen anzuwenden sind. Die EG-Kommission ist um eine stärkere Regionalisierung der Agrarstrukturpolitik bemüht.

Dies könnte sich als sinnvolle Weiterentwicklung der EG-Agrarstrukturpolitik erweisen.

Es ist auch notwendig und richtig, in Zukunft verstärkt die Agrarstrukturmittel in überbetriebliche Maßnahmen zu investieren, wie Wasserversorgung, Kanalisation, Wegebau, Dorferneuerung.

Die ländlichen Räume können auf diese Weise als Wohn- und Arbeitsplatzstandorte an Attraktivität gewinnen.

Die unaufhaltsamen Veränderungen der gesamtwirtschaftlichen Rahmenbedingungen üben auf die Landwirtschaft, aber auch auf die übrige Wirtschaft und die privaten Haushalte, einen erheblichen Anpassungsdruck aus.

Sie bieten aber auch immer wieder neue Chancen, den eigenen Lebensstandard zu sichern und zu erhöhen.

Die Aufgabe als Unternehmer ist es, diese neuen Markt- und Gewinnchancen aufzuspüren und zu realisieren.

Auf einem wichtigen touristischen Teilmarkt ist dies in jüngster Zeit vielen von ihnen in hervorragender Weise gelungen.

Für zahlreiche Betriebe in geeigneten Regionen ist der Urlaub auf dem Bauernhof bereits zu einer lohnenden Einkommensquelle geworden.

Die Land- und Forstwirtschaft ist der einzige Wirtschaftsbereich, der reproduzierbare Energie, z. B. aus Holz, Stroh und Einjahrespflanzen, liefern kann.

Auch hier wird sie möglicherweise in neue Aufgaben hineinwachsen, die heute noch nicht in voller Tragweite abzuschätzen sind.

Auch künftig muß vor allem der landwirtschaftliche Strukturwandel das Einkommenswachstum der einzelnen Betriebe tragen. Bis 1973 betrugen die Abwanderungsraten aus der Landwirtschaft jährlich zwischen 4 und 5 Prozent. Im Verlauf dieses Strukturwandels wurden in beträchtlichem Umfang landwirtschaftliche Flächen freigesetzt. So konnten die verbleibenden Betriebe durch Flächenaufstockung vergrößert werden. Diese äußere Aufstockung verbesserte die Einkommensmöglichkeiten der wachsenden Betriebe, ohne daß die Agrarmärkte stärker belastet wurden. Seit 1974 hat sich der Strukturwandel in dieser Form stark verlangsamt.

Heute vollzieht er sich überwiegend im Generationswechsel und durch Aufstockung der Vieh- und Maschinenbestände. Dieser Strukturwandel in Form der inneren Aufstockung belastet die Agrarmärkte zusätzlich. Er engt den Spielraum der Preispolitik weiter ein und endet in einer einkommenspolitischen Sackgasse. Ohne weiteren Strukturwandel in Form der äußeren Aufstockung kann das Einkommensziel für die Landwirtschaft nicht erreicht werden, wenn nicht gleichzeitig das Marktgleichgewicht weiter gestört werden soll. Die gesamte Wirtschaftspolitik - sie umfaßt bekanntlich weit mehr als die Agrarpolitik - muß das in ihrer Kraft Stehende tun, um den landwirtschaftlichen Strukturwandel in dieser Form fortzusetzen.

Ich verkenne dabei nicht, daß erfolgversprechende Struktur- und Einkommenspolitik weiterhin Beschäftigungsmöglichkeiten auch außerhalb der Landwirtschaft schaffen muß.

In vielen ländlichen Regionen, insbesondere in den Randlagen der Bundesrepublik, ist die außerlandwirtschaftliche Beschäftigungssituation ungünstiger als im Durchschnitt des Bundesgebietes.

Das erschwert vielen Landwirten die Entscheidung, ihre landwirtschaftliche Tätigkeit aufzugeben.

Die Bundesregierung bemüht sich seit Jahren, in diesen zurückgebliebenen Regionen Wachstumsreserven zu erschließen, zusätzliche Beschäftigungsmöglichkeiten zu schaffen und dadurch die Einkommenschancen der dort lebenden Bevölkerung zu verbessern.

Seit einiger Zeit mehren sich die Klagen aus der Wirtschaft, daß viele Arbeitsplätze nicht besetzt werden können, weil Arbeitskräfte vor allem mit der erforderlichen Qualifikation fehlen. Arbeitnehmer mit einer gründlichen und breit angelegten Berufsausbildung haben auch heute gute Chancen, einen sicheren und gutbezahlten Arbeitsplatz zu finden, allerdings nicht immer am bisherigen Wohnort.

Diese Aussage gilt uneingeschränkt auch für die Landwirte und die nachwachsende Landjugend.

Der Staat kann für schulische Bildungsplätze sorgen und günstige Rahmenbedingungen für die Ausbildungsbereitschaft setzen, Umschulungs- und Fortbildungsmöglichkeiten anbieten und dafür werben, daß die gebotenen Möglichkeiten in Anspruch genommen werden.

Eine wichtige, ich meine sogar die wichtigste Aufgabe kommt jedoch uns als Eltern zu. Wir müssen unseren Kindern klarmachen, daß eine gute Berufsausbildung das beste Rüstzeug für das spätere Leben ist.

Die Erlernung eines außerlandwirtschaftlichen Berufes ist auch für diejenigen eine gute Grundlage, die später ihrer landwirtschaftlichen Passion, z. B. im Zu- oder Nebenerwerb, nachgehen wollen.

Die Landwirtschaft hat in unserer Volkswirtschaft nach wie vor eine Reihe wichtiger Aufgaben zu erfüllen. Mit Sicherheit werden in Zukunft neue Aufgaben hinzukommen.

Auch für den Bundesminister für Wirtschaft kann deshalb die Bedeutung der Landwirtschaft nicht allein an ihrem Anteil am Bruttosozialprodukt gemessen werden.

Selbstverständlich kann die Landwirtschaft die von ihr erwarteten wirtschafts- und gesellschaftspolitischen Leistungen nur dann befriedigend erbringen, wenn sie dafür ein angemessenes Entgelt erhält.

Die alles in allem günstige Einkommensentwicklung der letzten Jahre zeigt, daß dieses Ziel in der Bundesrepublik zunehmend verwirklicht wird.

Ein wichtiges Grundelement für die Sicherung des landwirtschaftlichen Einkommens und damit für die Funktionsfähigkeit der deutschen Landwirtschaft ist der Gemeinsame Agrarmarkt.

Kein verantwortungsbewußter Politiker denkt daran, ihn zu zerstören.

Eine Gefahr für den Gemeinsamen Agrarmarkt droht allerdings aus Entwicklungen, die im Agrarsektor selbst ablaufen.

Die Ursache für die meisten Schwierigkeiten liegt in der Überschußproduktion bei den wichtigsten Agrarprodukten.

Unter dem Druck der akuten Probleme könnte sich die EG-Kommission gezwungen sehen, einen sprunghaften agrarpolitischen Kurswechsel vorzuschlagen.

Dann müßten möglicherweise kurzfristig Beschlüsse gefaßt werden, die insbesondere für die Erzeuger sehr viel einschneidender und schmerzlicher wären, als dies bei Verwirklichung der gegenwärtig diskutierten Lösungsansätze bestimmt der Fall ist.

Dadurch könnten die von den Landwirten in den letzten Jahren aufgestellten Investitions- und Betriebsentwicklungsplanungen gegenstandslos werden.

Mir liegt daran, daß solche bruchartigen Entwicklungen mit unübersehbaren sozialen Gefahren vermieden werden.

Mir scheint ein mittlerer Weg, der radikale Maßnahmen ausschließt, angemessen.

Die Produktionsanreize in den kritischen Überschußbereichen – insbesondere im Milchbereich – müssen dauerhaft abgebaut werden.

Die möglicherweise entstehenden Einkommensprobleme können durch ein Bündel von begleitenden Maßnahmen gemildert werden.

Wichtigstes Ziel bleibt, die Anpassungsfähigkeit und Anpassungsbereitschaft der Landwirte und ihrer Kinder zu erhalten und zu stärken: zusätzliche Arbeitsplätze außerhalb der Landwirtschaft, eine gute Berufsausbildung, staatliche Umschulungsprogramme, überbetriebliche Maßnahmen der Agrarstrukturpolitik und regionale Entwicklungsprogramme, gezielt eingesetzte personengebundene Einkommensbeihilfen, Maßnahmen der sozialen Absicherung bei vorzeitigem Ausscheiden aus der Landwirtschaft, die Suche nach neuen Marktchancen – all dies sind aus meiner Sicht Möglichkeiten, die vor uns stehenden Probleme des Agrarsektors ohne allzu große soziale Belastungen zu bewältigen.

Mittelstand – Salz der Marktwirtschaft

I.

Marktwirtschaft und Demokratie leben davon, daß die Entscheidungsprozesse in Wirtschaft und Staat dezentral auf der Grundlage freier Individualentscheidungen ablaufen und der Aufbau unkontrollierter Machtpositionen verhindert wird.

Wettbewerb und Markt sind die notwendigen Elemente einer freiheitlichen Gesellschaft und Korrelate unserer demokratischen Staatsverfassung.

Der Schutz der Märkte vor Vermachtung ist daher zentrales Ziel einer liberalen Wirtschafts- und Wettbewerbspolitik.

Ausgewogene Wettbewerbsverhältnisse sind zugleich die Grundvoraussetzung dafür, daß auch kleine und mittlere Unternehmen, die für die Leistungs- und Funktionsfähigkeit der Wettbewerbsordnung insgesamt von konstitutiver Bedeutung sind, im Wirtschaftsprozeß eine Chance haben und nicht Opfer einer fortschreitenden Unternehmenskonzentration werden.

Damit dies auch künftig so bleibt, habe ich mich mit Nachdruck für eine zeitgemäße Fortentwicklung unserer wettbewerbsrechtlichen Rahmenbedingungen eingesetzt und hoffe, daß die von der Bundesregierung vorgelegte 4. Kartellgesetznovelle den gewünschten Erfolg bringen wird.

Die gegen diese Initiative ins Feld geführte Kritik, die Novelle sei verfrüht und gehe im Grunde auch an der eigentlichen wirtschaftlichen Ursache des anhaltenden Konzentrationsprozesses vorbei, überzeugt – so meine ich – nicht.

Wer im Bereich des Wettbewerbsrechts den normativen Stillstand befürwortet, wer es versäumt, die wettbewerbsrechtlichen Rahmenbedingungen rechtzeitig an die Erfordernisse der Wirtschaftsentwicklung anzupassen, leistet weiterer Machtkonzentration in der Wirtschaft Vorschub und macht es all denen leicht, die unter dem Vorwand, private Macht einzudämmen, einen allmächtigen Staat schaffen wollen. Es ist sicher kein Zufall, daß gerade die Entwicklungen auf den hochkonzentrierten Mineralölmärkten vielerorts wieder zum Anlaß genommen werden, nach staatlichen Reglementierungen zu rufen.

Ich bin mir bewußt, daß die Qualität der Rahmenbedingungen nicht allein von der Ausgestaltung des Wettbewerbsrechts abhängen, sondern von einer Vielzahl von Faktoren.

Es gibt konzentrationsfördernde Elemente auch in der Steuer- und Sozialpolitik.

Es gibt die Überfrachtung mittelständischer Unternehmen mit bürokratischen Hemmnissen und dergleichen mehr.

Nur, es hilft wenig weiter, Verbesserungen im Detail abzulehnen unter Berufung darauf, der Ordnungsrahmen stimme generell nicht mehr.

Hier wird pauschales Unbehagen zum Vorwand für die Weigerung, an einer konkreten Fortentwicklung der Rahmenbedingungen mitzuwirken.

Daß wir auch auf anderen Feldern der Politik bemüht sind, Positionen und Chancen mittelständischer Unternehmen zu verbessern, ist bekannt.

Man muß eben das eine tun und darf das andere nicht lassen.

Machtkonzentration durch Fusionen, Machtmißbräuche und sonstige leistungswidrige Praktiken führen zu Schädigungen der Wettbewerbsstrukturen, die häufig nicht mehr rückgängig zu machen sind.

Machtkonzentration ist besonders bedenklich, wenn sie zu Lasten der kleinen und mittleren Unternehmen geht.

Gerade hier hat sich das geltende Wettbewerbsrecht als unzureichend erwiesen.

Wir können daher nicht einfach zusehen und die weitere Entwicklung abwarten.

Die Kartellgesetznovelle zielt deshalb vor allem darauf ab, die Rahmenbedingungen für die mittelständische Wirtschaft durch eine effiziente Ausgestaltung der Fusionskontrolle, eine wirksamere Mißbrauchsaufsicht über marktbeherrschende

Unternehmen und eine stärkere Sicherung des Leistungswettbewerbs zu verbessern.

Um Mißverständnissen vorzubeugen: Es geht hier nicht darum, Märkte zugunsten einer bestimmten Gruppe abzuschotten oder Spielwiesen für den Mittelstand einzurichten.

Von Strukturkonservierung, die letztlich nur Wachstumseinbußen, Verlust der internationalen Wettbewerbsfähigkeit, ungerechte Verteilungsrelationen und Arbeitsplatzrisiken nach sich zieht, haben schließlich weder die Wirtschaft – am wenigsten die mittelständische! – noch der Verbraucher etwas.

Auch der mittelständische Mineralölhandel, dessen aktives Wettbewerbsverhalten mit seinen preisdämpfenden Wirkungen in den Vorjahren ich durchaus anerkenne, wird sich auf die geänderten Versorgungsbedingungen einstellen müssen.

Die Wettbewerbspolitik wird hier zwar dazu beitragen müssen, radikale Strukturbrüche zuungunsten der konzernungebundenen Mineralölwirtschaft zu vermeiden.

Dies kann und darf jedoch nicht zur längerfristigen Maxime werden.

Wettbewerb hat zugunsten aller Bürger zu wirken. Dem Wettbewerbsrecht fällt dabei die Aufgabe zu, für Chancengleichheit im Wettbewerb zu sorgen, Wettbewerbsverzerrungen möglichst zu beseitigen und so dazu beizutragen, die Leistungsfähigkeit der kleinen und mittleren Unternehmen in Handel, Handwerk und Gewerbe gegenüber den Großunternehmen zu sichern.

Dies ist zugleich der beste Schutz des Verbrauchers vor übermächtigen Mammutkonzernen.

Die Konzentrationsentwicklung in den letzten Jahren gibt vor allem auch deshalb zur Besorgnis Anlaß, weil sie sich in erster Linie zum Nachteil der mittelständischen Wirtschaft ausgewirkt hat. Sogenannte Anschlußfusionen kleiner und mittlerer Firmen an Großunternehmen waren weitgehend der Fusionskontrolle entzogen.

Aber auch dort, wo die Kartellbehörden formale Eingriffsbefugnisse hatten, fehlte es an griffigen, auf die Besonderheit mittelständischer Märkte zugeschnittenen Eingreifkriterien, so daß die Kontrolle zum Teil leergelaufen ist.

Großunternehmen konnten daher ungehindert durch zum

Teil massiven Aufkauf kleinerer Unternehmen in mittelständisch strukturierte Märkte eindringen. Dadurch sind viele an sich leistungsfähige mittelständische Unternehmen entmutigt und schließlich zur Aufgabe ihrer Selbständigkeit gezwungen worden.

Die Entwicklung im Sektor der Lackindustrie, wo die Großunternehmen mittlerweile im wesentlichen unter sich sind, ist ein eindrucksvolles Beispiel dafür.

Auf die Gefahren dieses Prozesses hat insbesondere auch die Monopolkommission hingewiesen.

In der Tat ist der hohe Anteil der Zusammenschlüsse zwischen sehr großen mit kleinen und mittleren Unternehmen besorgniserregend.

Die Verbesserungen der Fusionskontrolle, die vor allem eine Erweiterung der Kontrollpflicht für Anschlußfusionen sowie griffige gesetzliche Vermutungen für vertikale und konglomerate Zusammenschlüsse vorsieht, soll hier die notwendige Abhilfe schaffen.

Bei dieser Gelegenheit möchte ich eines klarstellen: es geht mir nicht darum, die Verkaufsmöglichkeiten für kleine und mittlere Unternehmen zu beseitigen. Auch der Markt für Unternehmen muß funktionsfähig bleiben.

Weil dieser Markt jedoch unmittelbar über die strukturellen Wettbewerbsvoraussetzungen auf den Märkten für Waren und Dienstleistungen mitentscheidet, kann es wettbewerbspolitisch nicht gleichgültig bleiben, was auf diesem Markt vorgeht.

Denn der Verkauf eines kleinen Unternehmens an einen »Großen« auf einem mittelständisch strukturierten Markt geht letztlich zu Lasten der verbleibenden Konkurrenten und verschlechtert deren Wettbewerbs- und Verkaufschancen für die Zukunft.

»Dabei ist uns« – wie es der Geschäftsführer der Arbeitsgemeinschaft Selbständiger Unternehmen treffend formuliert hat – »die Interessenlage dessen, der weitermacht, wichtiger als die Belange dessen, der aufgibt.«

Der Vorschlag, die Fusionskontrolle vom Marktbeherrschungsbegriff »abzukoppeln«, d. h. die Untersagungsbefugnis der Kartellbehörde von einer – nicht genau zu definierenden – niedrigeren Machtschwelle als der der Marktbeherrschung abhängig zu machen, scheint mir allerdings weit über das Ziel hinauszuschießen und daher unannehmbar.

Akzeptabel scheint es allenfalls, zusätzliche – und gesetzlich genau konkretisierte – Vorkehrungen zu treffen, um ein Vordringen von Großunternehmen auf mittelständische Märkte schon dann untersagen zu können, wenn durch Zusammenschlüsse marktbeherrschende Stellungen noch nicht unmittelbar erreicht werden.

Dieser Schritt muß im Gesamtzusammenhang der Novellierung aber noch genau ausgewertet werden, weil jede Absenkung der Untersagungsschwelle den konkreten Machtbezug der Fusionskontrolle lockert. Damit ist aber die gesellschaftspolitische und verfassungsrechtliche Legitimation eines so einschneidenden Kontrollinstrumentes wie dem der Fusionskontrolle gefährdet.

Außerdem wird die Kalkulierbarkeit der Kontrolle für die Unternehmen beeinträchtigt.

Die Klarheit und Berechenbarkeit der wettbewerbsrechtlichen Rahmenbedingungen ist aber in meinen Augen ein unverzichtbares »Essential«, das jede sachgerechte Lösung – wie immer sie am Ende der parlamentarischen Beratung aussehen mag – zu berücksichtigen haben wird.

Die klare Begrenzung und Vorhersehbarkeit der Eingriffsbefugnisse der Kartellbehörde ist erst recht unabdingbar, wenn es um den ordnungspolitisch besonders neuralgischen Bereich der *Verhaltenskontrolle* geht.

Niemand bestreitet die Notwendigkeit, im Rahmen des Kartellgesetzes wirksame Vorkehrungen gegen den Mißbrauch von Marktmacht und insbesondere auch gegen machtbedingte Diskriminierungen zu treffen, um damit der willkürlichen Beschneidung der Marktchancen kleiner und mittlerer Unternehmen zu begegnen.

Die effiziente Kontrolle von Mißbräuchen ist das unverzichtbare Kernstück der rechtlichen Sicherung des Leistungswettbewerbs.

Aber man darf hierbei nicht über das Ziel hinausschießen und muß sich ein kritisches Augenmaß für die Grenzziehung zwischen dem freien Wettbewerbsraum und den behördlichen Kontrollmöglichkeiten bewahren.

Hier liegen meine entscheidenden Einwände gegen die Forderung nach einer Erweiterung des Diskriminierungsverbots, wie sie vor allem von der Hauptgemeinschaft des Deutschen Einzelhandels immer wieder und in immer neuen Formulierungsvarianten erhoben wird.

Das geltende Diskriminierungsverbot des Kartellgesetzes (§ 26 Abs. 2) ist in seiner Anwendbarkeit von vornherein auf Unternehmen beschränkt, die eine ganz bestimmte, konkrete Machtposition auf dem Markt innehaben.

Dieser »Machtbezug« ist in meinen Augen auch die einzig denkbare wettbewerbspolitische Legitimation dafür, daß das marktwirtschaftliche Grundprinzip der Vertragsfreiheit durch die tiefgreifenden *behördlichen* Kontrollbefugnisse, wie sie mit einem Diskriminierungsverbot zwangsläufig verbunden sind, ausnahmsweise durchbrochen wird.

Wo kämen wir hin, wenn wir unabhängig von einer konkreten Machtschwelle die vertraglich ausgehandelten Geschäftsbedingungen zwischen »gleichstarken« Marktpartnern der Möglichkeit einer ständigen Überprüfung durch Behörden unterstellten? Lassen Sie mich hier nur die wichtigsten wettbewerbs- und verbraucherfeindlichen Auswirkungen eines solchen Schrittes hin zu »mehr Staat« anführen:

Wettbewerbspolitisch steht die Gefahr der Erstarrung des Wettbewerbs und der Absatzwege mit allen nachteiligen Folgen für den Verbaucher im Vordergrund.

Die Dynamik des Wettbewerbsprozesses bedeutet Vielfalt und Unterschiedlichkeit, die sich gerade auch in mannigfaltigen Differenzierungen bei Preisen, Rabatten und sonstigen Geschäftsbedingungen ausdrückt.

Diese Pluralität darf nicht durch kartellbehördlich »von oben« verordnete Gleichheit erdrosselt werden.

Eine solche Gefahr ist aber mit einer generellen Erweiterung des Diskriminierungsverbots, wie sie der Hauptgemeinschaft vorschwebt, unweigerlich verbunden, denn potentiell könnte *jede* Differenzierung bei Preisen, Rabatten und Konditionen in den Verdacht einer verbotenen Diskriminierung geraten und ein Kartellverfahren mit allen seinen Verunsicherungseffekten für die Unternehmen auslösen.

Die marktwirtschaftliche Grundregel, daß Differenzierungen in frei ausgehandelten Verträgen im Zweifel sach- und leistungsgerecht sind, wird auf den Kopf gestellt: die Differenzierung wird im Zweifel zur unzulässigen Diskriminierung.

Damit aber würden wir vor allem auch die primäre Aufgabe des Gesetzes gegen Wettbewerbsbeschränkungen, dem Interesse des Verbrauchers zu nutzen, aus den Augen verlieren.

Das von jeder staatlichen Kontrolle grundsätzlich freie Aushandeln der Einkaufsbedingungen zwischen Handel und Industrie ist eine wesentliche Bedingung dafür, daß die Hersteller keine erhöhten Preise durchsetzen können und der Handel durch möglichst günstige Einkaufspreise die Voraussetzungen für ein preisgünstiges Angebot gegenüber dem Verbraucher schafft.

Hier muß weiterhin der Satz gelten: »Im Einkauf liegt der Segen!«

Wir dürfen es also – bei aller Anerkennung der Notwendigkeit der Förderung der Marktchancen kleiner und mittlerer Unternehmen – nicht zulassen, daß das Kartellgesetz in einen falsch verstandenen Mittelstandsschutz abgleitet.

Wir haben daher in der 4. GWB-Novelle zum Diskriminierungsverbot konsequent an dem Konzept der ausschließlichen Machtkontrolle festgehalten.

Wir wollen mit diesen Verbesserungen die erforderliche Gleichheit bei der Erfassung von machtbedingten Diskriminierungen auf der Nachfrage- ebenso wie auf der Angebotsseite erreichen.

Wo aber Diskriminierungen nicht die Folge von Marktmacht sind, da kann eine Unzulässigkeit unterschiedlicher Vertragsbedingungen allein nach den Grundsätzen des privaten Rechts, insbesondere des UWG, in Betracht kommen.

II.

Das Bemühen um die Sicherung und Erhaltung eines fairen Wettbewerbs allein reicht allerdings nicht aus, um die Existenz- und Leistungsfähigkeit kleiner und mittlerer Unternehmen wirksam zu stärken. Das mittelstandspolitische Konzept der Bundesregierung umfaßt daher darüber hinaus die sachgerechte Gestaltung der übrigen wirtschaftlichen Rahmenbedingungen – z. B. im Steuerrecht und Unternehmensrecht –

sowie ein umfangreiches – auf die besonderen Belange mittelständischer Unternehmen ausgerichtetes – strukturpolitisches Maßnahmenbündel.

Den steuerlichen Bereich möchte ich nur kurz streifen.

Die steuerpolitischen Bedingungen für kleine und mittlere Unternehmen sind in den letzten Jahren durch eine Reihe von Maßnahmen entscheidend verbessert worden. Ich erinnere hier nur an:

- die Einführung eines begrenzten Verlustrücktrages,
- die Erhöhung der Freibeträge bei der Gewerbesteuer,
- die Beseitigung der Lohnsummensteuer ab 1980
  und
- die Korrektur des Einkommensteuertarifs 1979 (Beseitigung des sog. Tarifsprungs).

Ich bin davon überzeugt, daß diese Steuererleichterungen ganz wesentlich dazu beitragen werden, den Steuerdruck für kleine und mittlere Unternehmen abzumildern.

Die spezielle Mittelstandsförderung des Bundes setzt sich zusammen aus

- Maßnahmen zur Steigerung der Leistungsfähigkeit
  und
- Maßnahmen zur Verbesserung der betrieblichen Finanzierungsmöglichkeiten.

Zur Leistungssteigerung kleiner und mittlerer Unternehmen hat die Bundesregierung in der Zeit von 1970 bis 1978 rd. 1,6 Milliarden DM aus Haushaltsmitteln eingesetzt.

Im gleichen Zeitraum wurden aus Mitteln des ERP-Sondervermögens langfristige Investitionsdarlehen in Höhe von 5,7 Milliarden DM an kleine und mittlere Unternehmen gewährt.

Hinzu kommen noch Darlehen aus den Mittelstandskreditprogrammen der Kreditanstalt für Wiederaufbau und der Lastenausgleichsbank in Höhe von rd. 10 Milliarden DM.

Entsprechend den strukturpolitischen Erfordernissen wurden in den letzten Jahren die zur Verfügung gestellten Mittel ständig aufgestockt.

1978 erreichte die Mittelstandsförderung ein
Volumen von 5,3 Milliarden DM.

Schwerpunkte der Maßnahmen zur Leistungssteigerung kleiner und mittlerer Unternehmen bilden die Förderung der

Unternehmensberatung, der Weiterbildung von Unternehmen und Mitarbeitern sowie die Förderung der technologischen Forschung, Entwicklung und Innovation.

Die Innovationsfähigkeit kleiner und mittlerer Unternehmen stellt ein beträchtliches Potential für die dynamische Entwicklung unserer Wirtschaft dar.

Im Verlauf der letzten Jahre wurde deshalb durch verschiedene Maßnahmen die mittelstandspolitische Komponente der Forschungs- und Technologieförderung ganz wesentlich verstärkt.

Zu nennen wäre hier vor allem

- die Erhöhung der Investitionszulage für Investitionen im Forschungs- und Entwicklungsbereich;
- die Förderung der externen Vertragsforschung seit Mai 1978;
- die Aufstockung des Fördervolumens beim Erstinnovationsprogramm und bei den Zuschüssen zur Gemeinschaftsforschung.

Besonders hervorheben möchte ich das neu eingeführte Programm zur Gewährung von Zuschüssen zu den Aufwendungen für das in Forschung und Entwicklung tätige Personal.

1979 standen hierfür 300 Millionen DM an Haushaltsmittel zur Verfügung.

Damit werden erstmals auch personelle Aufwendungen im F- und E-Bereich in die Förderung einbezogen. Mit diesem Programm werden insbesondere die Belange mittelständischer Unternehmen berücksichtigt, da die Aufwendungen für das in Forschung und Entwicklung tätige Personal bei kleinen und mittleren Unternehmen rund zwei Drittel der gesamten F- und E-Aufwendungen betragen.

Antragsberechtigt sind kleine und mittlere Unternehmen des produzierenden Gewerbes. Der Zuschuß ist auf Unternehmen begrenzt, die im Durchschnitt der letzten drei Jahre entweder einen Umsatz von weniger als 150 Millionen DM erzielt oder weniger als 1000 Personen beschäftigt haben.

Mittelständische Unternehmen sollen mit diesem Förderprogramm Anreize erhalten, ihr Forschungs- und Entwicklungspotential zu festigen und auszubauen, um die erforderlichen Voraussetzungen für Produkt- und Verfahrensinnovationen zu schaffen.

Ich bin fest davon überzeugt, daß die stärkere Einbeziehung kleiner und mittlerer Unternehmen in die staatliche Forschungs- und Technologieförderung noch mehr als bisher dazu führen wird, daß die unbestreitbaren Qualitäten mittelständischer Unternehmen in der Forschungs- und Entwicklungstätigkeit zum Tragen kommen.

Von den Maßnahmen zur Verbesserung der betrieblichen Finanzierungsmöglichkeiten möchte ich nur näher auf die Finanzierungshilfen für Existenzgründer eingehen.

Für unsere marktwirtschaftliche Ordnung ist es unerläßlich, daß ständig neue Unternehmen nachwachsen.

Nur dadurch kann eine Erstarrung der Märkte mit negativen Konsequenzen für den Wettbewerb und den technischen und wirtschaftlichen Fortschritt verhindert werden.

Die Förderung von Existenzgründungen gehört zu den Schwerpunkten der Mittelstandspolitik der Bundesregierung.

Die Mittel für das ERP-Existenzgründungsprogramm wurden in den letzten Jahren ständig aufgestockt.

Der ERP-Plan 1979 enthielt eine weitere Erhöhung des Ansatzes für das ERP-Existenzgründungsprogramm auf 660 Millionen DM, einschließlich der Verpflichtungsermächtigungen in Höhe von 150 Millionen DM sind es insgesamt sogar 810 Millionen DM. Die starke Nachfrage nach diesem Programm läßt erwarten, daß auch in diesem Jahr das Volumen voll ausgeschöpft wird.

Daneben hat die Bundesregierung im Februar 1979 das Eigenkapitalhilfe-Programm zur Förderung von Existenzgründungen beschlossen.

Ausgangspunkt für diesen Ausbau der Existenzgründungsförderung war die Tatsache, daß Existenzgründungen häufig aus Mangel an Eigenkapital scheitern.

Dieses Programm wird entscheidend dazu beitragen, den Mangel an Risikokapital abzumildern, der bisher in vielen Fällen ein nur schwer überwindbares Hindernis auf dem Weg in eine selbständige Existenz darstellte.

Dem Existenzgründer wird für zehn Jahre ein tilgungsfreies persönliches Darlehen ohne bankübliche Sicherheitsleistung (jedoch unter persönlicher Haftung) zur Verfügung gestellt (die Rückzahlung erfolgt in weiteren zehn Jahren), und zwar im Verhältnis 3 : 2 zu den vorhandenen eigenen Mitteln.

Der Höchstbetrag ist 100 000 DM.

Das Darlehen haftet im Konkursfall voll und erhält dadurch Eigenkapitalcharakter.

Zur Erleichterung der Anlaufphase ist die Eigenkapitalhilfe in den ersten beiden Jahren zinsfrei; die Zinsen für diesen Zeitraum trägt der Bund.

Das Programm ist am 1. Juli 1979 angelaufen. Die starke Resonanz, die das Eigenkapitalhilfe-Programm bisher in der Öffentlichkeit hervorgerufen hat, bestärkt mich in meiner Überzeugung, daß diesem neuen Förderinstrument ein durchschlagender Erfolg beschieden sein wird.

Als begleitende Maßnahme des Eigenkapitalhilfe-Programms ist eine stärker auf die Existenzgründungsprobleme gerichtete Beratung und Schulung vorgesehen.

Daneben sollen durch eine verstärkte Information potentielle Existenzgründer zum Sprung in die Selbständigkeit motiviert werden.

Ich bin sicher, daß die verstärkte Förderung von Existenzgründungen die in jüngster Zeit zu beobachtende positive Entwicklungstendenz bei der Zahl der Selbständigen wirksam unterstützen wird. In den letzten beiden Jahren stieg die Zahl der Selbständigen erstmals seit längerem wieder an, und zwar insgesamt um 20 000.

Dieser Anstieg der Selbständigenzahl beruht zwar schwergewichtig auf einer Zunahme im Dienstleistungssektor, aber auch in den anderen Wirtschaftsbereichen ist wieder eine leicht positive Entwicklung – zumindest ein Rückgang der Abgangsraten – festzustellen.

Es kommt jetzt darauf an, dafür zu sorgen, daß sich dieser positive Trend auch in Zukunft fortsetzt.

Die Bundesregierung wird daher auch zukünftig der Entwicklung kleiner und mittlerer Unternehmen besondere Aufmerksamkeit schenken und erforderlichenfalls durch geeignete, marktkonforme Maßnahmen ihren Beitrag dazu leisten, daß dieser für unsere Marktwirtschaft und Gesellschaft lebensnotwendige Bereich seine Bedeutung erhalten und festigen kann.

Denn die Bedeutung kleiner und mittlerer Unternehmen geht weit über den Bereich der Wirtschaft hinaus.

Von ihrer Existenz hängt vielfach die Verwirklichung individueller Wünsche ebenso ab wie der Arbeits- oder Ausbildungsplatz.

Und dieser Aspekt wird in Zeiten einer schwierigen Beschäftigungssituation besonders deutlich:

- Kleine und mittlere Unternehmen beschäftigen knapp zwei Drittel aller Erwerbstätigen. Ohne die mittelständische Wirtschaft wäre die freie Arbeitsplatzwahl oft nur ein leeres Schlagwort.
- Im Rahmen der beruflichen Bildung werden rund zwei Drittel der Jugendlichen in mittelständischen Betrieben ausgebildet.
- Der Wettbewerb unter einer Vielfalt von Groß-, Mittel- und Kleinbetrieben gewährleistet ein breites und flexibles Angebot von Gütern und Dienstleistungen und trägt damit zu einer optimalen Versorgung der Verbraucher bei.

Vor diesem Hintergrund versteht es sich eigentlich von selbst, daß die Mittelstandspolitik einen hohen Rang im Zielkatalog der Bundesregierung einnimmt.

Ein leistungsfähiger Mittelstand ist und bleibt die beste Garantie für den Fortbestand einer freiheitlichen Wirtschaftsordnung und damit Eckpfeiler einer freien und demokratischen Gesellschaft.

IV. 4

Wirtschaftlicher und technologischer Wandel – Chance und Herausforderung für die mittelständische Wirtschaft

I.

Wirtschaftliches Wachstum und wirtschaftlicher Wandel sind untrennbar verbunden; sie sind die zwei Seiten derselben Medaille:

Wer wirtschaftliches Wachstum will, muß daher auch den wirtschaftlichen Wandel bejahen.

Wachstum zu wollen, ohne gleichzeitig auch die Notwendigkeit struktureller Änderungen zu akzeptieren, heißt zu verlangen: Wasch mir den Pelz, aber mach mich nicht naß.

Zu leugnen, daß wir überhaupt wirtschaftliches Wachstum brauchen, aber heißt:

Vor lauter grünem Wald die Bäume nicht mehr sehen. Denn jeder Einsichtige weiß, daß wir auf wirtschaftliches Wachstum nicht verzichten können, wenn wir unsere vielfältigen Aufgaben in Wirtschafts-, Beschäftigungs- und Sozialpolitik, bei Entwicklungshilfe und Umweltschutz sowie – last, not least – in der Verteidigungspolitik erfüllen wollen.

Das Phänomen des wirtschaftlichen Wandels hat in den letzten Jahren deutlich an Gewicht gewonnen, genauer gesagt: Es ist uns bewußter geworden, und es findet in der breiten Öffentlichkeit größere Beachtung.

Dabei hat sich das Bild vom wirtschaftlichen Wandel verdunkelt.

Es wird stärker von unbequemen und schmerzhaften strukturellen Schrumpfungs- und Anpassungsprozessen geprägt.

Die positiven Seiten des wirtschaftlichen Wandels, die Gewinne an Produktivität, Qualität, Vielfalt des Angebots und an Freizeit sind etwas in den Hintergrund gedrängt.

In der Tat ist es der Wirtschaft in den vergangenen Jahren

nicht mehr ganz so reibungslos gelungen, sich auf die oftmals rasch ändernden Bedingungen und Anforderungen einzustellen. Ein Grund dafür liegt sicherlich in der Häufung von Veränderungen, die außerdem teilweise auch massiver und schneller auftreten als früher. Als Ursachen für den verstärkten strukturellen Wandel in unserem Lande möchte ich nur erwähnen:

- den kräftigen Anstieg der Energie- und Rohstoffkosten,
- den raschen technologischen Wandel,
- das verstärkte Auftreten der Entwicklungsländer auf den Märkten der Industrieländer,
- den deutlichen Anstieg des Außenwertes der DM,
- die Verschiebungen bei der privaten Nachfrage und
- die Notwendigkeit eines verbesserten Umweltschutzes.

Diese Faktoren werden in den nächsten Jahren von uns allen ein außerordentliches Maß an Anpassungsfähigkeit und Anpassungsbereitschaft verlangen.

Dabei kommt dem technologischen Wandel eine Doppelrolle zu: er ist einerseits eine wichtige Ursache des wirtschaftlichen Wandels, andererseits ist er mit das wichtigste Instrument, um die vor uns liegenden Aufgaben zu lösen und die notwendige Anpassung zu bewältigen.

Ein anderer wichtiger Grund für die oftmals unvollkommene Anpassungsfähigkeit und mangelhafte Anpassungsbereitschaft der Wirtschaft in den letzten Jahren lag aber sicherlich auch in der zeitweise unbefriedigenden gesamtwirtschaftlichen Entwicklung.

Ausreichendes wirtschaftliches Wachstum, stabiles Preisniveau und hohe Beschäftigung erleichtern und beschleunigen den wirtschaftlichen Wandel und die notwendigen strukturellen Anpassungsprozesse. Verluste an Marktchancen und Arbeitsplätzen in schrumpfenden Bereichen werden dann durch Marktexpansion und neue Arbeitsplätze in anderen Branchen wettgemacht.

Die Widerstände gegen notwendige Anpassungen und Reibungsverluste sind dann geringer, Mobilität und Flexibilität höher.

Befriedigende gesamtwirtschaftliche Bedingungen lassen die Chancen, die der wirtschaftliche Wandel bietet, in einem helleren Licht erscheinen, während Risiken und Lasten im Hintergrund bleiben. Bei unbefriedigender gesamtwirtschaftlicher Entwicklung ist es eher umgekehrt.

Einer befriedigenden gesamtwirtschaftlichen Entwicklung kommt deshalb für die Bewältigung der strukturellen Anpassung eine große Bedeutung zu.

II.

Die Entwicklung der Weltwirtschaft steht an der Schwelle zum neuen Jahrzehnt im Zeichen der Unsicherheit über den weiteren Verlauf auf dem Welterdölmarkt und über die Kraft der Erdölimportländer, die Wirkungen der starken Erdölpreisschübe ohne dauerhafte Reibungsverluste zu bewältigen.

Das Inflationsproblem ist in den westlichen Industrieländern weiterhin eine der Hauptsorgen der Wirtschaftspolitik; die Inflation erschwert auch die notwendigen Anpassungsprozesse.

Nach den Erfahrungen der letzten Jahre stellt die Wiedereindämmung der Inflationserwartungen in den Industrieländern eine unverzichtbare Bedingung dafür dar, die Wachstums- und Beschäftigungsaussichten weltweit wieder zu festigen.

Da die internationalen Zahlungsbilanzprobleme derzeit weniger gravierend sind als Mitte der siebziger Jahre und dem jetzigen Erdölpreisschub – anders als 1973/74 – auch kein übersteigerter Boom mit hoher interner Inflationsdynamik voranging, braucht die jetzige Entwicklung keineswegs in eine ähnliche Weltrezession wie nach 1973/74 einzumünden.

Bei einer abgestimmten, konsequent auf Stabilisierung und strukturelle Anpassung ausgerichteten Wirtschaftspolitik der westlichen Industrieländer besteht durchaus eine gute Chance, die Klippen des Jahres 1980 zu umschiffen.

Auch in unserem Lande wird die wirtschaftliche Entwicklung von den Ölverteuerungen und der Unsicherheit über den weiteren Verlauf beim Erdöl überschattet.

Da die deutsche Wirtschaft jedoch im vergangenen Jahr kräftig in Schwung kam und sich insbesondere die private Investitionsneigung sehr gekräftigt hat, stehen wir vergleichsweise gut da.

Hinzu kommt: Die Verbesserung der wachstumspolitischen Rahmenbedingungen durch die finanz- und steuerpolitischen Maßnahmen der Bundesregierung sowie die den gesamtwirtschaftlichen Erfordernissen Rechnung tragende Lohnpolitik der Tarifparteien haben in den letzten Jahren die deutsche Wirtschaft robuster gegen künftige Belastungen gemacht.

So ist die deutsche Wirtschaft mit ungebrochener Investitionslust in das Jahr 1980 gegangen.

Die defizitäre Entwicklung der deutschen Leistungsbilanz wird sich zwar in diesem Jahr fortsetzen; sie beruht aber kaum auf einer grundlegenden Verschlechterung der deutschen Wettbewerbsfähigkeit auf den Weltmärkten, sondern ist in erster Linie auf die Erhöhung der Ölpreise und auf den Einfuhrsog durch den kräftigen Konjunkturaufschwung zurückzuführen.

Sorgen bereitet aber vor allem die Preisentwicklung.

Die gesamtwirtschaftliche Entwicklung 1980 und 1981 wird wesentlich davon abhängen, wieweit es uns gelingt, die Weiterwälzung der Ölverteuerung auf das unvermeidbare Maß zu beschränken.

Die Inflationsbekämpfung bleibt 1980 auch für die deutsche Wirtschaftspolitik die vorrangige Aufgabe.

Letztlich fällt in diesem Kampf aber die Schlüsselrolle einer verantwortungsbewußten Preispolitik den Unternehmen und einer stabilitätsgerechten Lohnpolitik den Tarifpartnern zu.

Die inländische Einkommensentwicklung muß widerspiegeln, daß jetzt für jede Tonne importiertes Öl mehr geleistet werden muß.

Das Stück Kuchen, das damit zusätzlich ins Ausland geht, kann aber im Inland nicht mehr verteilt werden, weder an den Staat noch an die Arbeitnehmer oder die Unternehmer.

Das gesamtwirtschaftliche Wachstum in der Bundesrepublik wird sich 1980 sicherlich spürbar verlangsamen; doch muß sich daraus auch in unserem Lande keineswegs eine rezessive Entwicklung wie 1973/74 entwickeln.

Voraussetzung dafür ist allerdings, daß die deutsche Volkswirtschaft den Herausforderungen durch die Erdölverteuerung und der daraus folgenden unsicheren Entwicklung der Weltwirtschaft mit verstärkter Anpassung, d. h. aber vor allem mit einem intensiveren wirtschaftlichen und technischen Wandel, begegnet.

Vordringlich sind jetzt energie- und rohstoffsparende Innovationen und Investitionen, die durch entsprechende Kostensenkungen bei der Produktion und durch neue und bessere Produkte die Wettbewerbsfähigkeit der deutschen Wirtschaft auf den Weltmärkten sichern.

Alles, was die gesamtwirtschaftlichen Kosten unnötig erhöht oder mögliche Kostensenkungen verhindert, verringert die Leistungskraft unserer Volkswirtschaft in einem kritischen Augenblick. Dazu gehören überzogene tarifliche Arbeitszeitverkürzungen genauso wie neue gesetzliche Feiertage, eine Unterbindung oder Bremsung von technischem Fortschritt ebenso wie überzogene Preisforderungen oder Lohnanhebungen.

Wenn es gelingt, solche Fehlentwicklungen zu vermeiden und gleichzeitig die sich bietenden Chancen zu nutzen, dann können wir der weiteren Entwicklung einigermaßen zuversichtlich entgegenblicken.

III.

Die deutsche Volkswirtschaft hat in der Vergangenheit immer wieder ihre enorme Anpassungskraft an veränderte wirtschaftliche Bedingungen bewiesen; ihre robuste Investitionsneigung wird ihr bei der Anpassung ebenso nützlich sein wie ihr hoher Stand der Technik und ihre breite Palette von qualitativ hochwertigen Produkten, insbesondere im Investitionsgüterbereich.

Diese setzen sie in die Lage, gerade die Güter zu entwickeln und anzubieten, die in einer Welt knapper werdender Energie und Rohstoffe besonders dringend gebraucht werden.

Welches Maß an Anpassung von den Unternehmen verlangt wird, kann man daraus ersehen, daß beispielsweise in der Elektronikindustrie die Hälfte aller 1982 hergestellten Produkte 1977 noch nicht auf dem Markt war.

Angesichts einer so rasanten Entwicklung bedarf es offensichtlich enormer Anstrengungen, um stets am Ball zu bleiben und möglichst sogar eine Nasenlänge vorne zu liegen.

Um den wirtschaftlichen und technischen Wandel bewältigen zu können, bedarf es einer Einstellung des einzelnen und der Gesellschaft, die Theodor Heuss einmal als »die ewige Wachheit für das Werdende« beschrieben hat.

Änderungen, die wichtig und durchsetzungsfähig sind, rechtzeitig zu erkennen, im Prozeß des wirtschaftlichen und technischen Wandels die Spreu vom Weizen zu trennen, ist eine wichtige unternehmerische Aufgabe; diese kann dem Unternehmer von niemandem abgenommen werden.

Zu glauben, daß der Staat oder Strukturräte es besser wissen müssen, was man in 20 Jahren an neuen Technologien braucht, als diejenigen, die im Markt stehen, die Unternehmensleiter, die Aufsichtsräte, das ist ein gefährlicher Irrtum.

Im Kampf gegen diesen Irrtum stehen wir Liberalen in der vordersten Front.

Unterstützen Sie uns in diesem Kampf, er liegt in Ihrem ureigensten Interesse!

Grundsätzlich erfordert der Strukturwandel in der Bundesrepublik eine verstärkte Ausrichtung der Wirtschaft auf technologieintensive Verfahren und Produkte, die ein hohes Qualifikationsniveau der Arbeitskräfte verlangen.

Soweit es Unternehmen aber gelingt, den hohen technologischen Stand ihrer Produkte und das hohe Qualifikationsniveau ihrer Arbeitskräfte mit der Nutzung von Marktnischen und dem Erkennen des spezifischen Geschmacks der Konsumenten zu verbinden, haben sie Marktchancen durchaus auch in Bereichen, die durch den Strukturwandel tendenziell gefährdet sind.

Kleine und mittlere Unternehmen haben bei diesem strukturellen Anpassungsprozeß gute Chancen, da sie im Vergleich zu Großunternehmen oft eine größere Flexibilität in der Produktion und eine stärkere Sensibilität gegenüber Markttrends besitzen.

Dank ihres Erfindungsreichtums, der besonderen Nähe zum Nachfrager und seinen Bedürfnissen sowie dank des persönlichen Einsatzes der Unternehmensleitung können sie sich häufig besser und schneller als Großunternehmen auf wirtschaftliche und technische Veränderungen einstellen.

Sie verfügen über ein beträchtliches Innovationspotential, wobei sie hinsichtlich Verfahrens- und Fertigungsinnovationen großen Unternehmen oft sogar überlegen sind.

Zugute kommt den kleinen und mittleren Unternehmen dabei die zunehmende Differenzierung der Nachfrage, die häufiger als früher kurzfristige Produktionsumstellungen bedingt.

Dazu kommt, daß der weitere Ausbau und die verstärkte Regionalisierung technischer Serviceleistungen die Errichtung kleinerer Unternehmenseinheiten auch in großbetrieblich strukturierten Branchen fördert, beispielsweise im Fahrzeugbau und in der Elektrotechnik.

Außerdem ist bei vielen Entwicklungslinien in der Werkstoff-, Produkt- und Verfahrenstechnologie zu erkennen, daß sie zu verkleinerten Anlagen, zu einem niedrigeren Betriebsgrößenoptimum, zu einer Dezentralisierung der Produktion und zu verminderten Kapitalanforderungen führen könnten.

Solche Effekte könnten vor allem von der Elektro- und Datentechnik sowie von der Elektronik ausgehen.

So wie früher einmal die Entwicklung des Elektromotors kleinere Kapital- und Unternehmenseinheiten erlaubte, könnten die heute verfügbaren technologischen Möglichkeiten die Gründung neuer Unternehmen und die Leistungs- und Wettbewerbsfähigkeit kleiner und mittlerer Unternehmen im Gewerbe und Handwerk fördern.

Auch die zunehmende Vielseitigkeit der modernen Wirtschaft, deutliche Reaktionen gegen den Massenkonsum und der Trend zum gehobenen Bedarf kommen der mittelständischen Wirtschaft in unserem Lande entgegen.

In vielen Bereichen sind große Unternehmen, selbst wenn wirtschaftliches Interesse besteht, nicht mehr in der Lage, der Spezialisierung zu folgen.

So entwickelte beispielsweise in Massachusetts/USA ein Unternehmen mit nur 40 Beschäftigten ein zentrales Präzisionsteil einer Lenkung für ballistische Flugkörper.

Trotz erheblicher Anstrengungen war das mit dem staatlichen Fertigungsauftrag betraute große Unternehmen nicht in der Lage, dieses Teil nachzubauen, so daß schließlich kleine Unternehmen die Produktion übernehmen mußten.

Die Zahl solcher Beispiele für die Chancen, die neue Aufgaben den mittelständischen Unternehmen bieten, ließe sich beliebig vermehren.

In der Wirtschaft der Bundesrepublik wird sich das Tätigkeitsfeld für mittelständische Betriebe eher erweitern als verkleinern.

Der Trend zur verstärkten Spezialisierung zeigt sich auch in der zunehmenden Arbeitsteilung, und zwar sowohl zwischen Großunternehmen und mittelständischen Unternehmen als auch innerhalb der mittelständischen Wirtschaft.

Das wird auch an der zunehmenden Bedeutung der Zulieferwirtschaft deutlich.

Es erscheint jedoch notwendig, daß sich auch kleine und mittlere Unternehmen stärker als bisher darum bemühen, die von ihnen benutzten Fertigungsverfahren und angebotenen Güter dem wirtschaftlichen und technischen Wandel anzupassen.

Zwar ist unbestreitbar, daß Großunternehmen mehr für Forschung und Entwicklung ausgeben als mittelständische, doch ist damit noch nichts über den Erfolg gesagt.

Nach amerikanischen Untersuchungen sind von rd. 60 bedeutsamen Erfindungen dieses Jahrhunderts nur ein Fünftel in Großunternehmen, mehr als die Hälfte aber von mittelständischen Unternehmen, Einzelforschern oder in Universitätsinstituten gemacht worden.

Praktische Fälle zeigen eindrucksvoll, wie sehr Einzelerfinder und kleinere Unternehmen die technische Entwicklung unseres Zeitalters entscheidend mitgeprägt haben.

Unter den Erfindungen, die kleineren Unternehmen oder Einzelpersonen zugeschrieben werden, befinden sich beispielsweise die Klimaanlage, das Elektronenmikroskop, die Magnettonaufnahme, die Servo-Lenkung, die Polaroid-Kamera, die Xerographie und der Transistor.

Diese Beispiele zeigen, daß es sich lohnt, Forschung und Entwicklung gerade auch in kleinen und mittleren Unternehmen anzuregen.

Forschungspolitik darf sich nicht vorwiegend an Großunternehmen richten.

Deshalb haben wir die indirekte Forschungsförderung verstärkt.

Eine Erfindung machen oder neues technologisches Wissen entwickeln heißt aber noch lange nicht, damit bereits eine wirtschaftlich verwertbare Leistung erbringen.

Zwischen der technischen Idee und Entwicklung einerseits

und deren Umsetzung in ein marktgängiges Gut andererseits liegt oft ein weiter, dorniger und risikovoller Weg.

Auf diesem Weg aber finden sich kleine und mittlere Unternehmen offenbar oftmals schneller und besser zurecht als große.

Statistiken zeigen nämlich, daß die Zeit zwischen Erfindung und erster wirtschaftlicher Nutzung bei mittelständischen Unternehmen deutlich kürzer ist als bei Großunternehmen.

Den kleinen und mittleren Unternehmen kommt dadurch eine bedeutende volkswirtschaftliche Rolle bei der Verbreitung technischer und wirtschaftlicher Neuerungen zu.

Dabei ist nicht allein ihre Pioniertätigkeit von entscheidender Bedeutung, sondern weit mehr noch ihre alltägliche, in kleinen Schritten und anonym ablaufende Neuerungstätigkeit im Rahmen der industriellen Technologie- und Leistungsverflechtung.

Die mittelständischen Unternehmen spielen einen entscheidenden Part bei der Erzeugung des Wettbewerbsdrucks, der nicht nur die Innovationen selber, sondern auch ihre rasche Diffusion bewirkt.

IV.

Ein besonders großer Anpassungsbedarf wird in den nächsten Jahren und Jahrzehnten ohne Zweifel im Energiebereich bestehen; deshalb sind hier auch Neuerungen und ihre rasche Verbreitung besonders nötig.

Mittelständische Unternehmen werden insbesondere auch bei der Energieeinsparung eine wichtige Rolle zu spielen haben.

Die Hauptgefahr einer Energiekrise liegt meines Erachtens darin, die rechtzeitige Anpassung an strukturelle Änderungen am Energiemarkt zu verpassen. Dann nämlich kann es zu schubartigen Verwerfungen kommen, welche die Marktwirtschaft im Energiebereich ernstlich in Frage stellen könnten.

Da der Energiemarkt ohnehin ein hohes Maß an Staatseingriffen aufweist, sollten weitere Eingriffe tunlichst vermieden werden.

Die vorhandenen marktwirtschaftlichen Elemente müssen

unbedingt erhalten bleiben; denn die Entwicklung der letzten Monate hat gezeigt, daß die Marktwirtschaft mit der Energiekrise dann fertig werden kann, wenn man nicht in ihre Funktionsbedingungen eingreift.

Diese Auffassung bestätigte auch der wissenschaftliche Beirat beim Bundesminister für Wirtschaft in seinem jüngst vorgelegten Gutachten.

Die Bundesregierung wird auch weiterhin auf den Markt setzen, ohne allerdings in wirtschaftspolitische Abstinenz zu verfallen.

Ein Kernstück unserer Energiepolitik sind und bleiben die Maßnahmen zur sparsamen und rationellen Energieverwendung.

Wie man weiß, spielt dieser Bereich der Energiepolitik schon seit 1974 eine bedeutende Rolle.

Das damals angekündigte Programm der Bundesregierung ist inzwischen weitgehend durchgeführt.

Weitere Maßnahmen haben wir im Mai und September 1979 beschlossen.

Mit unserer Politik des »Weg vom Öl« sind wir inzwischen auch ein gutes Stück vorangekommen.

Der Anteil des Öls am gesamten Primärenergieverbrauch hat sich von 55 Prozent im Jahre 1973 auf 51 Prozent im Jahre 1979 vermindert.

Der Ölverbrauch sowie der Primärenergieverbrauch insgesamt lagen im Jahre 1979 nur leicht über dem Wert des Jahres 1973, obwohl sich das reale Bruttosozialprodukt gleichzeitig um rd. 15 Prozent erhöht hat, der Bestand an Personenkraftwagen um ein Drittel gestiegen und der Wohnkomfort erheblich gewachsen ist.

Der Öleinsatz in den Kraftwerken wurde bei steigender Stromerzeugung erheblich gesenkt.

1973 wurden fast 15 Prozent des Stroms aus Öl erzeugt, 1978 waren es noch knapp 9 Prozent, und der Anteil fällt weiter.

Es bleibt beim grundsätzlichen Verbot, neue Ölkraftwerke zu bauen.

1979 ist der Inlandsabsatz an Motorenbenzin lediglich um 1,5 Prozent angestiegen, obwohl der Bestand an Kraftfahrzeugen sich in diesem Jahr um fast 6 Prozent erhöht hat.

Somit scheinen die Sparappelle und auch die Entwicklung der Preise das Fahrverhalten der Bevölkerung positiv beeinflußt zu haben.

Diese Teilerfolge dürfen nicht darüber hinwegtäuschen, daß sich das Ziel einer strukturellen Änderung hin zu möglichst sparsamer und rationeller Nutzung von Energie in allen Bereichen nur mittel- und langfristig erreichen läßt.

Einsparpolitik ist kein Feld für kurzfristige Erfolge; sie muß vielmehr – wie jede vernünftige Energiepolitik – langfristig angelegt sein.

Wir dürfen daher in unseren Einsparbemühungen nicht nachlassen, sondern müssen sie verstärken.

Bei diesen Bemühungen tatkräftig mitzuwirken, ist für die mittelständische Wirtschaft Aufgabe und Chance zugleich.

Angesichts der großen Zahl kleiner und mittlerer Unternehmen in der deutschen Wirtschaft kommt der Energieeinsparung gerade in diesem Bereich eine nicht zu unterschätzende Bedeutung zu.

Verschiedene Untersuchungen aus letzter Zeit, z. B. auch eine Umfrage der Handwerkskammer Münster, zeigen, daß auch mittelständische Unternehmen allgemein mit steigenden Energiekosten rechnen und zunehmend energiesparende Maßnahmen aller Art ergreifen.

Ein Teil dieser Betriebe hat dies schon in der Vergangenheit getan, ein Teil hat dieser Frage bisher – oft wegen eines relativ geringen Energiekostenanteils – noch nicht die notwendige Aufmerksamkeit gewidmet.

Hemmnisse liegen oft im fehlenden Wissen über die zu ergreifenden Maßnahmen und in der Furcht vor Störungen des Betriebsablaufs.

Hier tut Energieberatung not.

Die Bundesregierung unterstützt die Energieberatung mit dem seit 1978 laufenden Programm zur Förderung der Beratung und Information kleiner und mittlerer Betriebe über Maßnahmen zur Energieeinsparung.

Mein Haus prüft z. Z. die Möglichkeiten, dieses Programm zu erweitern und noch näher an die betriebliche Praxis heranzuführen.

Ich begrüße besonders auch die zunehmenden Aktivitäten der Handwerksorganisationen zur Energieeinsparung, so z. B.

die zunehmende Aufklärungsarbeit des Zentralverbandes des Deutschen Handwerks.

Auch die Einsetzung von Beauftragten für Energieeinsparung bei den Handwerkskammern wird dazu beitragen, die Information und Beratung der Betriebe zu verstärken.

Um den Betrieben die notwendigen energieeinsparenden Investitionen zu erleichtern, stellt die Bundesregierung eine breite Palette finanzieller Hilfen zur Verfügung.

Ich nenne hier vor allem die Zulage nach § 4a Investitionszulagengesetz, die z. B. mit der Förderung von Wärmepumpen und Wärmerückgewinnungsanlagen auch mittelständischen Unternehmen zugute kommt.

Weiter sind zu nennen die steuerliche Förderung aus dem 4,35-Mrd.-DM-Programm, verschiedene ERP-Programme und die zinsgünstigen Kredite der Kreditanstalt für Wiederaufbau, die auch für energiesparende Investitionen in Anspruch genommen werden können. Hinzu treten zunehmend Förderprogramme der Bundesländer.

Ich bin der Meinung, daß damit ein umfassendes System von Finanzhilfen zur Verfügung steht, das sowohl der gesamtwirtschaftlichen Bedeutung des Energiesparproblems wie auch den mittelständischen Finanzierungsbedürfnissen Rechnung trägt.

Der Strukturwandel am Energiemarkt und die Notwendigkeit des Energiesparens sind aber nicht nur ein leidiges Schicksal, das es zu ertragen gilt.

Sie bergen auch große Chancen, die wir ergreifen sollten.

Die vielfältigen bereits bekannten und noch weiter zu entwickelnden Techniken der Energieeinsparung bieten gerade kleinen und mittleren Unternehmen ein weites Aktionsfeld.

So sind z. B. im Ausbaugewerbe seit vielen Monaten kräftige Wachstumsimpulse zu verzeichnen.

Mancher energiebewußte Hausbesitzer muß – für uns bedauerlicherweise – bereits länger als geplant auf die Handwerker warten.

Die Wachstumsimpulse erfassen zunehmend die gesamte Energietechnik: Hersteller von Erzeugnissen der Meß- und Regeltechnik und Unternehmen, die Dämmstoffe und andere wärmeisolierende Baustoffe herstellen, stehen auf der Sonnenseite nach den Ölpreiserhöhungen.

Die drastischen Preiserhöhungen für leichtes Heizöl haben aber auch die Marktchancen alternativer und unerschöpflicher Energieträger beträchtlich verbessert.

Sichtbares Zeichen dafür sind beispielsweise die deutlich verlängerten Lieferfristen für Wärmepumpen.

Unkonventionelle Methoden der Heizung und Warmwasserbereitung sind zumindest für Neubauten wirtschaftlich interessanter geworden als noch vor wenigen Jahren.

Auch im Gebäudebestand werden sich trotz der deutlich höheren Investitionskosten zunehmend neuartige Heizungsanlagen und -techniken durchsetzen, denn in den nächsten 20 Jahren müssen die meisten bestehenden Heizsysteme erneuert werden.

Wir wissen, daß gerade auch mittelständische Unternehmen in diesen Bereichen, z. B. in der Entwicklung und Markteinführung von Wärmepumpen, einen zukunftsträchtigen neuen Geschäftszweig entdeckt haben.

Gute Geschäftsaussichten zeichnen sich aber nicht nur in den genannten Bereichen ab.

Energiesparende Produkte und Verfahren müssen und werden – so hoffe ich – in allen denkbaren Anwendungsbereichen verstärkt Eingang finden.

Mit ihrer bereits erwähnten traditionell großen Flexibilität und ihrem Einfallsreichtum kann die mittelständische Wirtschaft zur Beschleunigung dieses Prozesses beitragen.

Naturgemäß sind Entwicklung und Markteinführung neuer energiesparender Produkte und Verfahren vielfach mit hohen finanziellen Risiken behaftet, die es zu überwinden gilt.

Nutzen Sie dazu die vielfältig gebotenen öffentlichen Hilfen, angefangen bei den Förderprogrammen für Forschung und Entwicklung bis hin zur Förderung der beschleunigten Markteinführung energiesparender Technologien und Produkte.

V.

Ich will nur einige dieser speziellen Förderungsmaßnahmen erwähnen.

Da die Innovationsfähigkeit der kleinen und mittleren Unternehmen für unsere Volkswirtschaft gerade in der gegenwärtigen Phase schwieriger Anpassungsprozesse einen erheblichen Aktivposten darstellt, wurde die mittelstandspolitische Technologieförderung in den letzten Jahren wesentlich verstärkt.

Auch den mittelständischen Unternehmen, die keine eigenen Forschungs- und Entwicklungskapazitäten besitzen, bieten sich viele Wege, neue Technologien einzusetzen und zu nutzen.

So können sie neue technologieintensive Investitionsgüter und Komponenten beschaffen, die wegen ihres breiten Leistungsspektrums innovativ eingesetzt werden können.

Neue Technologien können ferner im Wege der Vertragsforschung entwickelt und erprobt werden oder in Form von Lizenzen und Patenten erworben werden. Daneben kann auch die Zusammenarbeit mit den Herstellern von neuen Technologien und Verfahren sowie mit Unternehmen der gleichen Branche im Bereich von Forschung und Entwicklung ein Weg zu einem höheren technischen Standard sein.

Im Interesse eines möglichst umfassenden Ansatzes und um Verzerrungen zu vermeiden, werden von der Bundesregierung sowohl Investitionen als auch Personalausgaben für eigene Forschung und Entwicklung sowie externe Vertragsforschung, Gemeinschaftsforschung und Erstinnovationen gefördert. Bei allen Investitionen im Forschungs- und Entwicklungsbereich werden die ersten 500 000 DM Anschaffungs- und Herstellungskosten mit einer Zulage von 20 Prozent, darüber hinausgehende Kosten mit einer Zulage von 7,5 Prozent bezuschußt.

Diese Regelung kommt der Forschung und Entwicklung in mittelständischen Unternehmen besonders zugute.

Besonders hervorheben möchte ich das 1979 eingeführte Programm zur Gewährung von Zuschüssen zu Aufwendungen für das in Forschung und Entwicklung tätige Personal.

Dieses Programm trägt der Tatsache Rechnung, daß viele mittelständische Unternehmen verglichen mit den Personalausgaben nur relativ geringe Investitionsausgaben für Forschung und Entwicklung haben.

Das Programm wird sehr unbürokratisch über die Arbeitsgemeinschaft Industrieller Forschungsinstitute (AIF) abgewickelt.

Die Wirtschaft hat es hervorragend angenommen, insbesondere in Baden-Württemberg, wo 1979 rd. 25 Prozent der Fördermittel hingingen.

Kleine und mittlere Unternehmen des produzierenden Gewerbes erhalten auf die im F- und E-Bereich anfallenden ersten 300000 DM an Löhnen und Gehältern einen Zuschuß von 40 Prozent, auf höhere Aufwendungen einen Zuschuß von 25 Prozent.

Der Höchstbetrag des Zuschusses pro Unternehmen und Jahr ist 400000 DM.

Die externe Vertragsforschung wird mit einem Zuschuß von 30 Prozent zu dem Entgelt, das der Auftraggeber zahlt, bedacht.

Der Höchstzuschuß pro Unternehmen und Jahr ist hier 120000 DM.

Seit 1971 wird die Entwicklung technologisch neuer Produkte und Verfahren vom Bundesminister für Wirtschaft durch bedingt rückzahlbare Zuwendungen in Höhe von 50 Prozent gefördert, um das damit verbundene finanzielle Risiko für die Unternehmen auf ein erträgliches Maß zu reduzieren.

Diese Maßnahmen sollen, zusammen mit einer Reihe anderer Aktivitäten der Bundesregierung, den mittelständischen Unternehmen Anreize geben, ihr Forschungs-, Entwicklungs- und Innovationspotential zu festigen und gleichzeitig auszubauen.

Dies schafft bessere Voraussetzungen für Produkt- und Verfahrensinnovationen, steigert ihre Wettbewerbs- und Leistungsfähigkeit und ihre Fähigkeit, dem wirtschaftlichen und technischen Wandel zu folgen und sich in strukturellen Anpassungsprozessen zu behaupten.

Ein weiterer Weg, technologisches Wissen in marktwirtschaftlich relevante Güter umzusetzen, sind technologieorientierte Unternehmensgründungen.

Im Vergleich zu den USA wird dieser Weg in der Bundesrepublik nur wenig beschritten.

Bei der Ebnung dieses Weges hat die Deutsche Wagnisfinanzierungsgesellschaft in den vergangenen Jahren Pionierleistungen erbracht, indem sie Risikokapital für die Marktdurchsetzung technischer Innovationen bereitstellte.

Der Bund fördert ihre Tätigkeit, indem er ihre Verluste während der Anlaufphase teilweise übernimmt.

Da junge Unternehmer besonders anpassungs- und innovationsfreudig sind, und um den Wettbewerb in unserer Wirtschaft auch durch einen ständigen Strom nachwachsender Unternehmen zu sichern, wurde 1979 ein Eigenkapitalhilfe-Programm eingeführt und das ERP-Existenzgründungsprogramm weiter ausgebaut.

Dadurch soll der Mangel an Risikokapital gemildert werden, der oft ein unüberwindliches Hindernis auf dem Weg in die Selbständigkeit ist.

Solche speziellen mittelstandspolitischen Maßnahmen – außer den von mir hier erwähnten gibt es noch eine Reihe anderer Programme – sind sicherlich sehr nützlich, insbesondere um Anreize zu einem flexiblen, innovationsfreudigen Verhalten der mittelständischen Unternehmen zu geben, ihre Leistungsfähigkeit zu steigern und ihre Finanzierungsmöglichkeiten zu verbessern. Dies liegt im gesamtwirtschaftlichen Interesse, denn dadurch wird die Bewältigung des wirtschaftlichen und technischen Wandels erleichtert.

Spezielle Maßnahmen können jedoch stets nur ergänzender Natur sein, indem sie Hilfe zur Selbsthilfe geben.

Das finanzielle Gesamtvolumen der mittelstandspolitischen Fördermaßnahmen des Bundes erreichte 1979 rd. 5,6 Milliarden DM, das sind rd. 7 ½ Prozent mehr als 1978.

Ein weiterer Ausbau dieses Instrumentariums stößt naturgemäß an finanzielle Grenzen.

Die angemessene und notwendige Berücksichtigung mittelständischer Unternehmen im Rahmen der staatlichen F- und E-Politik, die Steigerung ihrer Leistungsfähigkeit und die Sicherung ihrer finanziellen Basis, die nötige Chancengleichheit und der Nachteilsausgleich für sie, sollten weniger dadurch angestrebt werden, daß durch weitere Sonderprogramme den kleinen und mittleren Unternehmen ein größeres Stück vom Subventionskuchen zugeteilt wird.

Das Schwergewicht einer erfolgversprechenden breitenwirksamen und nachhaltigen Mittelstandspolitik muß vielmehr auf der Setzung von Rahmenbedingungen liegen, die den kleinen und mittleren Unternehmen Chancengleichheit gewährleisten, ihre Leistungs- und Risikofreude sichern und die wirtschaftlichen, finanziellen und technologischen Voraussetzungen für eine erfolgreiche und nutzbringende Teilhabe am wirtschaftlichen und technischen Wandel schaffen.

VI.

Für die Ertragskraft von mittelständischen Unternehmen ist die Steuerpolitik ein wichtiger Einflußfaktor.

Die Steuerpolitik der Bundesregierung ist durch eine leichte Absenkung der gesamtwirtschaftlichen Steuerquote von rd. 24 Prozent 1969 auf gut 23 Prozent 1979 gekennzeichnet; diese Zahlen mögen die landläufige Meinung geraderükken, daß die Steuerlast generell steige.

Gesunken sind in den letzten zehn Jahren auch die Anteile der Einkommen- und Körperschaftsteuer – nämlich von 19 auf 17 Prozent – und der Anteil der Gewerbesteuer am Gesamtsteueraufkommen – nämlich von 10½ Prozent 1969 auf 8½ Prozent 1979.

Bekanntlich wurde die Gewerbesteuer zwischen 1978 und 1980 spürbar gesenkt. Dies hat zu einer merklichen Steuerentlastung der mittelständischen Unternehmer geführt.

Von den jüngst beschlossenen steuerpolitischen Maßnahmen für die Jahre 1981 und 1982 möchte ich die Anhebung des steuerlichen Vorwegabzuges für Vorsorgeaufwendungen um 500 DM für Ledige und 1000 DM für Verheiratete ab 1. 1. 1982 erwähnen.

Diese Maßnahme kommt vor allem den Selbständigen zugute.

Sie wird den Bürgern rd. 1,6 Milliarden DM bringen.

Die ebenfalls beschlossene Übernahme der ertragsteuerlichen Werte für Pensionsrückstellungen bei der Einheitsbewertung des Betriebsvermögens bringt eine wesentliche Arbeitsvereinfachung für die Unternehmen und führt zu Mindereinnahmen des Staates von 300 Millionen DM.

Diese Maßnahmen erleichtern, zusammen mit den bereits früher beschlossenen Steuererleichterungen, den Steuerdruck auf kleine und mittlere Unternehmen. Sie verbessern damit ihre Existenz- und Leistungschancen sowie ihre Fähigkeit, sich im wirtschaftlichen Wandel zu behaupten.

Wenn es uns gemeinsam gelingt, mit den aktuellen Herausforderungen fertig zu werden und die sich bietenden Chancen zu nutzen, dann können wir der weiteren gesamtwirtschaftlichen Entwicklung einigermaßen zuversichtlich entgegensehen.

Eine günstige Entwicklung der Gesamtwirtschaft aber ist der Nährboden, auf dem auch die mittelständische Wirtschaft am besten gedeihen kann.

KAPITEL V

VON DER SOZIAL- ZUR EINKOMMENS-PARTNERSCHAFT

Weil der Lohn nicht nur »Preis«, sondern für die größte Bevölkerungsgruppe jeder Wirtschaftsgesellschaft, die Arbeitnehmer, zugleich »Einkommen« darstellt, hat sich die Lohnbildung schon vor über 100 Jahren in fast allen westlichen Industrieländern aus dem Prozeß der Marktwirtschaft herausgelöst. Eine Entwicklung, die weder zu bedauern, vor allem aber nicht mehr zu ändern ist. Nur: Wenn über Löhne nicht mehr der Markt, sondern das Verhandlungsgeschick von Arbeitnehmer- und Arbeitgeberkoalitionen entscheidet, dann treiben diese »Sozialpartner« Wirtschaftspolitik, auch wenn sie selber glauben, es handle sich »nur« um Lohn- oder Tarifpolitik. Um so mehr, wenn diese Tarifeinkommen 70 Prozent und mehr des Volkseinkommens ausmachen.

So unstreitig die Tarifautonomie der Sozialpartner ist, verlangt sie doch die Einhaltung fester Spielregeln. Die erste und wichtigste ist, daß man auf beiden Ebenen der Wirtschaftspolitik der »übergeordneten« von Regierung und Notenbank, die für das *ganze* Sozialprodukt (sein Wachstum und seine Verteilung) zuständig sind und der »nachgeordneten« der Sozialpartner (die »nur« über rd. 70 Prozent des Ganzen befindet) dieselbe Ökonomie anwendet, dasselbe Einmaleins.

Wenn bis zu drei Viertel des gesamten Realeinkommens oder Sozialprodukts heute in fast allen Industriestaaten durch die autonomen Sozial- oder richtiger Einkommenspartner auf beiden Seiten der Verhandlungstische fixiert werden, dann nehmen diese – auch wenn sie nicht wahrhaben wollen – wesentlichen Einfluß auf die Wachstums- und Stabilitätspolitik. Sie müssen sich daher mit Regierung und Notenbank verständigen.

Nur wie?

Aus diesem Dilemma aller Industriestaaten, nicht nur der Bundesrepublik Deutschland, gibt es nur zwei Auswege: Entweder die Regierung erläßt analog zu den »Geldmengenzielen« der Notenbank, die die Grenzen der Finanzierungsspielräume aufzeigen, »Einkommensrichtlinien«, die die Tarifautonomie einschränken (wie die Geldmengenziele die Kreditschöpfungsautonomie der Banken). Oder aber die autonomen Einkommenspartner stimmen ihre Verhandlungsspielräume mit den »eigentlich« wirtschaftspolitisch verantwortlichen Instanzen ab. Tertium non datur.

Die im Stabilitäts- und Wachstumsgesetz vorgesehenen Abstimmungsinstrumente, Jahreswirtschaftsbericht, konzertierte Aktion (in welcher Form und Besetzung auch immer) sind »Angebote« der Wirtschaftspolitik an die autonomen Gruppen im Sinne einer gesamtwirtschaftlichen Gewaltenteilung und Mitverantwortung. Die Einkommenspartner sollten sie im Interesse des gesamtwirtschaftlichen Friedens und der Legitimierung ihrer eigenen Stellung im Rahmen der marktwirtschaftlichen Ordnung nutzen.

V.1

Sozialpolitik in der Marktwirtschaft

I.

Wenn der Wirtschaftsminister über Sozialpolitik schreibt, so deshalb, weil sein Interesse an einer funktionierenden sozialen Sicherung nicht geringer ist als das Interesse des Arbeitsministers an einer florierenden Wirtschaft.

Eigentlich sollte es eine Banalität sein, daß zwischen Wirtschaftlichem und Sozialem Interdependenz besteht.

Daß es nicht ganz so banal ist, zeigt die tägliche Wirklichkeit.

Trotz der Erkenntnisse gerade in den letzten Jahren haben wir uns immer wieder mit Forderungen ohne Rücksicht auf das wirtschaftlich Machbare auseinanderzusetzen.

Manche scheinen zu glauben, daß in der Sozialpolitik im Himmel gefüttert und auf Erden gemolken werden kann und daß jedenfalls Wirtschaftsunternehmen beliebig belastbar sind.

Es gibt aber umgekehrt auch Wirtschaftler, die glauben, daß soziale Sicherung eigentlich ein Luxus sei, den man bei wachsendem Wohlstand immer weiter abbauen könne.

Die Erkenntnis, daß nur in einer florierenden Wirtschaft auch eine gute Sozialpolitik betrieben werden kann, daß nur in einer florierenden Wirtschaft alle jene Leistungen finanziert werden können, die wir heute für notwendig und sinnvoll halten; diese Erkenntnis hat sich – trotz ihrer Evidenz – noch immer nicht überall herumgesprochen.

Ebenso gibt es aber auch Erkenntnislücken über die Bedeutung der sozialen Sicherung für die Wirtschaft.

In einer freien Wirtschaft und Gesellschaft machen die Menschen die ihnen abverlangten schnellen Veränderungen nur dann mit, werden sie sich gegen die notwendigen Veränderungen nicht sträuben, wenn sie nicht damit rechnen müssen, eines Tages auf dem Schrotthaufen des sogenannten Fortschritts zu landen.

Voraussetzung für die Bereitschaft, die notwendigen Strukturänderungen zu akzeptieren, ist es, daß diese Strukturänderungen ohne allzu große Reibungen und persönliche Opfer verlaufen.

Eine solche Bereitschaft kann nur erwartet werden, wenn dieses System sozialer Sicherungen im weitesten Sinne seine Aufgabe erfüllt.

Eine dynamische Wirtschaft kann nach unserer Erkenntnis dauerhaft nur in Verbindung mit einem System sozialer Sicherungen betrieben werden.

Nur dann werden die Menschen, die als Unternehmer und Arbeitnehmer tätig sind, bereit sein, Risiken zu übernehmen.

Umgekehrt läßt sich soziale Sicherung um so besser verwirklichen, je besser die Wirtschaft floriert.

In einer notleidenden Wirtschaft wird nämlich auch die soziale Sicherung notleidend. Sie hat dann immer mehr die Aufgabe einer Ambulanz und wird zu einer nur noch schwer zu tragenden Belastung.

Bei florierender Wirtschaft dagegen kann sie am ehesten zur Stärkung der wirtschaftlichen Leistungsfähigkeit der einzelnen und damit zur Verbesserung ihrer Möglichkeiten, an dieser dynamischen Wirtschaft teilzunehmen, beitragen.

Die Marktwirtschaft hat aber auch in sich eine soziale Funktion.

Das Soziale beginnt nicht erst mit der Sozialpolitik.

Ein System, dessen Herzstück der Wettbewerb, die Balance der Kräfte ist, das wie kein anderes Chancen ermöglicht, Spielraum gewährt, wirtschaftliche Macht bändigt, erfüllt damit eine eminent gesellschaftliche Funktion. Ordnungspolitik ist in diesem Sinne auch Sozialpolitik.

Es widerspricht mitnichten den Geboten des Sozialstaates, wenn soziale Sicherungen so weit als möglich marktkonform gestaltet werden.

Im Gegenteil, die Vernachlässigung von Marktgesetzen schlägt oft genug zum Schaden der Beteiligten aus.

Ich stimme Prof. Stützel zu, wenn er sagt:

»Wo auch immer Politiker meinten, Sozialem statt durch offene ›Abgaben‹ und offene ›Direkt-Beihilfen an die Bedürftigen selbst‹ durch Eingriffe in das Preisgefüge oder Produzenten-Subventionen zum Zuge verhelfen zu können, hat regelmäßig Wohlgemeintes zum Nachteil der Bedachten ausgeschlagen, hatte also das Wohlgemeinte einen Bumerang-Effekt.« Schutzvorschriften für Frauen bis hin zum Mutterschaftsurlaub, für sich allein sinnvoll und von allen für notwendig gehalten, haben die Beschäftigungschancen der Frauen verschlechtert.

Der starke Kündigungsschutz für Ältere verursacht zugleich die höhere Arbeitslosigkeit der 20–25jährigen.

Es gibt also eine enge Interdependenz von Wirtschaftlichem und Sozialem, die von beiden Seiten her gesehen und beachtet werden muß. Die Marktwirtschaft ist Basis eines freiheitlichen Systems sozialer Sicherungen.

Und das sage ich jetzt ganz bewußt als Wirtschaftsminister: Das System der sozialen Sicherung hat geradezu den Charakter eines »vierten« Produktionsfaktors.

Mit einer solchen Erklärung ist freilich noch nichts darüber gesagt, wie dieses System funktioniert, was an diesem System notwendig und nicht verzichtbar ist und was man vielleicht ändern muß. Wir befinden uns ja hier in einer Art permanenter Diskussion.

In diesem Zusammenhang scheint mir auch der Streit um den Primat von Wirtschafts- oder Sozialpolitik müßig, denn Wirtschafts- *und* Sozialpolitik dienen gemeinsam der Verwirklichung der Ziele der Gesellschaftspolitik.

Sozialpolitik im weiteren Sinn ist eben mehr als nur die Garantie eines finanziellen Minimums für den Lebensunterhalt des Bürgers.

Über dieses Grundanliegen hinaus ist es eine entscheidende Aufgabe der Sozialpolitik, einen breiten gesellschaftlichen Grundkonsens zu sichern.

In dieser Hinsicht können wir hier in der Bundesrepublik insgesamt zufrieden sein.

Die Bundesrepublik Deutschland gilt als ein Land, in dem der soziale Friede alles in allem bisher kaum gefährdet war.

Daran ändern kostspielige Streiks wie seinerzeit im Druckgewerbe und in der Metallindustrie wenig.

Man fragt sich nach den Ursachen:

Sind die Deutschen inzwischen besonders friedlich?

Das dürfte in der Welt einer gewissen Skepsis begegnen.

Sind sie auch bei Lohnverhandlungen obrigkeitsergeben?

Wohl kaum, die deutschen Gewerkschaften sind stark und selbstbewußt.

Offenbar gibt es darauf aber doch eine Antwort: Die große Mehrheit steht zum System der sozial abgesicherten Marktwirtschaft, von dem sie die Interessen aller, auch divergierende Interessen, immer noch am besten wahrgenommen weiß.

Dieses System will man nicht ernsthaft gefährden.

Es gibt daher auch keine wirkliche Chance für Umstürzler.

Daran ändert nicht, daß es – außerhalb der Gewerkschaften – einige Leute gibt, die das System verändern wollen.

Ihnen fehlt eine entscheidende Voraussetzung zum Erfolg: Nach Mao Tse-tung muß der Guerilla im Volke schwimmen wie der Fisch im Wasser.

Die deutschen Revoluzzer zappeln auf dem trockenen.

Das alles ist nicht zufällig.

Unsere Arbeitnehmer sind am Erfolg der Marktwirtschaft voll beteiligt.

Die Reallöhne sind zeitweise sogar schneller gestiegen als das reale Bruttosozialprodukt. Darüber hinaus wissen unsere Arbeitnehmer, daß sie weder am Ende ihres Erwerbslebens noch auch während ihres Erwerbslebens sozial abstürzen können.

Der soziale Status in der Gesellschaft, den sie sich erarbeitet haben und erarbeiten, wird abgesichert durch ein vielfältiges System sozialer Sicherungen, und zwar durch gesetzliche Sicherungen, durch tarifvertraglich vereinbarte Sicherungen – wie z. B. Rationalisierungsschutzabkommen – und schließlich durch private Sicherungen.

Die privaten Sicherungen sind ein wichtiger Bestandteil unseres gesamten Systems.

Das gilt, auch wenn sie im Umfang mit den gesetzlichen Systemen nicht konkurrieren können. Ihre Bedeutung liegt auf zwei Gebieten: Einmal gewähren sie individuellen Gestaltungsraum, den die notwendig uniformen gesetzlichen Sicherungen nicht gewähren können.

Zum anderen sind sie ein Stück permanente Konkurrenz, Hinweis, wie man es besser machen, sich elastischer verhalten kann.

Wir brauchen sie wie das Salz in der Suppe.

Es darf keine Entwicklung geben, die vorhandene Wahl- und Gestaltungsmöglichkeiten einschränkt.

Das Heil liegt nicht in einem großen Einheitssystem.

Die Betätigungsmöglichkeiten für die privaten Versicherungen müssen deshalb ebenso wie die für die betrieblichen Einrichtungen erhalten bleiben.

Das heißt aber auch, um es im Klartext zu sagen, es kann keinen Alleinvertretungsanspruch der gesetzlichen Sicherung und damit auch keine totale – alles deckende – Versicherungspflicht geben.

Das ist nicht nur eine Frage des Interesses von Unternehmen; das liegt im wohlverstandenen Interesse aller freien Bürger.

Die Einstellung unserer Bürger zur sozialen Marktwirtschaft wird aber nicht nur durch die soziale Sicherung bestimmt, sondern – und das gilt vor allem für die Arbeitnehmer – ebenso durch ein das Gefühl der Sicherheit vermittelndes, weitausgebautes Arbeits- und Arbeitsschutzrecht.

Zudem läßt die Mitbestimmung der Arbeitnehmer sie an den Entscheidungsprozessen ihres Unternehmens teilhaben und bindet sie in die Verantwortung ein.

Auf dieser Grundlage kann sich Vertrauen als Voraussetzung für faire Zusammenarbeit entwickeln, lassen sich Spannungen und Reibungsverluste zum Nutzen unserer Wirtschafts- und Sozialordnung ausschalten.

Die Möglichkeiten und Chancen der Kooperation sollten von allen Beteiligten genutzt werden.

Es geht dabei nicht um den weiteren Ausbau der Mitbestimmung in Richtung auf Parität.

Ich meine, wir haben hier die Grenze dessen erreicht, was für unsere Gesellschafts- und Wirtschaftsordnung vertretbar ist, eine Wirtschafts- und Gesellschaftsordnung, die persönliche Initiative, Risikobereitschaft und Verantwortung fordert, Vertragsfreiheit, Privateigentum und freie Berufswahl – einschließlich der unternehmerischen Betätigung – anerkennt und die persönliche Freiheit des Bürgers sichert.

Jedes Mehr an Mitbestimmung würde den Umschlag der Quantität in die Qualität einer anderen Gesellschaftsordnung bedeuten.

Das gilt, gerade wenn man die Vorzüge unserer geltenden Mitbestimmungsregeln anerkennt. Die Balance muß gewahrt werden.

Das gilt nicht nur für den Unternehmensbereich.

Innerbetrieblich wird durch die rechtlich abgesicherte Vertretung der Arbeiter und Angestellten gewährleistet, daß ihre spezifischen sozialen und wirtschaftlichen Belange wirkungsvoll und auch ohne Konflikte vertreten werden können.

Diese Rechte können nicht auf Mehrheiten beschränkt bleiben.

Wo einzelne Gruppen eigene anzuerkennende Belange haben, sollte ihnen der Gesetzgeber den Rahmen zur Verfügung stellen, den sie zur wirksamen Wahrnehmung ihrer Rechte brauchen.

Das gilt auch für die Führungskräfte der Wirtschaft, deren spezifische Position das Mitbestimmungsgesetz anerkannt hat, ohne daß daraus bisher die betriebsverfassungsrechtlichen Folgerungen gezogen worden wären.

Ich vermag jedenfalls angesichts der Anstrengungen, die wir für Arbeiter und Angestellte unternommen haben, nicht einzusehen, mit welcher tragfähigen Begründung den leitenden Angestellten eine gesetzliche Grundlage für ihre Vertretung, wie sie die Praxis in vielen Sprecherausschüssen kennt, versagt werden kann.

Hier bietet sich Neuland zur Fortentwicklung der sozialen Ordnung.

Die positiven Wirkungen unseres Arbeitsrechts und unserer Arbeitsschutzrechte dürfen einen allerdings nicht daran hindern, auch gewisse negative Folgen zu sehen.

Es gibt keine Medaille, die nur eine Seite hat.

Deshalb muß die menschengerechtere Gestaltung des Arbeitslebens, die Humanisierung auch wirtschaftlich vertretbar sein.

Hohe Lohn- und Sozialkosten, aber auch die Schwierigkeiten, einem Arbeitnehmer zu kündigen, können sich z. B. als Barriere gegen eine Einstellung von Arbeitnehmern erweisen und damit schaden, wo sie nutzen sollen.

In der Lohnpolitik wird immer wieder – als Sozialkomponente propagiert – eine stärkere Erhöhung der unteren Lohngruppen gefordert. Am deutlichsten geschieht das mit der sogenannten Sockelpolitik.

Das Ergebnis dieser Politik ist eine De-facto-Mindestlohnarbeitslosigkeit der unteren Qualifikationen.

Einfache Arbeit ist vielfach einfach zu teuer geworden.

Sozialer Schutz ist eben nicht billig, weder insgesamt für die Volkswirtschaft noch für das einzelne Unternehmen und auch nicht für den einzelnen Arbeitnehmer.

Die Frage nach der marktkonformen Sozialpolitik sollte nicht als die Frage von Leuten mißverstanden werden, die alles kommerzialisieren wollen.

So wie wir heute Wirtschaft nicht mehr so betreiben können wie zur Zeit des Frühindustrialismus, kann Sozialpolitik auch nicht einfach so betrieben werden, als ob sie auf die wirtschaftlichen Zusammenhänge nicht Rücksicht zu nehmen hätte.

Die Wirtschaftspolitiker sind hier gelegentlich als Erbsenzähler getadelt worden. Ich möchte darauf aufmerksam machen, daß wir von diesen Erbsen leben und es sich also schon lohnt, sie zu zählen.

Aber es geht nicht allein um die quantitativen Fragen, sondern durchaus auch um qualitative. Es geht um die Frage, welche Rolle der Markt bei der Verteilung sozialer Leistungen spielen kann oder jedenfalls um das marktwirtschaftliche Verhalten derjenigen, die Sozialleistungen aufbauen und erwarten.

II.

So perfekt unser System ist – und manchmal erscheint es ja mit seinen Tausenden Paragraphen eher als zu perfekt –, sind wir offenbar genötigt, so etwas wie permanente Reform zu betreiben.

Das mag daran liegen, daß sich die Umstände immer wieder ändern, aber vielleicht manchmal auch daran, daß ein bißchen schnell reformiert worden ist.

In der Rentenversicherung steht uns jedenfalls erneut eine große Arbeit bevor. Nach dem Urteil des Bundesverfassungsgerichts von 1975 müssen wir bis 1984 die Gleichstellung von Männern und Frauen in der Rentenversicherung bewerkstelligen.

Die Bundesregierung hat sich zudem die Aufgabe gestellt, mit diesem Gesetz auch eine eigenständige Alterssicherung der Frau zu regeln. Wie schwierig diese einfachen Sätze in die Praxis umzusetzen sind, läßt sich schon daran erkennen, daß die von der Bundesregierung berufene sogenannte 84er Kommission nach eineinhalbjähriger Arbeitszeit sich nicht auf einen einheitlichen Vorschlag hat einigen können, sondern allenfalls auf eine Grundlinie. Ich beabsichtige nicht, mich hier mit den einzelnen Varianten des Kommissionspapiers zu befassen.

Zu den Grundsätzen will ich aber etwas anmerken.

Zunächst muß es dabei bleiben, daß die Rente Lohnersatzfunktion hat; die Äquivalenz von Rente und versichertem Lohn darf nicht zerstört werden. Darauf müssen die Menschen auch weiterhin vertrauen können.

Wie überhaupt der Vertrauensschutz nirgends eine so große Rolle spielt wie bei der Alterssicherung.

Gerade bei der Rentenversicherung kann man deshalb nicht so tun, als ob man auf grüner Wiese einen Neubau errichten würde.

Über Jahrzehnte gehende Übergangsregelungen werden notwendig sein.

Sie sind nicht eine Marotte, geboren aus dem Geist überzogener Rechtsstaatsvorstellungen, sondern sie werden gebraucht, um das auf keine Weise zu ersetzende Vertrauen der Menschen zu schützen.

Nichts wäre verhängnisvoller, als das Gefühl aufkommen zu lassen, daß in permanenter Reform nichts mehr Bestand hat.

Der Spielraum ist deshalb auch für die Reform enger, als es nach der Zahl der theoretisch möglichen Varianten erscheinen möchte.

Die Notwendigkeit, gründliche Arbeit zu leisten, die lange Bestand hat, ist um so dringender.

Die Zahl der einem Gesetz folgenden Novellen ist oft weniger Ausdruck fleißiger Arbeit als unzureichenden Denkens heutiger Gesetzesmacher.

Gerade die Rentenversicherung mit ihren über Jahrzehnte reichenden Sicherungsansprüchen verpflichtet zu besonders sorgfältiger Arbeit.

Die Menschen haben sich bei uns darauf eingerichtet, daß es eine feste Relation zwischen gezahlten Beiträgen und Rente gibt.

Sie rechnen damit, daß ihr sozialer Status, an dem sie ein Leben lang gearbeitet haben, im wesentlichen erhalten bleibt.

Natürlich bezieht sich diese Äquivalenz von Lohn und Rente im Umlagensystem nur auf Anteile und nicht auf eingezahlte DM.

Worum es geht, ist die Sicherung eines Lebenshaltungsniveaus, immer gemessen an den jeweiligen Durchschnittseinkommen.

Der individuell geleistete Beitrag für den Versicherten einschließlich des nach dem Lohn geleisteten Arbeitgeberbeitrags, der – wohlgemerkt nur ökonomisch – als Arbeitskosten Lohnbestandteil ist und sich in seiner Höhe auf den jeweiligen Barlohn auswirkt, muß auch in Zukunft die Höhe der Rente bestimmen.

Der Bundeszuschuß deckt zur Zeit knapp 20 Prozent der Einnahmen der Rentenversicherungen; die Ausfallzeiten (Zeiten der Ausbildung und nicht beitragsgedeckte Zeiten der Krankheit und Arbeitslosigkeit) machen 6 bis 7 Prozent der Durchschnittsrente aus.

Das ändert also nichts Wesentliches am Äquivalenzprinzip.

Gegen den diskutierten Vorschlag, den Arbeitgeberbeitrag vom individuellen Lohn abzukoppeln, habe ich dagegen größte Vorbehalte, und zwar sozialpolitische wie wirtschaftspolitische.

Der Individualteil bei der Finanzierung würde damit auf unter 50 Prozent sinken, und man kann geradezu darauf warten, daß dann sehr bald jemand kommt, der die Renten in einen differenzierten Individualteil und eine pauschale Grundrente aufteilt.

Die an den Wertzuwachs, oder was immer man sich noch als Bezugsquelle einfallen läßt, gekoppelte Abgabe erhält de facto den Charakter einer Besteuerung der Wirtschaftsleistung des Unternehmens, letztlich einer Zusatzgewinnsteuer.

Ich lasse jetzt alle Probleme beiseite, die sich bei der Feststellung der Bemessungsgrundlage und bei der Erhebung ergeben, sondern ich frage nur, welchen Nutzen man sich davon verspricht, Rationalisierung finanziell zu bestrafen, dem Wachstum Zügel anzulegen und letztlich Löhne zu subventionieren.

Sollten dahinter beschäftigungspolitische Vorstellungen stecken, muß man daran erinnern, daß die Zahl der Erwerbstätigen nur noch bis zum Jahr 1987 steigt und danach schnell sinkt. Die Rentenreform wird aber nicht vor 1985 in Kraft treten.

Das Ganze scheint mir unter diesem Aspekt ziemlich kontraproduktiv zu sein.

Sollte es aber nur darum gehen, eine neue Einnahmequelle anzubohren, dann muß ich darauf aufmerksam machen, daß gesamtwirtschaftlich Kosten auch Kosten bleiben.

Hier soll man dann erst einmal offen sagen, daß man noch mehr als bisher umverteilen will.

Nach dem zuletzt von der Bundesregierung vorgelegten Sozialbudget geben wir gegenwärtig rd. 32 Prozent des BSP für soziale Leistungen aus, davon gut ein Drittel für Altersleistungen, nämlich über 12 Prozent des BSP.

Damit sind keine ewigen Grenzen erreicht, aber gegenwärtig und auf absehbare Zeit liegt hier sicher eine Begrenzung weiterer Belastungssteigerungen.

Wir haben im übrigen auch noch andere Aufgaben, im Bereich der sozialen Sicherungen zum Beispiel den unzureichend ausgestatteten Familienlastenausgleich und in der Gesamtgesellschaft von der Energiefrage über Forderungen der übrigen Welt bis zum Umweltschutz eine lange Liste noch zu erfüllender Ansprüche.

Eine so hohe Priorität die Alterssicherung auch genießt – und da gehören wir ja mit zur Spitzengruppe –, es kann keine Kirchtum-Sozialpolitik der Rententechniker geben! Ich habe beim Parteitag der F.D.P. in Bremen, aber auch in einigen Zeitungsartikeln schon klar genug gesagt, daß die Reform ohne Wenn und Aber kostenneutral sein muß.

Es gibt eine einzige Ausnahme: die im weiteren Sinne dem Familienlastenausgleich zuzurechnende Anrechnung von Kinderjahren bei der Berechnung der Rente.

Jahre der Kindererziehung müssen wie Berufsjahre behandelt werden.

Hier geht es nicht um Umschichtung, sondern um eine gesellschaftspolitisch für notwendig gehaltene neue Leistung.

Damit kommt man auf eine gegenwärtig ebenfalls Unruhe stiftende Frage: Wie soll es in Zukunft mit der Beziehung zwischen Brutto- und Nettolöhnen auf der einen und bruttolohnbezogenen Renten, die Nettoeinkommen sind, aussehen? Es geht um die Frage, was mit dem sogenannten Generationenvertrag gemeint ist.

Nun gibt es da keinen Vertrag: Wer sollte den auch schließen?

Aber es gibt eine ebenfalls dem Bereich des zu schützenden Vertrauens zuzurechnende und durch gesetzliche Regelung gestützte Erwartung, daß die Alterseinkommen im Gleichschritt mit den Aktiveinkommen die wirtschaftliche Entwicklung mitmachen.

Das heißt aber, daß es um die verfügbaren Einkommen geht, und das heißt bei den Aktiveinkommen um die Nettolöhne.

Als man vor Jahrzehnten die damals auch nach dem Niveau sehr niedrigen Sozialleistungen abgabenfrei stellte, hatten auch die Lohnempfänger sehr niedrige Abgaben zu zahlen. Noch als wir nach dem Zweiten Weltkrieg wieder anfingen, hatte sich daran nicht so sehr viel geändert.

Im Jahre 1950 betrug die Abgabenbelastung des Durchschnittslohns 12,5 Prozent, im Jahr der Rentenreform 1957 waren es 13,9 Prozent; gegenwärtig sind wir bei über 30 Prozent angelangt.

Das heißt im übrigen, daß sich die Marginalbelastung auch bei Durchschnittsverdienern der 50-Prozent-Marke nähert. Damit haben sich auch Relationen verschoben. Das Rentenniveau ist gemessen am Arbeitsentgelt seit den 60er Jahren um gut 10 Prozent gestiegen. Damit es keine Mißverständnisse gibt: Ich mißgönne niemandem ein befriedigendes Alterseinkommen, aber diese Steigerung mußte ja bezahlt werden, und sie ist durch eine beträchtliche Steigerung des Beitragssatzes von damals 14 Prozent auf jetzt 18 Prozent bezahlt worden, und die Frage stellt sich, ob es weiterhin bei nicht auszuschließender Belastungssteigerung – denken Sie an die Krankenversicherung – solche automatischen Niveauverbesserungen beim verfügbaren Einkommen geben soll.

Dabei haben wir es noch mit der Frage zu tun, daß sich aus der Kombination von de facto steuerfreien Renten und anderen berufsbezogenen Alterseinkommen, insbesondere aus betrieblicher Altersversorgung, gar nicht so selten ein verfügbares Alterseinkommen nahe oder sogar über 100 Prozent des vergleichbaren Nettolohnes ergibt.

Bei den Angestellten und Arbeitern des öffentlichen Dienstes ist das sogar alles andere als ein seltener Fall und zugleich ein Ärgernis, weil diese Überversorgung auch noch voll zu Lasten des Steuerzahlers geht.

Die Aktiven werden wohl auch künftig bereit sein, die Beiträge zu zahlen, die notwendig sein werden, um den Gleichschritt der verfügbaren Einkommen zu garantieren.

Man würde ihnen aber zu viel zumuten, wenn sie darüber hinaus in Anspruch genommen werden sollen.

Die F.D.P. hat in ihren Thesen zur Alterssicherung einen Beitrag zur Diskussion geleistet, wie man verhindern könnte, daß sich die Schere zwischen verfügbaren Einkommen der Aktiven und der Rentner immer weiter öffnet. Wenn ich recht sehe, ist das der erste konkrete Beitrag einer politischen Partei zu einem Thema, zu dem man sonst mehr hehre Sprüche als Fundiertes hört.

Es geht aber um die Ehrlichkeit gegenüber den Rentnern, auch und gerade gegenüber den künftigen.

Dem wird man mit wahlwirksamen Rütlischwüren nicht gerecht.

Natürlich bleibt es dabei, daß auch künftig die Berechnung der Renten am Bruttolohn anknüpfen wird, so wie auch vom Bruttolohn weiterhin die Beiträge zu zahlen sein werden.

Es gibt keine andere Bezugsgröße von gleicher Eindeutigkeit – auf den Wertzuwachs der Unternehmen werden wir ja wohl verzichten!

Die relative Stellung der einzelnen Rente wird auch in Zukunft von der relativen Stellung des jeweiligen beitragspflichtigen Bruttolohnes abhängen.

Es geht aber darum, eine Methode zu finden, die das Ungleichgewicht zwischen den verfügbaren Einkommen vermindert, wenn es sich schon nicht aufheben läßt.

In der Öffentlichkeit werden z. B. eine Anpassung der Allgemeinen Bemessungsgrundlage an das Wachstum der Nettolöhne – das ist ziemlich nahe am F.D.P.-Vorschlag – und die volle Besteuerung der Renten diskutiert.

Die Besteuerung der Renten ist ein so komplexes Thema, es ist noch so viel ungeklärt, daß man eigentlich nur sagen kann: Ich bin bereit, auch darüber zu diskutieren, aber hier gibt es viele Aspekte und Probleme.

Ich möchte nur drei Punkte hervorheben:

1. Es gibt auch hier das Prinzip des Vertrauensschutzes.
2. Es gibt nicht nur einen Steuergläubiger, sondern drei, nämlich Bund, Länder und Gemeinden; aber nur einer trägt den Bundeszuschuß.
3. Die Staatsquote wird weiter ausgedehnt und das hat das größte Gewicht.
   Die Sozialversicherung wird immer mehr in den unmittelbaren Staatsbereich verlagert.
   Die Staatsabhängigkeit steigt.
   Je mehr ein System aber auf öffentliche Zuschüsse angewiesen ist, um so anfälliger ist es.

Diese Probleme und auch andere, vielleicht mehr technische, können nicht mit Patentrezepten gelöst werden.

III.

In der Krankenversicherung stehen wir sicherlich nicht vor einer großen Reform, aber vor kaum geringeren Sorgen.

Die zeitweilige Zurückhaltung nach dem Krankenversicherungskostendämpfungsgesetz scheint zu Ende zu gehen, und wir stehen erneut vor der Frage, was tun?

Auf dem Deutschen Apothekertag, aber auch von Wissenschaftlern ist vor kurzem wieder empfohlen worden, sich auf die Selbstbeteiligung zu besinnen und in der gesetzlichen Krankenversicherung eine Methode anzuwenden, die jedenfalls technisch in der privaten Krankenversicherung funktioniert.

Allerdings, auch in der privaten Krankenversicherung steigen die Kosten, und es sieht so aus, als ob die Ausgabensteigerung im Gesundheitswesen auf einer endlosen Straße marschiert. Logisch ist das unmöglich, aber es war doch mehr als nur ein Scherz, als man vor vier oder fünf Jahren errechnete, daß wir bei einer Fortsetzung des Kostentrends im Jahre 2000 das gesamte Sozialbudget für Gesundheitsleistungen ausgeben müßten.

Gegenwärtig sind es »nur« 10 Prozent, und auch das ist eigentlich schon ziemlich viel.

In der sogenannten Konzertierten Aktion im Gesundheitswesen (KAG) ist ein freiwilliges gemeinsames Mitwirken an einer Kostendämpfung aller an der gesundheitlichen Versorgung der Bevölkerung Beteiligten vorgesehen.

Das geschieht mit Empfehlungen. Zum Beispiel hat die Konzertierte Aktion im Gesundheitswesen einmal jährlich Empfehlungen zum Arzneimittelhöchstbetrag (im Hinblick auf die Arzneimittelausgaben der gesetzlichen Krankenkassen) abzugeben.

Dabei muß der gute Grundsatz beachtet werden, so wenig wie möglich, aber so viel wie unbedingt nötig die Marktkräfte zu beeinflussen.

Die KAG balanciert damit auf einem schmalen Grat entlang.

Ich kann mir z. B. eine verbindliche Festlegung von Arzneipreisen, Forschungskosten oder zu verordnenden Arzneimitteln nur als einen Fehltritt vorstellen, den es mit den gebotenen Mitteln zu verhindern gilt.

Kosten bremsen wollen und Kosten bremsen können ist gerade in der Gesundheitspolitik nicht einfach dasselbe.

Mit der Erklärung, warum es so schwer ist, die Gesundheitsausgaben zu steuern, ist man schnell bei der Hand.

Erstens gibt es kein wichtigeres Gut als Leben und Gesundheit, und es ist ebenso logisch, daß bei einem für den einzelnen Menschen unendlich großen Nutzen jeder Kostenaufwand gerechtfertigt ist.

Als einzelner würde der Mensch bei hohen Krankheitskosten freilich an seine eigenen wirtschaftlichen Grenzen stoßen. Diese wirtschaftlichen Grenzen aber werden durch den Solidarzusammenschluß in einer Krankenversicherung weit hinausgeschoben. Für die Krankenkasse gibt es de facto keinen nicht finanzierbaren Einzelfall.

Ob eine Eigenbeteiligung wenigstens in Teilbereichen hieran etwas zu ändern vermag, ist vorweg schwer zu sagen.

Ich persönlich bin davon überzeugt.

Die Gesundheitspolitiker werden immer dagegen einwenden, daß es den vorweg festlegbaren medizinischen Bagatellfall nicht gibt.

Wir sind in der Diskussion seit dem Scheitern von Theodor Blank vor 20 Jahren eigentlich kaum weitergekommen.

Aber vielleicht muß man nochmals einen Anlauf machen, nachdem der Verlauf der Konzertierten Aktion im Gesundheitswesen doch so viel erkennen läßt, daß man nicht nur bei den Anbietern von Gesundheitsleistungen, bei Ärzten, Zahnärzten, Apothekern, der Pharmaindustrie, Krankenhäusern und schon gar nicht nur bei einigen von ihnen ansetzen kann.

In diesem Zusammenhang sehe ich allerdings den 100-Prozent-Tarif der privaten Krankenversicherungen oder die Art des Beihilfesystems im öffentlichen Dienst nicht gerade als hilfreichen Beitrag an.

Es besteht wohl kaum ein Zweifel, daß ohne Mitwirkung der Versicherten auf Dauer nicht Genügendes zu erreichen ist.

Hier gibt es leider ebenfalls manche negativen Erscheinungen vom leichtfertigen Gebrauch der für den einzelnen unmittelbar zunächst einmal kostenlosen Gesundheitsgüter bis hin zum gesundheitlichen Fehlverhalten.

Mit Erziehung und immer wieder erneuten Appellen ist sicher einiges zu erreichen, aber allein wird das nicht genügen.

Das System muß mindestens einige Korsettstangen für vernünftiges Verhalten bieten.

Und hier sollten auf Anbieter- wie Nachfragerseite einige marktwirtschaftliche Elemente eingebaut werden.

Eines wird freilich gerade bei der Gesundheit deutlich: Der Umfang der Steuerungsinstrumente eines gesellschaftlichen Systems hängt sehr wesentlich davon ab, wie weit aus einer verbindlichen Gesinnung heraus gemeinwohlkonforme Verhaltensweisen praktiziert werden.

Je geringer die Innenlenkung ist, um so stärker muß die Außenlenkung sein.

Wenn, wie bei unserem Gesundheitssystem, eine sich immer noch verstärkende Anspruchshaltung und ein sich abschwächendes Verantwortungsbewußtsein auf ein nur schwach wirksames Lenkungssystem trifft, muß es zwangsläufig Schwierigkeiten geben.

Wenn diese Diagnose richtig ist, muß man wohl zu dem Schluß kommen, daß eine Besserung nicht durch nur eine Methode zu erreichen sein wird.

Es bedarf eines konzentrischen Einsatzes aller Mittel und einer Diskussion, die nicht schon von vornherein ganze Bereiche ausschließt.

IV.

Vor einer kaum weniger schwierigen Frage stehen wir in der Familienpolitik.

Der Rückgang der Geburten auf weniger als die Hälfte seit der Spitze im Jahre 1963 ist von den meisten als alarmierend empfunden worden.

Manches, was über die drohenden Folgen gesagt und geschrieben worden ist, war sicher überspitzt.

Für die Rentenversicherungen würden sich, wenn alles so weiterläuft, ernsthafte Schwierigkeiten erst nach 2010 ergeben. Rentenpolitiker haben uns auch schon vorgehalten, daß weniger Kinder weniger Geld kosten und damit dann ja auch – jedenfalls bis 2010 – mehr Geld für die Rentner ausgegeben werden könne.

Ich halte das für reichlich naiv.

Das setzt einmal voraus, daß wir uns mit einer Nettoreproduktionsrate – so heißt leider der Fachausdruck – von 0,65, und das heißt mit einem dauerhaften Bevölkerungsrückgang abfinden, der uns von den 90er Jahren an bereits Schwierigkeiten am Arbeitsmarkt verursachen könnte.

Und zum zweiten übersehen die Theoretiker der Gesamtlastbetrachtung, daß Familienlasten eben zum großen Teil natural in der Familie umverteilt und getragen werden, Renten aber offen sichtbar über den Lohn finanziert und auf dem Lohnsteuerzettel ausgewiesen werden müssen.

Es ist sicher richtig, daß der Geburtenrückgang viele Ursachen hat, aber daß finanzielle Lasten bei der individuellen Familienplanung eine Rolle spielen, ist ebenso richtig.

Eine bessere Ausstattung des Familienlastenausgleichs halten allmählich die meisten für notwendig.

Die Methode, mit der so etwas bewerkstelligt wird, sollte allerdings im Bereich des Seriösen bleiben.

Vom Indexierungsvorschlag des Generalsekretärs der CSU, Herrn Stoiber (automatische Anpassung an den Preisindex für die einfache Lebenshaltung eines Kindes), kann man das nicht mehr sagen.

Mit der Indexierung wird ein Rubikon überschritten.

Hier sage ich als der für die Stabilität verantwortliche Wirtschaftsminister entschieden nein.

Ich denke, daß das die Versicherungswirtschaft aus ihrer Interessenlage heraus ebenso tun wird.

Und an den ehemaligen Bundesminister der Finanzen und bayerischen Ministerpräsidenten habe ich die Frage, was er eigentlich von diesem Vorschlag seiner eigenen Partei hält!

Wenn ich die Indexierung ablehne, bedeutet das nicht, den Familienlastenausgleich zum Stiefkind zu machen.

Die notwendigen Anpassungen müssen aber in der Verantwortung des Gesetzgebers bleiben – auch in der finanziellen Verantwortung!

Die hat er übrigens auch bei der Rentenversicherung nicht aufgegeben.

Diese finanziellen Zusammenhänge zu respektieren, heißt nicht, daß eine familienfreundliche Umwelt keine Bedeutung hätte.

Ich male keine Schreckensbilder vom künftigen Raum ohne Volk; aber auch für die Bevölkerungsentwicklung gilt, daß zu schnelle Auf- wie Abschwünge große Schwierigkeiten bereiten.

Und man ist auch noch kein Chauvinist, wenn man darauf hinweist, daß einem Ausgleich durch Einwanderung enge Grenzen gesetzt sind.

Wir haben jetzt seit sechs Jahren einen Anwerbestopp, aber ich habe nicht den Eindruck, daß wir bei der Integration der ausländischen Arbeitnehmer sehr weit gekommen sind.

Wir werden also, wem immer das auch nicht passen mag, bei der Familienpolitik einiges tun müssen.

Wir werden das auch nicht nur unter dem Gesichtspunkt der Bevölkerungsentwicklung, sondern zuerst sogar der sozialen Gerechtigkeit zu tun haben.

Es geht ja wohl nicht an, daß etwa drei Viertel der Bevölkerung Lasten für die Zukunftsvorsorge mit dem Heranziehen von Kindern auf sich nimmt, damit es auch eine nächste Generation gibt, die Pensions- und Rentenansprüche, Zinsforderungen und Lebensversicherungsverträge honoriert, während die anderen nicht nur während ihrer aktiven Zeit, sondern auch noch als Pensionäre einen höheren Lebensstandard haben.

Der sogenannte Generationenvertrag besteht nicht nur pauschal, sondern er muß wohl auch auf seine individuelle Lastenverteilung hin untersucht werden.

Er wird mit der Umverteilung von Einkommen der Erwerbstätigen zugunsten der nicht mehr Erwerbstätigen auch erst zur Hälfte erfüllt. Die Erwerbstätigen müssen gleichzeitig für die nächste Generation sorgen.

Man spricht deshalb zu Recht vom Dreigenerationenvertrag.

Angehörige der aktiven Generation haben ihre Vorsorgeverpflichtung für die Zukunft deshalb erst zur Hälfte erfüllt, wenn sie Steuer-, Beitrags- und Zinszahlungen leisten, aus denen Einkommen für nicht mehr Erwerbstätige finanziert werden.

Der Vorsorge für die dritte, die nachwachsende Generation, gebührt das gleiche Gewicht.

Zur familienfreundlicheren Umwelt möchte ich hier nur zu einem Punkt etwas anmerken, nämlich zur Frage, wie man es Frauen ermöglicht, der oft finanziell unvermeidlichen, vielleicht ebensooft aber auch gewollten Doppelrolle gerecht zu werden.

Mit der erwünschten besser werdenden Ausbildung junger Frauen steigt auch die Notwendigkeit – und ich füge heute hinzu Möglichkeit –, Arbeitsangebote zu machen, die es Frauen ermöglichen, dieser Doppelrolle als Berufstätige und als Hausfrau und Mutter gerecht zu werden.

Das Angebot an Teilzeitarbeitsplätzen ist – auch im öffentlichen Dienst – nach wie vor unbefriedigend.

Natürlich können nicht alle Frauen am Vormittag beschäftigt werden, aber es haben auch nicht alle Teilzeitarbeit suchenden Frauen schulpflichtige Kinder.

Eine sachgerechte Aufteilung der Arbeitszeit sollte sich im Betrieb mit gutem Willen aller Beteiligten und vielleicht auch mit ein bißchen mehr Einfallsreichtum finden lassen. Dieser auch beschäftigungspolitische Aspekt der Familienpolitik hat auch Bedeutung für die soziale Sicherung als Ganzes.

Bessere Möglichkeiten zur Teilzeitarbeit können in Zukunft wichtig werden, die Balance zwischen Zahl der Erwerbstätigen und damit Steuer- und Beitragszahlern und Zahl der Transfereinkommensempfänger aufrechtzuerhalten.

In diesen Jahren ist uns ja erneut deutlich geworden, welches Gewicht eine befriedigende Beschäftigung für die soziale Sicherung hat. Ein Blick auf die Entwicklung der Rentenfinanzen in diesem Jahr, aber auch in den Jahren 1975 bis 1977 zeigt das.

Die Abgabenlast wird beim Umlagesystem von der Relation Löhne zu Transferleistungen bestimmt.

Die Beschäftigungslage hat allerdings auch unmittelbare Bedeutung für den einzelnen.

Erwerbstätig sein zu können ist in einer Leistungsgesellschaft die Basis der individuellen Sicherung wie der gesellschaftlichen sozialen Sicherung.

Wir haben wieder einmal gelernt, daß zwar mit Wirtschaftswachstum nicht alles geht, aber daß ohne Wachstum nichts mehr geht. Das gilt ganz besonders für die Beschäftigung.

Deswegen halte ich auch von Zauberlehrlingsrezepten von der Umverteilung von vorhandener Arbeit wenig, als ob die vorhandene Arbeit so etwas wie eine naturgegebene Größe sei. Das heißt nicht, daß es keine Arbeitszeitverkürzungen geben könne.

Es kommt aber darauf an, daß die von Arbeitszeitverkürzungen ausgelösten Anpassungsvorgänge die erwünschten Beschäftigungseffekte nicht ins Gegenteil verkehren.

Das Prokrustesbett eines staatlich verordneten Rahmens mit wirklichkeitsfremden Plafonds ist jedenfalls ein ungeeignetes Instrument.

Das müßte auch in Brüssel der eine oder andere allmählich lernen.

Ich begrüße in diesem Zusammenhang die Entscheidung des Europäischen Parlaments, die als dringlich bezeichnete Forderung nach einer Rahmenrichtlinie der EG zur Verkürzung der Arbeitszeit zurückzuweisen.

Soziale Wohltaten - oder was manche darunter verstehen - können auch kontraproduktiv sein und sich gegen die wenden, die man schützen will.

Das gilt auch für das Arbeitsrecht.

Wir tun uns hier besonders schwer.

Anscheinend - oder muß ich sagen offenbar? - ist es kaum möglich, einmal beschlossene Schutzregelungen auch nur im geringsten zu ändern, selbst wenn ganz klar ist, daß man über das Ziel hinausgeschossen hat.

Wenn Vernunft zu Unsinn und Wohltat Plage wird, muß man aber auch mal bereit sein, einige kontraproduktive Vorschriften zu ändern, zum Beispiel beim Schwerbehindertengesetz das Mitzählen der Auszubildenden und beim Jugendarbeitsschutzgesetz die starre Arbeitszeit in einigen Betrieben der Wirklichkeit anpassen.

V.

Mit der Entscheidung für die Marktwirtschaft haben wir uns für ein ökonomisch sehr effektives System entschieden, soweit man sehen kann, das effektivste, das in unserer Zeit zur Verfügung steht.

Wir haben uns damit aber auch für ein System entschieden, daß seine guten Leistungen nur bei freiwilliger, engagierter Mitwirkung der Teilnehmer am Wirtschaftsprozeß dauerhaft erbringt.

Deshalb scheitern immer wieder in kommunistischen Systemen alle Versuche, das erfolgreiche, marktwirtschaftliche Steuerungssystem lediglich in Teilen zu verwenden.

Die freie Entscheidung, die freie Mitwirkung aller ist der bewegende Geist der Marktwirtschaft.

Marktwirtschaft ohne Freiheit kann nicht funktionieren.

Diese freie und verantwortliche Mitwirkung aller ist zugleich nur zu erreichen und zu erhalten, wenn sich auch alle Wirtschaftsteilnehmer als voll integriert in das System fühlen.

Hierzu leisten die sozialen Sicherungen einen durch nichts anderes zu ersetzenden Beitrag.

Das System der sozialen Sicherungen ist gewiß zunächst die Antwort auf die humane Forderung einer demokratischen

Gesellschaft, es ist aber ebenso sehr auch Grundbedingung einer dauerhaft funktionierenden Marktwirtschaft. Soziale Sicherung und Marktwirtschaft sind keine Gegensätze; sie sind vielmehr beide tragende Säulen einer freien Gesellschaft.

V.2

Versachlichung der Rentendebatte

Ein Thema hat es noch immer verstanden, Fronten zu errichten und politische Gräben aufzureißen, wo sachliche und nüchterne Diskussion allein angebracht wäre: die Renten. Aus den Fehlern der Vergangenheit sollten wir inzwischen gelernt haben. Wunschträume und soziale Utopien sind vor allem kein Ersatz für eine solide Rentenfinanzierung, auf die man nicht verzichten kann, wenn man über die Zukunft und etwaige Reformen nachdenkt.

Das gilt auch für Forderungen nach Gleichheit bei Männern und Frauen in der Rentenversicherung sowie nach einer eigenständigen Rente für die Frauen.

Die 32 Bremer Thesen der F.D.P. sind ein Beitrag zu einer dauerhaften Reform der Rentenversicherung, mit dem auch Konsequenzen aus dem Auftrag des Bundesverfassungsgerichts gezogen werden.

Vor allem aber wird ein seit Jahren von SPD und CDU zum Tabu erklärtes Thema angepackt: die unterschiedliche Entwicklung der verfügbaren Einkommen der Erwerbstätigen - derer, die die Beiträge zahlen - und der Rentner. Aus Erwerbseinkommen müssen Steuern und Sozialabgaben gezahlt werden, aus Renten nicht.

Der Vorschlag der F.D.P., die unterschiedliche Entwicklung von Aktiven-Einkommen und Renten durch einen Abschlag auszugleichen, verfolgt das Ziel, an der Bruttolohnbezogenheit der Renten festzuhalten, durch einen Abschlag jedoch eine annähernde Gleichbehandlung von Aktiven und Rentnern zu erreichen. Denn niemand kann im Ernst verlangen, daß die nicht mehr Erwerbstätigen bessergestellt sein sollen als diejenigen, die das Sozialprodukt für alle erarbeiten.

Dennoch wird wieder einmal behauptet, daß damit die

bruttolohnbezogene Rente beseitigt werden solle. Das ist falsch. Und Herr Blüm, der voreilig wie immer gleich vom »zweiten Rentenraub« sprach, verdrängt, daß die Solidarität zwischen den Generationen auf Gleichbehandlung gerichtet ist.

Natürlich müssen die nicht mehr Erwerbstätigen, die Rentner, am realen Zuwachs des Sozialprodukts in gleicher Weise wie die Erwerbstätigen teilnehmen. Dies wird erreicht mit dem jeweils verfügbaren Einkommen, und das ist für die Rentner die Rente, für die Erwerbstätigen das Nettoeinkommen. Der Mensch lebt ja nicht vom Bruttolohn, sondern vom Nettolohn.

Das weiß jeder, nur einige Leute im politischen Geschäft tun so, als ob ihnen diese Binsenwahrheit nicht bekannt sei. Die F.D.P. hat als erste Partei einen ehrlichen Vorschlag gemacht, wie man mit dem Problem fertig werden kann.

Es sind vernünftige und richtige Vorschläge. Bedenken habe ich nur zu einer offenen Frage geäußert: Wird diese von uns geplante und von mir unterstützte Reform wirklich kostenneutral sein? Auch ich bin dafür, daß bei der Teilhabe-Rente die eigenen Ansprüche nicht gekürzt werden. Ich habe aber Zweifel, ob der vorgeschlagene Satz von 70 Prozent für die Versorgung des hinterbliebenen Ehegatten in Verbindung mit dem notwendigen Bestandsschutz auf die Dauer kostenneutral ist.

Daß die Neuordnung »so weit wie möglich« kostenneutral sein soll, genügt nicht. Sie muß nach meiner Auffassung kostenneutral sein. Wir geben für die soziale Sicherung heute 32 Prozent und für die Alterssicherung 12½ Prozent des Bruttosozialprodukts aus. Wir haben aber neben der sozialen Sicherung auch noch andere, große Aufgaben. Von ihrer Lösung hängt die Zukunft unseres Volkes ab. Deshalb müssen Ausgaben, auch solche für die Zukunft, mit Augenmaß kalkuliert werden.

Man muß sich dabei klarmachen, daß das, was die Rentner erhalten, von den Erwerbstätigen zuvor erarbeitet werden muß. Ungleichgewichte verträgt die vielbeschworene Solidarität nicht. Renten-Nachschläge etwa wären auch mindestens so gefährlich wie Lohn-Nachschläge; beides kann und darf es nicht geben.

V.3

Mitbestimmung – ein neuer Weg der sozialen Partnerschaft

Bei der Verwirklichung des Mitbestimmungsgedankens stehen wir am Beginn eines neuen und wichtigen Abschnitts.

Nach dem Inkrafttreten des Gesetzes im Jahre 1976, dem Erlaß der Wahlordnungen Mitte 1977 und der Durchführung der Aufsichtsratswahlen gilt es jetzt für zahlreiche Unternehmen, mit dem Gesetz zu leben.

Keiner wird sagen wollen, daß eine problemlose Zeit hinter uns liegt.

Einige der Schwierigkeiten betreffen die angestellten Akademiker und leitenden »Angestellten« unmittelbar; ich brauche nur zwei Stichworte zu nennen: Besetzung der Wahlvorstände, Durchführung der Wahlen. Es fehlen auch nicht die Versuche, mit der Position »Arbeitsdirektor« Vorstellungen zu verbinden, die in das Mitbestimmungsgesetz bewußt nicht aufgenommen worden sind.

Und schließlich gibt es Anstrengungen, in öffentlich-rechtlich organisierten Unternehmen die »innerbetriebliche Mitbestimmung« nach dem Bundespersonalvertretungsgesetz in Richtung auf eine »Unternehmensmitbestimmung« auszuweiten, obgleich dort für das Mitbestimmungsgesetz kein Raum ist.

Dies alles braucht aber niemanden zu überrraschen, der sich mit dem Werden des Gesetzes, seiner Materie und natürlich auch den dahinterstehenden Gruppeninteressen befaßt hat.

Das Mitbestimmungsgesetz ist nun einmal ein Kompromiß, das Ergebnis eines langen und harten Ringens.

Und Kompromisse bedeuten für den, der sie eingeht, ein Abgehen von der – nach seiner Überzeugung – besten Lösung.

Sie stellen sich jeweils für den Nachgebenden als Verschlechterung dar, die er bei der Umsetzung und Anwendung des Gesetzes möglichst auszubügeln versucht.

Diese Ansätze zu Korrekturen des Gesetzes erlebt man immer wieder.

Es kommt darauf an, die Möglichkeiten des Gesetzes zu nutzen und auf seine Anwendung im Unternehmen Einfluß zu nehmen.

Durch den Kompromiß sind zwangsläufig Freiräume geblieben, die die leitenden Angestellten selbst ausfüllen können.

Von seiten der »Leitenden« hat das Mitbestimmungsgesetz oft Kritik erfahren. Ich meine, dabei wurden die positiven Aspekte manchmal zu sehr vernachlässigt. Wir hätten auch ein gesetzestechnisch gutes Gesetz haben können. Dessen materieller Inhalt hätte aber den »Leitenden« und auch mir sicher nicht gefallen.

Die Auswirkung der Mitbestimmung, eine stärkere Mitwirkung der Arbeitnehmer und ihre Einbeziehung in die Verantwortung für das Unternehmen, die frühzeitige Berücksichtigung insbesondere der sozialen Belange, die verbesserten Möglichkeiten des Interessenausgleichs, dies sind einige Punkte, die man nicht aus dem Auge verlieren darf.

Die Durchschaubarkeit von Entscheidungen, der damit verbundene Abbau von unternehmensinternen Reibungsverlusten, Spannungen und Konflikten, das bessere Wissen um unternehmenspolitische Zusammenhänge, sie bringen Veränderungen im Verhältnis des Arbeitnehmers zu seinem Unternehmen und tragen darüber hinaus zur Verbesserung des sozialen wie politischen Klimas in unserem Lande bei.

Daran muß uns allen gelegen sein.

Und es ist sicherlich kein Zufall, daß wir in der internationalen Streikskala weit hinten rangieren; hierin findet auch die Integration der Arbeitnehmer in unsere Gesellschafts- und Wirtschaftsordnung ihren Ausdruck.

Mit besonderer Aufmerksamkeit und großem Interesse habe ich die *Wahlen* der Aufsichtsratsmitglieder der Arbeitnehmer verfolgt.

Mit den Wahlverordnungen vom Juni 1977 wurde den leitenden Angestellten die ihnen zustehende Position in der

Unternehmensverfassung endgültig zuerkannt. Das Abschneiden der Union der Leitenden Angestellten (ULA), insbesondere auch die Erfolge des Verbandes angestellter Akademiker und leitender Angestellter der chemischen Industrie bei den leitenden Angestellten, haben deutlich gezeigt, worauf es gegenwärtig ankommt.

Es geht jetzt nicht darum, theoretische Diskussionen neu zu beleben, sich immer wieder den Kopf über die Abgrenzungskriterien für den leitenden Angestellten zu zerbrechen, die Kompliziertheit sowie die Kosten der Wahlverfahren zu beklagen.

Ein teurer und komplizierter Kompromiß ist mir immer noch lieber als eine Mitbestimmungsregelung nach dem Vorbild der Montanindustrie.

Entscheidend ist vielmehr, daß gerade die Angestellten in herausgehobenen Positionen die Möglichkeiten des Mitbestimmungsgesetzes verantwortlich nutzen.

Persönliches Engagement und Initiative, die zu ihrer beruflichen Tätigkeit gehören, sind auch im Bereich der Mitbestimmung gefordert.

So bin ich der Meinung, daß beispielsweise Vertreter der leitenden Angestellten gegen alle Hindernisse die Einsatzbereitschaft und Standfestigkeit aufbringen sollten, die selbstverständlich Voraussetzung dafür sind, daß ihre eigenständige Vertretung auf der Basis der bestehenden gesetzlichen Regelungen verwirklicht wird.

Noch ein offenes Wort zu den Forderungen nach einer gesetzlichen Verankerung der *Sprecherausschüsse*: Für den Wunsch nach einer eigenständigen Interessenvertretung der »Leitenden« auf betrieblicher Ebene habe ich Verständnis.

Ich selbst habe auf dem F.D.P.-Parteitag in Kiel einen entsprechenden Ergänzungsantrag gestellt. Unter der Überschrift »menschengerechte Arbeitsbedingungen« heißt es in den Kieler Thesen jetzt: »Für Liberale haben dabei folgende Aufgaben der Humanisierung Vorrang: . . . gesetzliche Verankerung der Möglichkeit, auf freiwilliger Basis Sprecherausschüsse für leitende Angestellte zu bilden.«

Dieses Ziel ist in dieser Legislaturperiode nicht verwirklicht worden.

Die F.D.P. hat die Zustimmung ihres Koalitionspartners

dafür nicht gefunden. Bei eventuellen Koalitionsverhandlungen im Oktober 1980 kommt das Thema wieder auf den Tisch.

Auch die Einbeziehung der leitenden Angestellten in den Aufsichtsrat hat viel Zeit gebraucht, in der Politik braucht man oft viel Geduld.

Die eigenständige Vertretung der Leitenden sollte deshalb jetzt auf der Basis der bestehenden gesetzlichen Regelungen verwirklicht werden.

Auch ohne die Institutionalisierung der Sprecherausschüsse durch Gesetz ist es offenbar möglich, die Ihnen auch im Rahmen der Mitbestimmung zukommende Rolle ohne besondere »gesetzliche Legitimierung« auszufüllen. Dies mag nicht immer leicht sein, zumal bei einem ehrenamtlichen Einsatz. Daß es sich lohnt, haben die Wahlen verdeutlicht.

V.4

Wie »belastbar« ist unsere Marktwirtschaft? Was Gewerkschaften bedenken müssen

Sozialpolitik kann nicht abseits und losgelöst von der Wirtschaftspolitik betrieben werden.

Allein der Anteil der Sozialleistungen am Bruttosozialprodukt von fast einem Drittel macht das anschaulich deutlich.

In diesem Zusammenhang scheint auch der Streit um den Primat von Wirtschafts- oder Sozialpolitik müßig, denn Wirtschafts- *und* Sozialpolitik dienen gemeinsam der Verwirklichung der Ziele der Gesellschaftspolitik. Sozialpolitik im weiteren Sinn ist eben mehr als nur die Garantie eines finanziellen Minimums für den Lebensunterhalt des Bürgers.

Über dieses Grundanliegen hinaus ist es eine entscheidende Aufgabe der Sozialpolitik, einen breiten gesellschaftlichen Grundkonsens zu sichern, und in dieser Hinsicht können wir in der Bundesrepublik insgesamt recht zufrieden sein.

Unser System sozialer Sicherungen hält einen enormen Umverteilungsprozeß in Gang.

Die Höhe dessen, was zur Umverteilung zur Verfügung steht, hängt aber vom Ergebnis des Wirtschaftsprozesses ab. Wir haben die wenig angenehmen Konsequenzen daraus zu ziehen, daß das Wirtschaftswachstum langsamer ausfällt, als wir das bei der Konzipierung großer Reformschritte noch vor nicht allzu langer Zeit erhofft hatten.

Die enormen Ausgabensteigerungen im Gefolge der Rentengesetzgebung des Jahres 1972 waren nur zu bewältigen, wenn auch das Wirtschaftswachstum im damals für möglich gehaltenen Umfang weitergegangen wäre.

Ich lasse dabei offen, ob diese Rechnung ohne den Einbruch des Jahres 1974 auf Dauer aufgegangen wäre.

Heute jedenfalls haben wir es mit neuen Fakten zu tun.

Die Möglichkeiten der sozialen Sicherung werden letztlich

immer vom Verhältnis der Zahl der Erwerbstätigen zur Zahl der noch nicht oder nicht mehr Erwerbstätigen bestimmt.

Die aus bildungspolitischen Gründen erwünschte Heraufsetzung des Berufseintrittsalters verringert genauso wie die Herabsetzung der Altersgrenze die Zahl der Erwerbstätigen und vergrößert damit automatisch die Last, die die Erwerbstätigen zu tragen haben.

Ihre Belastbarkeit aber ist nicht beliebig steigerbar. Die Abgabenbelastung des durchschnittlichen Arbeitnehmereinkommens hatte 1950 noch rd. 12,5 Prozent betragen.

1975 waren es rd. 27,5 Prozent, gegenwärtig dürften wir bereits die 30-Prozent-Marke überschritten haben.

Nun ist es eine Binsenweisheit, daß es keine vorweg bestimmbare Grenze der Belastbarkeit gibt.

Der »psychological breaking point« hängt von vielen Einflußfaktoren ab.

Die Erfahrung zeigt aber, daß es Rückwirkungen auf die Leistungsbereitschaft gibt, wenn die Steigerung der Belastungsquote einmal als überzogen empfunden wird. Man braucht da gar nicht mehr an Schweden zu denken. Die Menschen können rechnen, auch bei uns!

Wir sind daher gut beraten, wenn wir von zusätzlichen Belastungen der Leistungseinkommen absehen. Im Gegenteil, wenn wir uns Erfolgsaussichten bewahren wollen, aus den gegenwärtigen Schwierigkeiten herauszukommen, müssen wir eher die Leistungsanreize für die Erwerbstätigen verbessern.

Für die Sozialpolitik heißt das, für diese Zeit mit dem Vorhandenen, jedenfalls mit dem gegebenen Anteil und einem verminderten Zuwachs auszukommen. Sozialpolitische Gewichtsverlagerungen müssen innerhalb des Systems stattfinden.

Eine zusätzliche Alimentierung ist – wenn überhaupt – nur im geringen Umfang möglich.

Beitragsatzsteigerungen, die den Umfang geringer Korrekturen übersteigen, könnten sich als eine »self-defeating policy« erweisen.

So gesehen ist es verständlich, daß ich mich als Wirtschaftsminister sehr intensiv mit der Frage befasse, wie eine die Lebensbedingungen der Marktwirtschaft respektierende Sozialpolitik auszusehen hat.

Es gibt da einige Sorgenpunkte:

Zunächst möchte ich einiges zu jenem Teil der sozialen Flankierung bemerken, der nicht vom Staat gestaltet wird, nämlich zu den tariflichen Absicherungsverträgen.

Diese Verträge sind zunächst unter sozialen Aspekten verständlich.

Wer in der Sorge lebt, nicht nur seinen Arbeitsplatz, sondern zugleich auch jede Chance zu verlieren, seinen erlernten qualifizierten Beruf noch ausüben zu können, der ist bereit, alle Hebel in Bewegung zu setzen, um das zu verhindern. Die Frage ist daher nicht, ob es solche Absicherungen geben soll, sondern wie sie gestaltet werden. Erlauben sie noch ausreichende wirtschaftliche Flexibilität, oder würgen sie den technischen und wirtschaftlichen Fortschritt ab?

Hier gibt es Gefahren für die Beschäftigung insgesamt. Die in Nordbaden/Nordwürttemberg 1978 gefundene individuelle Absicherung der betroffenen Arbeitnehmer im System der analytischen Arbeitsplatzbewertung halte ich grundsätzlich für eine vernünftige Kompromißlösung, da sie den notwendigen sozialen Schutz mit der wirtschaftlich notwendigen Flexibilität verbindet.

Absicherungsverträge bringen jedoch in jedem Fall langfristig eine Kostensteigerung und erschweren damit tendenziell die Wettbewerbsposition des einzelnen Unternehmens bzw. international sogar ganzer Branchen. Daraus kann sich leicht eine Gefahr für die Sicherheit der Arbeitsplätze ergeben, von der möglichen Erschwerung für die Einstellung neuer Arbeitskräfte ganz zu schweigen.

Hier müssen sich beide Vertragsparteien Fragen gefallen lassen.

Bei ihren Abschlüssen sitzen nämlich sehr wichtige Beteiligte nicht mit am Tisch; sie stehen vielmehr draußen vor der Tür: die Arbeitslosen; die jungen Leute, die erstmals einen Arbeitsplatz suchen; und wie immer die Verbraucher, die später die Zeche bezahlen sollen. Es kann da leicht zu einer nicht mehr so ganz heiligen Allianz der »beati possidentes« kommen.

So gesehen ist dieser Teil der Sozialpolitik zwar Angelegenheit autonomer Tarifparteien, aber man muß beide Tarifparteien, Arbeitgeber und Gewerkschaften, daran erinnern, daß ihre Autonomie die Berücksichtigung des Gemeinwohls einschließt.

Großräumige Tarifverträge tragen gewiß dazu bei, daß gesamtwirtschaftliche Erfordernisse eher beachtet werden; sie bringen aber auch mehr Starrheit. Und ich bin freimütig genug zu sagen: Die Jahresprojektion, die die Bundesregierung gemäß dem Stabilitäts- und Wachstumsgesetz zu Beginn jedes Jahres im Jahreswirtschaftsbericht vorlegt, kann ebenfalls dazu beitragen, die notwendige Flexibilität zu verringern. Ich übersehe nämlich nicht, daß die dort angegebene und gesamtwirtschaftlich für noch vertretbar gehaltene Zunahme der Bruttolöhne und -gehälter je beschäftigten Arbeitnehmer in den Tarifverhandlungen von den Einzelgewerkschaften als Mindestgröße angesehen wird.

Sie ist sozusagen für die Einzelgewerkschaften die Schwelle, von der an ihr Verhandlungserfolg gemessen wird.

Dabei wird völlig verkannt, daß es sich um eine Durchschnittsgröße handelt, und es ist das Charakteristikum eines Durchschnittswertes, daß sich darin höhere, aber auch niedrigere Werte widerspiegeln müssen.

Außerdem darf die in der Jahresprojektion angegebene Zunahme der Bruttolöhne und -gehälter nicht mit dem angenommenen Durchschnitt von Tariflohnabschlüssen verwechselt werden.

Es müssen nämlich auch der Überhang aus dem Vorjahr und der Unterschied zwischen Effektiv- und Tariflohnsteigerungen berücksichtigt werden, wobei bei den Effektivlöhnen zum Beispiel auch Veränderungen in der Qualitätsstruktur der Arbeitnehmer oder in der Zahl der Überstunden eine Rolle spielen.

Sollen wir deshalb auf die Angabe eines gesamtwirtschaftlich noch mit der Jahresprojektion vertretbaren Zahl für die Zunahme der Bruttolöhne und -gehälter verzichten?

Letztlich können auch Arbeitgeber und Gewerkschaften rechnen und sich diese Angaben aus den übrigen Werten der Jahresprojektion ableiten, zumal der Sachverständigenrat und die wirtschaftswissenschaftlichen Institute bei ihren wirtschaftlichen Prognosen ebenfalls Angaben zum Anstieg der Bruttolöhne und -gehälter machen.

Erfreulicherweise haben bei uns in der Bundesrepublik bisher Streiks keine größere Rolle gespielt, und noch weniger Aussperrungen.

Gerade weil für uns die Tarifautonomie nicht zur Disposition steht, müssen wir dafür Sorge tragen, daß die notwendige Balance zwischen Arbeitgebern und Arbeitnehmern erhalten bleibt. Keine Seite darf die Möglichkeit haben, die Gegenseite vor die Existenzfrage zu stellen.

Hier wird oft übersehen, daß bei einem Schwerpunktstreik nicht nur die allgemeinen wirtschaftlichen Interessen eines Unternehmens tangiert sind, sondern dessen ganze Existenz auf dem Spiel stehen kann. Selbstverständlich immer unter Beachtung des Gebots der Verhältnismäßigkeit ist und bleibt deshalb auch die Abwehraussperrung als Antwort auf Schwerpunktstreiks rechtens.

Das eben angezeigte Verständnis von Tarifautonomie darf selbstverständlich auch bei der Praktizierung der Mitbestimmung nicht vergessen werden.

Wir haben mit dem Mitbestimmungsgesetz von 1976 ein neues Gelände betreten. Die neue Regelung geht von der gleichberechtigten und gleichgewichtigen Mitwirkung der Arbeitnehmer in den Aufsichtsräten der Großunternehmen aus.

Man sollte bei allen Differenzen die integrierende Funktion der Mitbestimmung nicht aus dem Auge verlieren. Eine stärkere Mitwirkung der Arbeitnehmer und ihre Einbeziehung in die Verantwortung für das Unternehmen, die frühzeitige Berücksichtigung insbesondere der sozialen Belange, die verbesserten Möglichkeiten des Interessenausgleichs, dies sind einige Punkte, die man weiterhin sorgsam beachten muß.

Die Durchschaubarkeit von Entscheidungen, der damit verbundene Abbau von unternehmensinternen Reibungsverlusten, Spannungen und Konflikten, das bessere Wissen um unternehmenspolitische Zusammenhänge, sie bringen Veränderungen im Verhältnis des Arbeitnehmers zu seinem Unternehmen und tragen darüber hinaus zur Verbesserung des sozialen wie politischen Klimas in unserem Lande bei.

Daran muß uns allen gelegen sein.

Und es ist eben kein Zufall, daß wir in der internationalen Streikskala weit hinten rangieren; auch hierin findet die Integration der Arbeitnehmer in unsere Gesellschafts- und Wirtschaftsordnung ihren Ausdruck.

Natürlich geht das alles nicht ohne Reibungen ab. Einige der Schwierigkeiten betreffen die angestellten Akademiker und leitenden Angestellten. Ich brauche da nur zwei Stichworte zu nennen: Besetzung der Wahlvorstände, Durchführung der Wahlen. Ich übersehe auch nicht, daß es in einigen Fällen zu Interessenkonflikten zwischen den aus den Unternehmen kommenden Arbeitnehmervertretern und den auf Vorschlag der Gewerkschaften von außen in den Aufsichtsrat gewählten Arbeitnehmervertretern gekommen ist.

Es fehlen auch nicht die Versuche, mit der Position »Arbeitsdirektor« Vorstellungen zu verbinden, die in das Mitbestimmungsgesetz 1976 bewußt nicht aufgenommen worden sind.

Und schließlich gibt es Anstrengungen, in öffentlich-rechtlich organisierten Unternehmen die »innerbetriebliche Mitbestimmung« nach dem Bundespersonalvertretungsgesetz in Richtung auf eine »Unternehmensmitbestimmung« auszuweiten, obgleich dort für die Anwendung des Mitbestimmungsgesetzes kein Raum ist.

Mit Wahlverordnungen vom Juni 1977 wurde jedenfalls den leitenden Angestellten die ihnen zustehende Position in der Unternehmensverfassung endgültig zuerkannt.

Es geht jetzt nicht darum, theoretische Diskussionen neu zu beleben, sich immer wieder den Kopf über die Abgrenzungskriterien für den leitenden Angestellten zu zerbrechen, die Kompliziertheit sowie die Kosten der Wahlverfahren zu beklagen.

Ein teurer und komplizierter Kompromiß ist mir immer noch lieber als eine Mitbestimmungsregelung nach dem Vorbild der Montanindustrie.

Mit dem nächsten Thema bin ich immer noch bei einem Punkt, der die Betriebe und Unternehmen unmittelbar berührt: der Arbeitszeitordnung oder genauer, den Absichten, sie zu novellieren.

Der Bundeswirtschaftsminister ist der Meinung, daß eine Lösung gefunden werden muß, die sich nicht nachher als beschäftigungsmindernd erweist.

Es geht hier wesentlich um zwei Forderungen: die Anpassung an die tarifliche 40-Stunden-Woche und die Begrenzung der Mehrarbeit.

Die Schwierigkeiten ergeben sich daraus, daß bedauerlicherweise die betriebliche Wirklichkeit sich schlecht über einen Kamm scheren läßt.

Zunächst einmal ist die tarifliche Wochenarbeitszeit und die effektive Wochenarbeitszeit nicht dasselbe.

Darüber hinaus sind die Unterschiede zwischen den einzelnen Bereichen noch wichtiger.

So werden z. B. in der Industrie der Steine und Erden, der Papier und Pappe erzeugenden Industrie und in der Nahrungs- und Genußmittelindustrie, aber selbst auch in der Schiffbauindustrie regelmäßig mehr als vier Stunden über die übliche betriebliche Arbeitszeit hinaus geleistet.

Zum zweiten – und das ist noch wichtiger –, die Anforderungen schwanken nicht nur von Unternehmen zu Unternehmen, von Betrieb zu Betrieb, sondern auch innerhalb der Betriebe.

Wenn man die Fülle dieser Fakten nicht berücksichtigt, könnte es erhebliche Schwierigkeiten geben – von der termingerechten Erfüllung eines Auslandsauftrags bis zur rechtzeitigen Abwicklung einer unvorhergesehenen Reparatur.

Worauf es ankommt, ist, den Betrieben genügend Flexibilität zu erhalten.

Eine Festlegung der Arbeitszeit auf 40 Wochenstunden kommt deshalb nicht in Frage, und es kann auch nicht angehen, noch mehr bürokratische Steuerung in Gang zu bringen.

Bei allem Respekt vor Herrn Hegel: Wenn Theorie und Wirklichkeit nicht übereinstimmen, darf es dennoch nicht heißen: um so schlimmer für die Wirklichkeit.

Der sicher notwendige Kompromiß muß etwas mehr als nur gerade die Überlebensfähigkeit der deutschen Wirtschaft ermöglichen. Erneute Belastbarkeitsproben möchte ich ihr ersparen.

Gesamtwirtschaftlich schädliche Folgen drohen m. E. deshalb auch, wenn die Verkürzung der Arbeitszeit bei vollem Lohnausgleich erfolgt.

Dies heißt nämlich nichts anderes als eine weitere Erhöhung der Kosten für den Faktor Arbeit mit allen negativen Auswirkungen auf die ohnehin nicht rosige Beschäftigungslage.

Was die 35-Stunden-Woche angeht, so kann man über deren langfristige Realisierung – wie das im übrigen ja offenkundig auch einige Gewerkschaftsführer getan haben – sicher ernsthaft diskutieren, genauer gesagt: werden die Tarifpartner zu diskutieren haben.

Entscheidend für die Wirkung sowohl auf dem Arbeitsmarkt, aber auch auf die Wettbewerbsfähigkeit unserer Wirtschaft ist das Problem, wie die Frage des Lohnausgleichs behandelt wird.

Für die Sozialpolitik ist natürlich primär der Bundesminister für Arbeit und Sozialordnung zuständig, aber der Wirtschaftsminister ist an einer erfolgreichen Sozialpolitik nicht weniger interessiert und deswegen immer mitbetroffen.

Die Sozialpolitiker müssen sich die Frage gefallen lassen – und dieses sage ich ohne Vorwurf –, ob sie nicht zeitweise eine reine Schönwetterpolitik betrieben haben.

Man braucht ja nur an die Rentenbeschlüsse des Jahres 1972 zu erinnern.

Allein als Folge dieser Beschlüsse waren die Rücklagen der Rentenversicherung Ende 1977 um 43 Milliarden DM niedriger, als sie es sonst gewesen wären.

Inzwischen ist nach einem schmerzlichen Lernprozeß wohl eines klar: Die Größenordnung, mit der wir es bei der Rentenversicherung zu tun haben, erzwingt eine Konsolidierung im System.

Zusätzliche Belastungen der Leistungseinkommen sind für absehbare Zeit – wie schon gesagt – nicht zu verantworten.

Wir haben ohnehin mit der Einführung der Beitragszahlung der Bundesanstalt für Arbeit zur Rentenversicherung für Arbeitslose – soweit sie Leistungsempfänger sind – der Rentenversicherung das konjunkturelle Risiko abgenommen.

Verstehen Sie bitte auch von daher das Interesse des Bundeswirtschaftsministers an der Arbeit der Transfer-Enquête-Kommission und der Sachverständigenkommission für die soziale Sicherung der Frau und der Hinterbliebenen, kurz 84er-Kommission genannt.

Es ist wirklich an der Zeit, das gesamte System der sozialen Sicherung auf Zusammenhänge und Auswirkungen hin zu untersuchen.

Schließlich handelt es sich nicht um eine Kleinigkeit, sondern um fast ein Drittel des Bruttosozialprodukts.

Ziel einer solchen Überprüfung muß sein, die Grundlagen

und das innere Gleichgewicht des Sozialversicherungssystems langfristig für die Zukunft zu sichern.

Ich weise deshalb an dieser Stelle nochmal ganz ausdrücklich auf das Interesse des Wirtschaftsministers an einem funktionierenden System guter sozialer Sicherungen hin. Weder steht der Generationenvertrag als Basis unserer nach dem Umlageprinzip arbeitenden Rentenversicherung noch das System gesetzlicher Versicherungen überhaupt zur Disposition.

Aber gerade weil das so ist, kann man in keinem Fall darauf verzichten, von Zeit zu Zeit eine Generalinspektion vorzunehmen.

Erlauben Sie mir auch noch eine kurze Anmerkung zur Krankenversicherung.

Dieser Bereich war noch vor zwei Jahren unser größtes Sorgenkind; seine Kostenentwicklung lief seit 15 Jahren 1 1/2mal so schnell wie die Entwicklung der Normallöhne. Entsprechend stiegen die Beitragssätze und damit die Arbeitskostenbelastung.

Mit dem Kostendämpfungsgesetz ist nicht schon die Welt anders geworden.

Aber vielleicht ist die Kostenentwicklung seit Januar 1977 doch ein Zeichen dafür, daß Hoffnung auf vernünftige Reaktionen nicht etwas ganz und gar Sinnloses ist.

Die Erhaltung und Fortentwicklung des Netzes der sozialen Sicherung hängt entscheidend auch davon ab, ob es uns gelingt, in unserem Lande wieder die Bedingungen für ein kräftiges, nachhaltiges und inflationsfreies Wachstum zu verbessern.

Zur Erhaltung des sozialen Friedens, d. h. zur Erhaltung unserer freiheitlichen Ordnung, brauchen wir auch in den kommenden Jahren ein befriedigendes Wachstum des Sozialprodukts.

Aus dem Bündel binnen- und außenwirtschaftlicher Gründe, die hierfür ins Feld zu führen sind, will ich mich auf zwei Aspekte beschränken.

- Aufgrund der demographischen Entwicklung wird die deutsche Erwerbsbevölkerung bis weit in die 80er Jahre hinein kräftig zunehmen.

  Für die Jugendlichen, die damit zusätzlich ins Erwerbsleben eintreten, müssen neue Arbeitsmöglichkeiten geschaffen werden.

Unter beschäftigungspolitischen Aspekten kennzeichnet eine gesamtwirtschaftliche Wachstumsrate von rd. 4 Prozent daher eher eine Untergrenze, bei der die Arbeitslosigkeit nur langsam und schrittweise abgebaut werden könnte.

Aber auch aus außenwirtschaftlichen Gründen ist ein gesamtwirtschaftliches Wachstum in dieser Größenordnung angezeigt.

Aus unserer Stellung als immer noch starkem Überschußland erwachsen uns weltweite Pflichten, denen wir uns nicht entziehen können.

Sicherlich sind wir nicht allein in der Lage, wie es die inzwischen etwas stiller gewordenen »Lokomotiv-Theoretiker« unterstellen, die Wachstumsperspektiven in Westeuropa entscheidend zu verbessern.

Dazu bedarf es Anstrengungen in allen Ländern.

Realistische Erwartungen, die auf ein stabilitätsorientiertes, mittelfristig wieder stärkeres Wachstum in der Bundesrepublik gerichtet sind, dürfen wir jedoch nicht enttäuschen – und das auch aus wohlverstandenem Eigeninteresse.

Worauf es ankommt, ist, die eingetretenen gravierenden Veränderungen in den Wachstums- und Strukturbedingungen unserer Wirtschaft zu überwinden.

Im Rollenspiel unserer Wirtschaftsordnung ist das in erster Linie Aufgabe der Unternehmen.

Hierzu sind Initative, Flexibilität und ein hohes Maß an Risikobereitschaft erforderlich, auf der anderen Seite aber auch ein geeigneter Rahmen, um das Risiko tragen zu können.

Was den gesamtwirtschaftlichen Rahmen betrifft, so kann es keinen Zweifel an der Haltung der Bundesregierung geben.

Nach unserer Auffassung muß die soziale Marktwirtschaft auch weiterhin ihre Flexibilität bewahren, so daß sie den neuen Herausforderungen gewachsen bleibt.

Konkret bedeutet das: Die vom Markt ausgehenden Anpassungs- und Innovationsprozesse sind wirkungsvoll zu unterstützen.

Keinesfalls kann uns eine Politik zunehmender staatlicher Interventionen weiterhelfen. Sie würde eher die bestehenden Friktionen noch verstärken.

Unser marktwirtschaftliches System wird nach wie vor von der großen Mehrheit aller Bürger getragen, weil sie wissen, daß hier die Interessen aller, auch divergierende Interessen, immer noch am besten wahrgenommen werden.

Ganz ohne Friktionen geht es allerdings auch in unserer Wirtschaftsordnung nicht.

Wir stehen mitten in großen wirtschaftlichen Strukturveränderungen.

Die Menschen werden nur bereit sein, diese Prozesse zu bejahen, wenn sie die Gewißheit haben dürfen, daß dies letztlich zu ihren Gunsten und zum Vorteil der nachrückenden Generation wirkt.

Dafür müssen wir, d. h. die Bundesregierung und die Tarifpartner, gemeinsam verantwortlich fühlen und dementsprechend handeln.

KAPITEL VI

STABILES GELD FÄLLT NICHT VOM HIMMEL

Das Geld- und Kreditwesen ist der älteste Sektor staatlicher Ordnung in der Wirtschaft, was freilich nicht ausschließt, daß er immer wieder (meist zurecht) in Frage gestellt wird. Denn der Wächter über das Geldwesen erweist sich oft genug als »bestechlich«: Er mißbraucht sein Geldschöpfungsmonopol zur Sanierung seiner eigenen erschöpften Finanzen. Die in der Bundesrepublik seit Ende des Zweiten Weltkriegs (der in dieser Hinsicht schrecklichen Anschauungsunterricht bot) etablierte strenge Zweiteilung von »Steuer«- und »Geldhoheit« ist deswegen ein großer – und hoffentlich irreversibler – Schritt nach vorn. Die Regierungen finanzieren ihre legitimen Ausgaben im Prinzip aus Steuern und Schulden, aber nicht aus »Geldschöpfung«. Die von der Regierung unabhängige Notenbank stellt die von ihr für erforderlich gehaltene Geldmenge *allen* Geldbenutzern präferenzlos zur Verfügung und bevorzugt niemanden, weder den Staat noch ihr nahestehende Banken oder Gruppen.

Nur knappes und allen Geldbenutzern gleichermaßen zur Verfügung stehendes Geld kann wertstabil sein und bleiben. Nur ist dieses eine zwar notwendige, aber nicht hinreichende Bedingung: Geld kann ersetzt werden durch Kredite privater

Banken, Einlagen ausländischer Anleger (Devisen) und Finanzierungen außerhalb der organisierten und überwachten Geld- und Kreditmärkte (Darlehen sogenannter Nichtbanken).

In Zeiten raschen geld- und banktechnischen Fortschritts, der immer neue Arten und Formen der (meist versteckten) Geldschöpfung und Finanzierung entstehen läßt, besteht die Gefahr, daß die traditionellen Instrumente der Geldmengenkontrolle und -überwachung abstumpfen. Die Inflationsneigung kann sich dann leicht verstärken, weil buchstäblich alles finanzierbar wird.

In solchen Zeiten ist die monetäre Ordnungspolitik aufgerufen, nicht nur ihren instrumentalen Besteckkasten neu zu durchforsten und gegebenenfalls zu ergänzen. Sie muß sich auch die Grundsatzfrage stellen, daß ein »nationales« Geldwesen nur stabil sein kann, wenn ihr die Kontrolle auch über das weltweite »internationale Geld- und Kreditangebot« langfristig nicht entgleitet.

VI.1

Geldwert und Währungsmoral

Das Geldwesen stellt jeder Generation neue Aufgaben und Rätsel. Es hat den Menschen und seine Gesellschaft tiefgreifender verändert als jedes andere Fortschrittsgut. Ein Prozeß, der noch immer anhält, wie jede Reise in eines der zahlreichen Entwicklungsländer enthüllt, wo sich traditionelles und selbstgenügsames Wirtschaften zu moderner, dynamischer Geld- und Marktwirtschaft verdichtet, nicht immer zum Vorteil des kulturellen Erbes und der sozialen Strukturen. Aber auch die Industrieländer haben ihren Geldfortschritt. An den weltumspannenden Geld- und Kreditmärkten der Gegenwart geht, wie einst im Reiche Karls V., die Sonne nicht mehr unter. Wenn im fernen Tokio oder Singapur die ersten Geschäfte des neuen Tages abgeschlossen werden, schlafen wir noch. Wenn Europa seine Schlußkurse macht, fängt man in New York erst an; und wenn die Ostküste der USA den Schalter schließt, eröffnet die Westküste: ein 24-Stunden-Service rund um die Uhr und den Planeten. Und immer bestimmen die einige Stunden vorher einige hundert Kilometer weiter östlich ausgehandelten Geld- und Finanzierungspreise mit »kommunikativer Lichtgeschwindigkeit« die Tendenz der folgenden Abschlüsse.

Die Geldwirtschaft hat unseren Planeten in einen einzigen Finanzierungsplatz und -markt verwandelt, dessen Konditionen, Usancen und Gefahren alle kennen müssen, die im modernen Bankgeschäft bestehen und ihre Stellung halten wollen. Geld und Kredit sind noch zu keiner Zeit der Geschichte so international, so »ubiquitär« gewesen wie in der Gegenwart. Und dennoch halten alle Staaten zäh und unerschüttert daran fest, »ihr« Geld- und Kreditwesen national zu ordnen. Und wenn nötig – national gegen äußeren

Zugriff und Mißbrauch zu verteidigen. Und warum? Weil noch zu keinem Zeitpunkt der Geschichte der Bürger mehr von »seinem« Staat verlangte - auch in Sachen Geld. Seit in den »reichen« Staaten und Gesellschaften des Westens Wohlstand, Geldvermögen und Spareinlagen so hoch gestiegen und so breit gestreut sind wie noch nie, haben alle etwas zu verlieren. Die, die objektiv wenig haben, relativ am meisten.

Deswegen leben wir in der paradoxesten aller bisherigen Geldwelten. Obwohl der Wert des Geldes von internationalen Entwicklungen abhängt wie noch nie, muß er national gesichert werden. Obwohl die Banken international verflochten sind wie noch nie, müssen sie national beaufsichtigt werden. Obwohl es dem Bürger besser geht als je zuvor, muß er wirksamer denn je beschützt werden. Wogegen? Gegen Verluste seines hart erarbeiteten Vermögens aus dem »realen« Substanzverzehr der Inflation, aber auch gegen die »nominale« Mit-Haftung für die Schäden seiner Bank, der er zwar sein Geld anvertrauen will, aber unter deren Risiko, nicht seinem eigenen! Ist in dieser »Umwelt« (Internationalität, Ubiquität) eine nationale Geldwertgarantie gegen Inflationsverluste und eine staatliche Aufsicht gegen Konkursverluste nicht nur eine neue Variante in der langen Kette offenbar unzerstörbarer Geldillusionen? Wir merken uns die Frage vor für später. Das Geldwesen prägt nicht nur den Menschen und seine Gesellschaft. Es ist selber ein Geschöpf »seiner« Gesellschaft, der sie beherrschenden Meinungen, Wert- und Vorurteile. Ihrer Ideologie. Keine Nation hat dies »hautnaher« erlebt als die deutsche, deren Spaltung vor 30 Jahren mit zwei neuen Währungen begann: der DM-West und der DM-Ost, noch bevor die beiden neuen deutschen Staaten ihre ersten Gehversuche machen konnten. Als sich am 30. Juni 1948 die westlichen Alliierten zur längst überfälligen Währungsreform entschlossen, dauerte es nur wenige Wochen, und die östliche Seite zog nach: in rot. Seitdem sind beide deutsche Währungen ein objektiver Test: nicht welche Menschen besser sind und härter arbeiten, sondern in welchem »System« es sich besser leben läßt. Ein Vergleich, der unparteiischer nicht sein könnte. Denn in Deutschland-Ost wird länger und härter gearbeitet, wird weniger Urlaub gewährt als in Deutschland-West. Trotzdem ist die DM-West eine »starke«, die DM-Ost eine »schwache« Währung. Weil hüben und drüben Behörden regulierend eingreifen? Im Gegenteil, weil beide Währungen auf freien Märkten nach dem Gesetz bewertet werden, das einzig und allein gilt, dem von Leistung und Gegenleistung. Ob Ware oder Währung: Beide erzielen nur den Preis, zu dem man sie am Markt auch wieder los wird! So spiegelt der freie Wechselkurs der beiden deutschen Währungen – wie jeder freie Wechselkurs – nur wider, was man für jede der beiden Währungen »zu Hause« kaufen kann: den realen Kaufkraftinhalt und -unterschied zwischen der Einkommens-DM-Ost und -West. Die Wechselkurse bringen es deutlicher als jeder Index und ohne ideologische Verbrämung an den Tag: der Deutsche in der DDR erhält für mehr Leistung (in Arbeitsstunden) weniger Kaufkraft (in Lebensstandardgütern, wie Auto, Ferienreisen usw.), weil er in DM-Ost für Lebenshaltung (und -qualität) mehr zahlen muß als der Deutsche aus der Bundesrepublik in seiner DM-West. Eine Rechnung, die jeder überprüfen kann. Den alliierten Vätern unserer 30 Jahre jungen DM, der wohl erfolgreichsten »Geldschöpfung« unserer Zeit, verdanken wir noch eine andere Erkenntnis – vielleicht nicht minder großer Tragweite. Sie beerdigten wie selbstverständlich das älteste und zählebigste Vorurteil in Sachen Geld, das – trotzdem – immer noch (oder schon wieder?) umgeht: daß Währungen, um stabil zu sein und zu bleiben, »gedeckt« sein müssen. Noch dazu in einem Metall, dessen freier Preis marktwidrig gestoppt werden müsse, damit der – von den Geldbehörden »gesicherte« – Metallwert den Geldwert sichere!

Die DM war von der ersten Stunde ihrer Geburt an eine »gelenkte«, keine »gedeckte« Währung. Nicht wegen irgendwelcher theoretischer Vorlieben oder Positionen ihrer Schöpfer. Das deutsche Volk der heutigen Bundesrepublik hatte am 20. Juni 1948 gar nichts anderes vorzuweisen als seinen realen Leistungs- und Wiederaufbauwillen. Kein Gold, kein Silber – zu welchem Preis auch immer. Und wenn die DM später, gleich anderen Währungen, zeitweilig inflationierte, dann immer dann, wenn zuviel Gold und goldwertige Devisen (zu denen bis 1971 auch der US-Dollar zählte) ins Land strömten. Die »importierte Inflation« war bei uns also immer gold-»gedeckt« – nicht die DM –, was den Lenkenden die Freiheit gegenzuhalten nahm, die sie erst jetzt haben, da sie »floaten« dürfen. So notwendig, unverzichtbar und nützlich die Einbindung der jungen DM die ersten 25 Jahre ihres Lebens in das Weltwährungssystem von Bretton Woods und seine – dem Goldstandard entlehnten – festen Wechselkurse auch gewesen ist, zu einer voll »lenkbaren« Währung wurde sie erst durch die März-Beschlüsse 1973: als alle Mitglieder der Internationalen Währungsfonds-(IWF-)Familie übereinkamen, den Außenwert ihrer Währungen (in Devisen) nicht mehr durch »amtliche Stopp-Preise«, sondern durch freie Marktbewertung festzulegen. Das »Floating«, das es innerdeutsch schon länger gibt als weltweit, hat unsere DM also erst volljährig gemacht. Über ihren Wert – den inneren: in Kaufkraft, den äußeren: in fremden Währungen – entscheidet allein die Qualität des Währungsmanagements. Doch ist dieses wirklich frei und souverän genug, allen inneren und äußeren Gefahren und Versuchungen, denen die Geldwertstabilität ausgesetzt ist, zu widerstehen?

Seit es das Geld gibt, finden nicht nur Produktivitäts»explosionen«, wirtschaftliche, soziale und weltweite Integrationen statt, sondern – leider – fast permanent Inflationen. Es gibt ökonomische Fatalisten, für die Geldwertverschlechterung etwas ähnliches ist wie Krebs: eine Zivilisationskrankheit, gegen die noch immer kein Kraut gewachsen ist. Beweis: die vielen, viel zu vielen Theorien, die nur zeigen, wie wenig wir im Grunde über sie wissen, nicht wieviel. Unbestritten ist wohl, daß Geldwertstabilisierung eine primär öffentliche Aufgabe, keine private ist. Und eine unbestechliche Meßlatte für die Qualität und Moral der politischen Führung. In jedem Staat, gleichviel ob hoch- oder unterentwikkelt, in jedem System, gleichviel ob mehr privat- oder staatskapitalistisch. In dieser Grundhaltung sind auch die Liberalen fast geschlossen illiberal. Ob es Freiburger Ordo-Liberale wie Eucken, Böhm und Müller-Armack oder Milton Friedmans »Regel«-Monetaristen sind, sie alle plädieren für öffentliche Geld-Ausgabe und öffentliche Geld-Kontrolle nach dem Motto: Geld ist viel zu wichtig, um es sich selber und seinen privaten Märkten zu überlassen. Nur ein Vorbehalt wird akzeptiert: um den das Geldwesen beaufsichtigenden Staat nicht in Versuchung zu führen, sich selber vorrangig mit dem von ihm geschaffenen und gehüteten Gelde zu versorgen, müßte er sich von einer neutralen (und regierungsunabhängigen) Vierten Gewalt vertreten lassen – seiner Zentralbank, der im Geldwesen eine ähnliche Stellung zukomme wie im Rechtswesen dem Verfassungsgericht. Nur ein großer Liberaler meldet dagegen neuerdings radikale Zweifel und Opposition an: F. A. von Hayek fordert die möglichst komplette Marktbewertung des Geldes. Ein System freier Geld- und Kreditmärkte, in dem die Geldbenutzer mit Zinsen, Wechselkursen und notfalls Kapital-»Flucht« abstimmen, welches Geld sie für gut und welches sie für schlecht halten, sei der beste Selbstschutz einer Gesellschaft freier Menschen gegen den Inflationsbazillus. Die Währungskrise und ihr Vorbote, die Unruhe an der Kapitalverkehrs- und Wechselkursfront, sei daher in Wahrheit weniger »Krankheit« als »Heilfieber«, das dazu beitrage, die Krise auszuschwitzen. Ein kühner Gedanke, nur, ist er richtig? M. E. rühren Meinungsstreit und Ratlosigkeit in der Debatte um den richtigen Weg der Inflationsbekämpfung in der Welt letztlich daher, daß zwei Selbstverständlichkeiten übersehen, wenn nicht gar verdrängt werden:

Die erste: Inflationen bekämpft man nicht mit Formeln, Systemen, Institutionen, sondern mit Aktionen. Deswegen ist das schlechteste System, das seine Möglichkeiten voll ausschöpft, besser als das theoretisch beste, das wegen laxer Politik unterläßt, was es an sich erreichen könnte.

Die zweite: Inflationsbekämpfung tut nun mal weh. Es gibt immer Leute, die mit noch mehr Geld und nicht mit weniger gerechnet haben und deswegen gegen jede Hochzinspolitik zu Felde ziehen – zu allen Zeiten und nicht erst neuerdings und morgen noch lauter als heute und gestern. Deswegen ist Inflationsbekämpfung immer, aber erst recht in Zukunft, der Lackmustest für die öffentliche Moral und den politischen Mut der Verantwortlichen. Gleichviel, ob sie regieren oder auf der Oppositionsbank ihren Einsatz abwarten. Eine Regierung, die sich mit Inflation an der Macht hält, ist schlimm, eine Opposition, die sich mit Inflationsversprechen an die Macht bringt, schlimmer. Ein Glück nur, daß sich beides entlarvt. Auch wenn es manchmal dauert. Inflationsbekämpfung ist grundsätzlich immer möglich: unabhängig von Zeit, Ort und System. Und ebenso häufig wie der deprimierende Anblick der Inflation ist der ermutigende ihrer Überwindung. Selbst da noch, wo buchstäblich »alles« vom goldenen Zufall abhängt. Wie zu Beginn des vorigen Jahrhunderts, als Ricardos genialer »Lehrer« Henry Thornton den Mechanismus entschlüsselt hatte, der es Banken auf geheimnisvolle Weise ermöglicht, mittels der Ausgabe von Papiergeldnoten den Bankkredit und seine Expansion von Sparen (Depositeneinzahlung) und Liquidität (fremder Refinanzierung) zu lösen, setzte sich nicht sein strenges Konzept der Kreditlenkung und -überwachung durch, sondern das milde Ricardos. Ricardo, der gleich Eucken davor zurückschreckte, »den Leitern der Geldpolitik ... mehr zuzutrauen, als ihnen im allgemeinen zugetraut werden kann« (Eucken, 1952), setzte als früher Monetarist auf Deckungsregeln. Und obwohl er wußte, daß »selbst bei strengster Golddeckung der Geldwert den Schwankungen unterliegt, denen die als Maßstab erkorene Ware selber unterliegt«, entschied er sich für das gelbe Metall. Umlaufendes Papiergeld mußte in Gold, ausstehendes Kreditgeld in Zentralbanktiteln gedeckt sein. Ricardo errang mit seiner auf schwankendem Goldgrunde errichteten Doppeldeckung einen Jahrhunderterfolg. Zwischen 1815 und 1914 expandierte die Weltwirtschaft wie nie zuvor, noch danach und in beispielloser Stabilität.

Zwar gab es immer wieder Rückschläge, Perioden ungezügelter Preishaussen, aber am Ende jedes kurzlebigen Zyklus stellte sich stets der langfristige Trend des Aufschwunges nach Maß und in den richtigen Proportionen ein. Das »liberale« Jahrhundert löste das Problem der Integration ohne Inflationsopfer. Es kam ganz ohne Stabilitätspolitik aus. Wie auch ohne Vollbeschäftigungs- und Strukturpolitik, regionale wie sektorale. Von Strukturräten ganz zu schweigen. Warum war dieses Jahrhundert, trotz seines fragwürdigen Systems der Golddeckung, ein so unbestreitbarer Erfolg? Ein Wirtschaftswunder, das länger hielt als das letzte und an dessen Ende (1913) das alte Deutschland ebenso weltweit verflochten und integriert war wie die kleinere Bundesrepublik heute? Nur mit einem Unterschied: Das Deutschland vor 1914 hatte einen Import-, keinen Exportüberschuß. Der Goldstandard des vorigen Jahrhunderts funktionierte, seine eingebauten

»goldenen Bremsen an der Kreditmaschine« (Schumpeter) griffen, Inflation konnte weder »hausgemacht« noch »importiert« werden, weil die Zentralbanken untereinander »in bar« (nämlich in Gold) abrechneten und sich noch nicht, wie heute, anpumpten. Infolgedessen mußte, wer Gold verlor, sein Zahlungsdefizit ausgleichen, er bekam es nicht, wie heute, finanziert. Weder von anderen Notenbanken noch an »Euro«-Märkten, die es zwar auch damals gab, aber nur »guten Schuldnern« offenstanden. Ein geniales System, das fast von selber funktionierte und zur Selbstdisziplinierung in Geldangelegenheiten zwang. Aber eigentlich nur wegen eines fast unglaublichen Zufalls. Die Goldfunde in Kalifornien, Alaska, Kanada, Südafrika und Rußland, obwohl beträchtlich, sprengten niemals, wie (in 3 Jahrhunderten) davor, die Grenzen des realen Wachstums- und Produktivitätsfortschritts. Geld- und güterseitige Entwicklung verliefen in etwa parallel, obwohl keine »lenkende« Politik sie gleichgerichtet hatte, gleichrichten mußte! Etwas reichhaltigere Goldfunde und die »goldenen Bremsen an den Kreditmaschinen« hätten genügend Spiel für mehr Inflation gegeben, und die Stabilitätspolitik hätte früher erfunden werden müssen. Erst das 1973 endgültig liquidierte Währungssystem von Bretton Woods hat diese Schwäche – nicht nur des alten Goldstandards, sondern aller Systeme mit einer unkontrollierten »letzten Deckungsgrundlage« – bloßgelegt.

Was ist die Lehre dieses zweimaligen Zusammenbruchs eines Weltwährungssystems in den vergangenen 40 Jahren des 20. Jahrhunderts: des nach dem Ersten Weltkrieg restaurierten und revidierten Goldstandards (definitiv) in der Krise von 1931/1932 und des nach dem Zweiten Weltkrieg in Bretton Woods aus der Taufe gehobenen US-Dollarstandards in den Krisenjahren 1971/1973?

Erstens: Es gibt weder ein Patentrezept (keine Formel und Deckungsregel) noch einen für alle Zeiten und in allen Situationen unfehlbaren Welt-Bankier für die weltweit und weltwirtschaftlich »richtige« Dosierung der von allen Teilnehmern der in der Weltwirtschaft vereinten Nationen benötigten und gebrauchten »letzten« Liquidität. Die Anforderungen an Formel und Bankier wachsen ins Unerfüllbare, je weiter sich Geld- und Kreditwirtschaft ausdehnen, je unterschiedlicher die Strukturen, Entwicklungsgrade und politischen Motivationen der Geld- und Kreditbenutzer werden.

Denn: Das Geldwesen prägt nicht nur den Menschen und seine Gesellschaft, es ist selber ein Geschöpf dieser Gesellschaft und der Ansprüche ihrer Menschen, gleichviel ob »erfüllbar« oder nicht. M. E. waren Goldstandard und das Bretton-Woods-System nicht nur technisch, sondern auch politisch Zufallssysteme einer noch überschaubaren, weitgehend homogenen Welt: der Goldstandard einigte etwa 15, das Bretton-Woods-System gründeten etwas über 30 Partner. In der Weltwirtschaft von heute mit ihren rund 150(!) nationalen Währungen erscheint dergleichen kaum mehr wiederholbar.

Zweitens: Wenn es dennoch keine Alternativen für weltwirtschaftliche Integration auf der einen, nationale Stabilitätsgarantien auf der anderen Seite gibt und geben kann, denn: ohne weltwirtschaftliche Integration kein ausreichendes wirtschaftliches Wachstum, ohne Währungsstabilität kein auf die Dauer befriedigendes Geld- und Kreditwesen (von den sozialen Folgen der Inflation nicht erst zu reden), muß die Arbeit an der »Versöhnung« von Integrations- und Stabilitätspolitik weitergehen. Denn weder darf auf Dauer Integrationsfortschritt mit Inflation erkauft werden noch Stabilitätsfortschritt mit Desintegration, wenn nicht gar Weltwirtschaftskrise. M. E. führen nur zwei Wege aus dieser Sackgasse, in die wir weltweit zunehmend zu geraten drohen, heraus: Der erste, den wir seit geraumer Zeit in der Bundesrepublik erproben, der aber auch ein Land wie die Schweiz leitet: man vermeidet durch konsequente, nationale Stabilitätspolitik möglichst jede »hausgemachte« Inflation, die sich dann ja auch weder ex- noch importieren läßt. Würde sich die Mehrheit der Weltwirtschaftspartner auf dieses Konzept einigen, wäre jedes »System« überflüssig. Die Zahlungsbilanzen wären weltweit durch an Qualität der Währung und Rendite orientierte Kapitalbewegungen ausgeglichen, die Wechselkurse innerhalb fast berechenbarer Margen glaubhaft stabil. Der zweite Ausweg aus dieser Krise wäre der von Lord Keynes und seinen Schülern angeregte Sprung ins kalte Wasser eines echten und von einer Welt-Zentralbank kontrollierten Welt-Geldes »letzter« Liquidität, dessen Stabilität nicht vom Zufall ausreichender Goldfunde oder dem der richtigen

Verschuldung eines Landes (USA) abhinge, sondern seiner knappen Dosierung. Es wäre dies zwar wieder ein »System«, das aber im Gegensatz zu bisher auf »geplanter« Stabilitätspolitik beruhte und keines »per (glücklichen, wenn auch willkommenen) Zufall«. Ich weiß nicht, welche Utopie die größere ist: die einer weltweiten (nationalen) Stabilitätspolitik »von unten« oder die einer (übernationalen) »von oben«. Beide zeigen jedoch, daß Geldfortschritt, weltwirtschaftliche Kooperation und Integration nur um den Preis von mehr und nicht weniger Geldwertstabilität zu haben und zu erhalten sind und daß der »Freiheitsgrad« dieser Politik nicht im Ziel, sondern nur in der Methode liegt. Gleichzeitig aber wird an dieser Betrachtung deutlich, daß Weltwirtschafts- und insbesondere Weltwährungsordnungen immer an ihrem Stabilitäts-»Defizit« scheitern, nicht an ihrem Stabilitäts-»Überschuß«. Sie stellen daher in Wahrheit Versuche dar, fehlende Währungsdisziplin einzelner nationaler Partner durch Eingriff von außen zu »erzwingen« – ein Verfahren, das durchaus Erfolge zeitigt, wenn man an die Entzugseffekte des Goldstandards oder die Sanktionen und Auflagen des IWF in seiner besten Bretton-Woods-Zeit denkt. Deswegen geben sich alle die, die sich von einem neuen und besseren Weltwährungssystem eine reichlichere Geld-, Kredit- und Reserve-Versorgung versprechen, einer höchst naiven Polit- wie Geldillusion hin. Auch eine Welt-Zentralbank kann nicht mehr Welt-Geld schaffen und nationale Kredite entstehen lassen, als diese Welt real zu absorbieren vermag, das heißt: zur Finanzierung ihres Wirtschaftswachstums bei Stabilität benötigt. Oder sie sprengt sich – wie die alten Ordnungen – selbst in die Luft!

Wenn aber – wie ich fürchte – die Zeit weder reif ist für eine weltweite nationale Inflationskontrolle von unten noch für große Lösungen auf der internationalen Ebene (ja, noch nicht einmal auf der übersehbaren europäischen), weil das süße Gift der Inflation immer noch mehr Süchtige als Ernüchterte findet, sind wir von Hayeks »grand design« einer »marktwirtschaftlichen Kontrolle« der nationalstaatlichen Geld-Politiken und des dahinter stehenden Währungsmanagements gar nicht so weit entfernt. Freie internationale Geld- und Kreditmärkte mit freien Wechselkursen

(= Währungsbewertungen) sind das unbestechlichste monetäre Eichmaß, über das wir verfügen. Siehe das eingangs erwähnte Verhältnis zwischen DM-Ost und -West. Nur – und das macht die Grenze auch dieses Konzepts deutlich – die internationalen (»Euro«-)Märkte bewerten nicht nur, sie finanzieren auch. Und bei entsprechenden Risikoprämien sogar weniger gute Adressen! Hayeks Konzept, von seiten der Politik gar nichts zu tun, von seiten der Märkte alles tun zu lassen, würde restlos nur überzeugen, wären diese Märkte nicht auch gleichzeitig Treibriemen der weltweiten Inflationsübertragung, würden nicht sie anstelle der ausgeschiedenen Zentralbanken das Geschäft des Ausgleichs defizitärer Zahlungsbilanzen z. T. hochinflatorischer Partnerländer übernehmen und damit die Inflation dort – und anderswo – weiter möglich machen. Denn der Inflation ist es sozusagen »egal«, ob sie bei festen Wechselkursen aus Devisenkrediten der Zentralbanken oder freien Wechselkursen aus lediglich teuereren Devisenkrediten privater »Euro«-Banken finanziert wird. Die Wirkung auf die Preise ist dieselbe. So bleibt letztlich gar kein anderer Weg und Ausweg als die beharrliche Verbesserung des Status quo. Er ermöglicht Inflationsbekämpfung dort, wo sie politisch möglich ist und dem Willen der Bevölkerung entspricht. Er vermindert die Chancen der Inflationsfinanzierung dort, wo die internationalen Kreditmärkte das Inflationsrisiko nicht mehr abdecken können oder wollen. Das ist zwar weniger als ideal, aber besser als nichts. Ein Weg, der jede spätere Richtung offenläßt. Und die Kosten einer isolierten Stabilitätspolitik in einer inflatorisch bleibenden Umwelt? Sie wiegen, richtig kalkuliert, weniger schwer, als sie manchmal scheinen. Die »reale« (welt-inflationsbereinigte) Aufwertung der DM stellt nur sicher, daß sich unsere Terms of trade nicht verschlechtern. Daß deutsche Güter nicht zu billig abgegeben, Auslandspodukte nicht zu teuer eingekauft werden. Die Verbilligung der aus dem Ausland importierten Vor-Leistungen (an Roh-, Halb- und Fertigwaren) stellt bereits seit langem das einzige Gegengewicht gegen die inneren Kostenauftriebstendenzen dar, die letzte Säule, auf der unser nationaler Stabilitäts- und internationaler Wettbewerbsvorsprung noch ruht. Der Bundesrepublik Integrationsvorteil liegt da, wo ihn bis vor kurzem niemand sah: in der Ansteckungswirkung. Die Europa-»Schlange«, ein Hartwährungsblock rund um die DM, mit unseren engsten Nachbarn und besten Kunden, droht nicht mehr zu »platzen«, sondern sich zu »verlängern«. Warum? Weil in immer mehr Inflationsländern Europas die Geldillusionen verfliegen. Was nützt das Plus an inflatorischer Binnenliquidität, wenn es »real« in höheren Preisen und Kosten draufgeht, zusätzlich aber nicht zu schließende Löcher in Kapital- und Zahlungsbilanzen aufreißt? Wenn aber die Zahlungsbilanz fast wieder wie im alten Goldstandard als »Bremse an der Kreditmaschine« dient, ist es »sicherer«, sich einem Zahlungsbilanz-Rückversicherungsverein à la Schlange anzuschließen. Denn auch das gehört zu den Geheimnissen »konzertierter Stabilitätspolitik«: sie ist in der Gruppe weniger schmerzhaft. Was in Jahrzehnten zäher Verhandlungen unerreichbar schien, Europa im Sinne einer »harten« Währungspersönlichkeit zu profilieren, die drohenden Kapital- und Liquiditätsverluste an die attraktive DM machen es möglich. Greshams berühmtes Gesetz zeigt sich heute in Europa von seiner wahren, richtigen Seite: »Um das – verlorene – gute Geld zurückzubekommen, muß man das schlechte, das man hat, wieder abschaffen.« Der Sparer will nicht nur gegen Inflation, sondern auch gegen die ihm unübersichtlichen Geschäftsrisiken »seiner« Banken geschützt werden. Es gehört zu den Paradoxien unserer halbprivaten, halbstaatlichen (oder öffentlichrechtlichen) Bankenwelt, daß das Schutzangebot sogar von Bankenseite kommt. Denn die von keinem Staat (oder keiner Gebietskörperschaft) »garantierten« Privatbanken können ihren Einlegern ja keinen minderen Schutz zumuten als ihre öffentlichen Konkurrenten. Sie »wollen«, weil sie letztlich »müssen«.

Nur: können sie, wenn Not am Manne oder dem gesamten Bankensystem ist, diesen Schutz auch wirklich leisten? Und: wenn sie ihn schon, wenn auch unter Wettbewerbsdruck, freiwillig anbieten, warum dann noch eine staatliche Überwachung ihrer Bonität? Noch dazu – wie in der Bundesrepublik – durch »bankfremde« Organe: eine Behörde statt der »vertrauten« Zentralbank? Keine Kreditbank, nicht einmal die konservativst geleitete, kann ihren Einlegern vollen Schutz anbieten. Sie leiht mehr Mittel aus, als sie an Kapital und

Reserven hat, folglich verfügen alle Einleger zusammen (die kreditorischen wie debitorischen) über mehr Ansprüche gegen »ihre« Bank, als diese im Falle einer Totalabhebung erfüllen könnte. Zumindest auf kurze Sicht. Seit der Bankenkrise von 1931/32 ist es daher nicht nur Theorie, sondern – leider damals nicht gerade vorbildlich exerzierte – Praxis, daß die Ansprüche der Sparer gegen ihre Banken letztlich nur mit staatlicher Unterstützung, nämlich Einschaltung der nationalen Zentralbank, erfüllt werden können. Damals wurde auch die staatliche Bankaufsicht in Deutschland eingeführt; denn Regierung, Zentralbank und natürlich die Sparer wollten nicht noch einmal so böse überrascht werden – wie auf dem Höhepunkt der Krise.

Hat sich dieses – seit 45 Jahren nur unwesentlich modifizierte System – bewährt? Spätestens an dieser Stelle wird deutlich, daß Sparerschutz mehr beinhaltet als Inflationsschutz. Den Inflationsschutz genießen alle Benutzer der Geldwirtschaft: Einkommensbezieher (Arbeitnehmer), Sachwertbesitzer (Unternehmer) usw. Der Sparerschutz dagegen ist sowohl gruppenspezifisch wie organisationsbezogen: er gilt den bei Geldinstituten ihr Geldvermögen Haltenden, denn diese Gruppe legt ihr Vermögen nicht in eigener Regie und Verantwortung an, sondern traut dem höheren Sachverstand seiner Geldvermögensverwalter. Wie der Patient dem seines Arztes. Kann die staatliche Bankaufsicht die Rolle einer »Standesaufsicht für das private Kreditgewerbe« spielen? Ist sie dazu da, unsere Sparer ruhig »schlafen zu lassen«? M. E. wäre dies ein verhängnisvolles Mißverständnis. Die Bankaufsicht versucht eine Lücke zu schließen, die die staatliche Geld- und Kreditmengenkontrolle der Zentralbank nicht abdecken kann, der freie Kreditwettbewerb dagegen ständig neu aufreißt: das Geschäft mit dem und durch das Kreditrisiko. Es wäre töricht und weltfremd, in den privaten und öffentlich-rechtlichen Banken quasi public utilities volkswirtschaftlicher Geld- und Kreditversorgung zu sehen, gleichsam den Verteilungsapparat der zentralbank-tolerierten Gesamtliquidität. Gerade in der dynamischen Geld- und Marktwirtschaft teilen die Banken mit ihrer Kreditauswahl und ihrem Kreditengagement das volle Geschäfts- und Investitionsrisiko ihrer Kunden: der von ihnen finanzierten Wirtschaftsunternehmen; der großen wie der kleinen, gleichviel ob in Landwirtschaft, Industrie oder Dienstleistungsbereich. Ein Risiko, das in dem Umfange steigt, wie der Wettbewerb an Härte zunimmt, und zwar an den Güter- und den Geld- wie Finanzierungsmärkten. Und dies ist der springende Punkt: Die Unternehmen der Kreditwirtschaft, die Banken also, tragen gleichsam das »doppelte Risiko«: das der eigenen Finanzierungsbranche und das ihrer Kunden. Kriselt es im Bau- oder Textilsektor, um nur zwei Beispiele der letzten Jahre zu nennen, wären auch jene Banken gefährdet, die sich zu stark und einseitig in diesem Sektor engagiert hätten. Hier – in der Vermeidung risiken-kumulierender Branchenschwerpunkte – liegt einer der am höchsten zu veranschlagenden Sicherheitsvorsprünge unseres in der Bundesrepublik dominierenden »Universalbank-Systems«, das die auf Branchen- und Finanzierungsschwerpunkte konzentrierte »Spezialbank« nur als Ausnahme, nicht als Regel kennt. Bedeutet dies, daß Bankenaufsicht ihre Hauptaufgabe in der Investment-, Über- und Nachkontrolle der Unternehmenspolitik der Banken hätte? Keineswegs. Seit die Banken das Geschäft der Kredit-»Schöpfung« perfektioniert haben, seit sie gelernt haben, ein Mehrfaches ihres Kapitals sowie ihrer »echten« – durch Sparen (kreditorisch) gedeckten – Einlagen zur Refinanzierung der bei ihnen nachgefragten Kredite einzusetzen, hat sich das Problem ihrer Bonitätsüberprüfung und -kontrolle von der Aktiv- oder Investmentseite auf ihre Passiv- oder Geldgeberseite verlagert. Denn Kapitalbesitzer und Einleger sitzen im selben Risikoboot, wenn »ihre« Bank noch mehr Geld schuldet, als sie bei beiden aufgenommen hat. Viel Verwirrung über die in der Bundesrepublik ähnlich wie in anderen Ländern strukturierte Bankaufsicht rührt daher, daß man die beiden Kontrollebenen nicht trennt, sondern zusammenfaßt und daß man überdies die Aufsichtsfunktionen von Zentralbank und Sparer- oder Einlegerschutz trennt. Dabei liegen die Gründe auf der Hand. Sie dienen der Vermeidung von Konfliktsituationen, die auftreten können, nicht müssen. Die Geschäftsinteressen der Kapitalgeber sind zwar auf die Bonität ihrer Institute gerichtet, aber mehr im dynamisch-langfristigen Sinn der Geschäftsfortführung, der Expansion und Gewinnerzielung. Für sie sind Risiken »unvermeidlich«

und daher »nur« zu minimieren, nicht zu eliminieren. Ein weites Feld extrem unterschiedlicher, wenn nicht zuweilen höchst subjektiver Bewertungen, die aufgehen, aber auch schiefgehen können. Die Interessen der Einleger sind statischer und konservativer Art; sie haben ihr Geld ihren Banken »verpachtet«.

Sie wollen, daß ihr (»Pacht«-)Zins verdient wird, nicht mehr. Und sie können sich nicht selber vertreten, weder von ihrer Zahl noch von Geschäftseinsicht, -interesse und fachlicher Vorbildung her. In diesem Sinn »ergänzt« die staatliche Bankaufsicht die quantitative Geld- und Kredit-(»Men gen«-)Kontrolle der Zentralbank nach der qualitativen Liquiditätsseite der Einzel-Institute hin und »vertritt« außerdem die Interessen der Selbstkontrolle in eigener Sache nur bedingt aktionsfähiger Einleger. Eine klare Ordnungsaufgabe »flankierender Stabilitätspolitik«, wie sie im Grundgesetz der deutschen Kreditwirtschaft, dem KWG, dem Prinzip nach mustergültig, und nur für den Fall sich ändernder Daten des Bankenwettbewerbes revisionsbedürftig, formuliert ist.

Kann die vom Staat eingesetzte Banken-Polizei ihre dem Sparer gegenüber zugedachte Freund-und-Helfer-Funktion auch wirklich erfüllen? Zeigen nicht alle, wenn auch nicht allzu häufigen Bankenunfälle der Nachkriegszeit, daß auch hier der Freund und Helfer immer erst am Tatort erschien, wenn das Unglück schon passiert war? Und vor allem: was kann eine an den Landes- und Währungsgrenzen endende nationale Bankaufsicht gegen Schäden ausrichten, die erkennbarerweise immer mehr aus internationalen Risiken und Fehleinschätzungen resultieren? Die dem nationalen Kredit- und Bonitätsaufseher noch nicht einmal »gemeldet« werden müssen, weil sie sich draußen in formell, nicht materiell unabhängigen Tochter- und Partner-Instituten ereignen? Jede Antwort auf Frage eins (dem Hinterherhinken der Kontrollen) muß auf die Dunkelziffer der präventiven Unterlassungen hinweisen. Obwohl wir nicht genau wissen, was wegen der Nachkontrolle durch die Bankaufsicht nicht geschehen ist, können wir aus dem drastischen Rückgang der Bank-Insolvenzen in den Jahren nach dem Zweiten Weltkrieg etwa gegenüber den Jahren zwischen beiden Weltkriegen oder gar den »goldenen« Zeiten vor dem Ersten Weltkrieg doch den Schluß ziehen: Die Existenz der Banken-Polizei hat die Sicherheit im Kreditgewerbe vergrößert, nicht verkleinert. Nur aus Angst vor dem Erwischtwerden? Und der darauf stehenden Strafe? Wir werden darauf noch zurückkommen.

Die Antwort auf Frage zwei (Internationalisierung der Bankaufsicht) ist aktueller denn je. Seit alle nationalen Kreditinstitute mehr oder minder dazu gezwungen sind, ein zweites Bein im »exterritorialen« Auslands-(Kredit- und Einlagen-)Geschäft zu unterhalten und diese Auslandsmärkte längst den inländischen Märkten den Umsatzrang abgelaufen haben, das Auslandsrisiko also stärker durchschlägt denn je, ist eine »Interpol« der nationalen Bankaufsichten à la longue nicht mehr zu vermeiden. Nicht nur im Interesse der Sparer, sondern der im Geschäft stehenden Institute selber, die ja nur gewinnen, wenn ihre Partner ebenfalls das Gütesiegel heimatlicher Überwachung haben. M. E. wäre ein freiwilliges Überprüfungsangebot aller Banken an ihre nationalen Aufsichtsbehörden, ihnen wie »selbstverständlich« auch die Bücher ihrer Auslandstransaktionen zu öffnen praeter legem, bevor die Gesetzgeber handeln – der Prüfstein für den Stoff, aus dem des Geldes wahrer Wert noch zu allen Zeiten und Jahrhunderten bestand –, jenseits aller Kontrollen und Gebote: der Moral der mit dem Gelde Umgehenden. Wer nichts zu verbergen hat, kann alles offenlegen; nicht gerade seiner Konkurrenz, wohl aber seiner Aufsicht! Transparenz in Buchung und Büchern ist die entscheidende Forderung unserer Zeit, aber auch die entscheidende An-Forderung an unser Kreditwesen, wenn es wie bisher frei und privat bleiben will. Je undurchsichtiger und verwickelter die Geschäfte werden, desto klarer muß die Buchhaltung sein – für Insider und Outsider. Ein Großteil der uns in der Bundesrepublik in den letzten Jahren schockenden Bank-Insolvenzen und »Schieflagen« geht auf das Konto fehlender Transparenz. Oder glaubt jemand im Ernst, Insider wie Geschäftsleitung, Aufsichtsrat und Kapital-Eigner einer florierenden Bank hätten sehenden Auges »alles« verspielt: Geld und guten Ruf, wenn sie das ganze Ausmaß der Spekulationen einzelner in seinem vollen Umfang, vor allem aber in seinen noch nicht gebuchten (»Termin«-Geschäfts-)Anteilen gekannt hätten?

Buchungswahrheit – auch in den sogenannten Eventualverbindlichkeiten, die heute noch vor, morgen aber schon in der Bilanz stehen können – ist meiner Meinung nach nicht nur eine Frage des Selbstschutzes der Kreditwirtschaft, ihrer Unternehmer und Manager vor ihrem eigenen Risiko, nicht nur eine Aufgabe für den Gesetzgeber des Sparerschutzes, sondern Prüfstein der Moral eines Berufsstandes, der ein doppelter Treuhänder ist: eines Geldes, das ein öffentliches Gut ist, und einer Einlage, die aus der harten Arbeit derer hervorgegangen ist, die sie erwirtschaftet haben. Banken, die mit den ihnen anvertrauten Mitteln nicht alles finanzieren, was ihnen angetragen wird, und deren »Bankgeheimnis« die Passiv-, nicht die Aktivseite ist, sind heute der einzige Selbstschutz einer Gesellschaft freier Menschen vor dem monetärem Krebs (Inflation) und vor der Selbstzerstörung ihrer Freiheit, die – kein Zufall – stets im Kreditwesen beginnt und woanders endet. Unsere Kreditwirtschaft hat es daher weit mehr in der Hand, als sie – so scheint es manchmal – selber glaubt und weiß, die Legende von den Vorteilen ihrer Verstaatlichung zu widerlegen. Denn jede Inflation und erst recht jeder das Publikum verstörende Bank-Unfall hat auch etwas, meist sogar sehr viel mit der Geschäftspolitik des Kreditapparates zu tun. Jede Über-Konjunktur und jede Anspruchsinflation mußten erst einmal finanziert werden, konnten also mangels bereitwilliger Finanzierung auch unterbleiben. Und jede Krise? Auch sie hat nicht nur etwas mit dem Stau von Investitionen, sondern der Abneigung zur Finanzierung dieser Investititonen zu tun. Je mehr sich die Banken urbi et orbi ihrer ungeteilten Mit-Verantwortung für die Einheit von Wohlstand und Stabilität der Gesellschaft wie des Geldwertes, der beides ausdrückt, bewußt werden, desto besser für beide: die Gesellschaft und die Banken. Und je eher und selbstverantwortlicher die Moral den Kontrollen zuvorkommt, desto freier werden beide sein und bleiben können: die Gesellschaft und ihre Banken.

VI.2

Geld bleibt nicht von selbst stabil

I.

In seiner »Inquiry into the Nature and Causes of the Wealth of Nations« stellte Adam Smith im Jahre 1776 fest, daß der Ursprung des Reichtums der Nationen in der Arbeitsteilung liege.

In der Tat macht die Arbeitsteilung es dem Menschen möglich, sich auf die Tätigkeiten zu spezialisieren, für die er die besten Voraussetzungen mitbringt.

Die Arbeitsteilung ist zweifellos für den Fortschritt in der Entwicklung der Menschheit eine der größten organisatorischen Entdeckungen.

Die Arbeitsteilung aber wird erst durch das Geld ermöglicht und in ihrer ökonomischen Effizienz richtig zur Geltung gebracht.

Arbeitsteilung und Geld sind voneinander abhängig. Wohl selten in der Geschichte ist dieser Zusammenhang so schlagartig deutlich geworden wie am 20. Juni 1948.

Geld ist die Voraussetzung dafür, daß wir die Früchte der Arbeitsteilung tauschen können und daß sich damit der ökonomische Fortschritt entfalten kann.

Dieser Austausch der Früchte der Arbeitsteilung ist im Grunde genommen das, was wir Wirtschaft nennen.

Und jeder, der an dieser Veranstaltung Wirtschaft teilnehmen will, braucht Geld.

Das Geld ist sozusagen die Eintrittskarte zur Teilnahme am wirtschaftlichen Leben. Geld ist das Bindeglied zwischen
- Angebot und Nachfrage,
- Aufwand und Ertrag,
- Arbeit und Lohn.

In einer so komplizierten Wirtschaftswelt wie der unsrigen kommt es daher darauf an, daß jeder mit seinem Geld Güter und Leistungen kaufen kann und daß jeder bereit ist, seine Erzeugnisse und Dienstleistungen für Geld herzugeben.

Diese elementare Tatsache gilt jedoch nicht nur für den Tauschverkehr im Innern eines Landes, sondern sie muß auch im Handel zwischen den Staaten gelten.

Ich habe leider sehr konkrete Veranlassung, auch hierauf hinzuweisen.

Der ursprüngliche, reichlich umständliche Tausch Ware gegen Ware schaffte Abhängigkeiten, weil man auf den Partner angewiesen war, der bereit war, seine Ware gegen eine bestimmte andere Ware herzugeben.

Im Gegensatz dazu hat Geld als Tauschmittel den Menschen unabhängiger gemacht.

Dostojewski bezeichnete es deshalb auch als »geprägte Freiheit«.

> »Das Geld ist eines der großartigsten Werkzeuge der Freiheit, das der Mensch je erfunden hat«,

stellt der nicht gerade zu Übertreibungen neigende Friedrich von Hayek fest.

Und ich bin sicher, daß Professor Erhard auch diese gesellschaftspolitische Dimension vor Augen gehabt hat, als er schon in seinen frühen Gutachten und Stellungnahmen – lange vor der Währungsreform – die Bedeutung eines geordneten Geldwesens so nachdrücklich hervorgehoben hat.

Über das Wesen des Geldes ist viel und zu allen Zeiten nachgedacht worden:

Als »Geschöpf der Rechtsordnung« charakterisierte es Professor Knapp in seiner »Staatlichen Theorie des Geldes«.

Nach Auffassung von Aristoteles ist Geld als »Übereinkunft der Menschen« anzusehen.

Kopernikus meinte, Geld sei ein von ihrem Stoffwert abhängige Ware.

Wir wissen heute, daß die Bedeutung und das Wesen des Geldes in der möglichst optimalen Erfüllung seiner Funktion

- als Tausch- und Zahlungsmittel,
- als Recheneinheit und Wertmesser

  und
- als Aufbewahrungs- und Anlagemittel liegen.

Dieses setzt aber voraus,
- daß die Versorgung der Wirtschaft mit Geld funktioniert,
- daß es keine Kreislaufstörungen gibt,
- daß das Geldsystem in Ordnung
und
- daß der Wert des Geldes stabil bleibt.

Dabei ist zu bedenken, daß Geld ein Mittel ist und kein Selbstzweck.

Geld um seiner selbst willen ist wertlos.

Der Wert des Geldes wird auch nicht dadurch bestimmt, was es kostet, noch dadurch, welcher Wert in das Metall geprägt oder auf das Papier gedruckt ist.

Der Wert des Geldes bestimmt sich vielmehr einzig und allein danach, wieviel man für das Geld kaufen kann.

Der Wert des Geldes liegt somit in seiner Kaufkraft.

Geld ist eine Anweisung auf Güter.

Eine noch so große Menge Geld ist wertlos, wenn man dafür keine Güter kaufen kann.

Güter wiederum sind Ausdruck der Leistungsfähigkeit einer Volkswirtschaft.

Dahinter steht der Fleiß, der Leistungswille und die Arbeit des einzelnen und der Gesellschaft.

II.

Wenn wir heute mit Genugtuung feststellen, daß sich unsere Deutsche Mark bei relativ guter Gesundheit befindet, so dürfen wir nicht vergessen, daß es mit der Währungsreform und dem neuen Geld allein nicht getan war.

Das neue Geldsystem wäre nicht tragfähig gewesen, hätten nicht dahinter eine vernünftige Wirtschaftsordnung und der Leistungswille einer Bevölkerung gestanden.

Ebenso entscheidend war die mutige Entscheidung Ludwig Erhards, der mit dem »Gesetz über Leitsätze für die Bewirtschaftung und Preispolitik nach der Geldreform« vom 24. Juni 1948 den eigentlichen Grundstein der sozialen Marktwirtschaft legte.

Zwei Sätze aus den Leitsätzen dieses Gesetzes haben in einer für uns heute kaum noch vorstellbaren Gesetzessprache Geschichte gemacht:

»Der Freigabe der Preise ist vor der behördlichen Festsetzung der Vorzug zu geben.
Soweit der Staat den Verkehr mit Waren und Leistungen nicht regelt, ist dem Grundsatz des Leistungswettbewerbs Geltung zu verschaffen.«

Die Entscheidung für eine Wirtschafts- und Sozialordnung, in der der einzelne eine weitgehende wirtschaftliche Wahlfreiheit erhalten hat, ist in Wirklichkeit eine tiefgehende politische und soziale Neuordnung gewesen.

Man könnte überspitzt sagen, daß die Konzeption der sozialen Marktwirtschaft zusammen mit der Wiederherstellung der Demokratie vielleicht die einzig wirklich originelle, jedenfalls aber die weitreichendste Neuordnungsidee in der Bundesrepublik nach 1945 war.

Diese Konzeption beinhaltet seit ihren Anfängen und in ihrem Kern eine Politik, die auf ein stetiges Wirtschaftswachstum gerichtet ist und diesem Ziel soviel Unternehmerinitiative, soviel Marktfreiheit und soviel Wettbewerb dienstbar gemacht hat, wie irgend möglich war. Sicherlich ist das große Wirtschaftswachstum der 50er und 60er Jahre nicht allein durch das Streben nach möglichst großer »Liberalität« erklärt.

Das niedrige Ausgangsniveau, die Notlage der Menschen und der beispiellose Lebens- und Aufbauwille der Bevölkerung haben neben vielen anderen Wachstumsfaktoren diese Entwicklung entscheidend begünstigt.

Diese Ordnung war nicht immer als selbstverständlich akzeptiert, sie war auch Anfeindungen ausgesetzt.

Auch Zweifel an dem tieferen Sinngehalt und dem sittlichen Rang dieser Ordnung sind aufgekommen. Der Irrtum des Liberalismus des 19. Jahrhunderts bestand darin, daß er die Ergebnisse des Marktmechanismus als sittlich und sozial gerechtfertigte Lösung ansah und somit die ökonomische und sittliche Ordnung in Übereinstimmung fand.

Keine Ordnung ist aber als solche schon sittlich.

Wir betrachten auch die Marktwirtschaft selbst nicht als eine solche Ordnung, sondern als eine Basis für eine sittliche Ordnung.

Wir halten sie dafür geeignet, weil in ihr persönliche Verantwortung bei Freiheit des einzelnen eher möglich ist als in einer zentralen Ordnung, die den persönlichen Tätigkeitsraum notwendigerweise sehr einengt.

Sie stellt ein System dar, das es erlaubt, die persönlichen Fähigkeiten und Antriebskräfte für das Allgemeinwohl dienstbar zu machen, ohne allerdings voraussetzen zu müssen, daß der Mensch besser wird und mehr Tugenden besitzt, als man von ihm erwarten kann.

III.

Der Erfolg hat dieser Konzeption recht gegeben. Der 1978 begangene 30. Geburtstag der DM ist allerdings auch Anlaß zu fragen, ob diese Philosophie noch Gültigkeit hat und somit die Gesetze noch gelten, nach denen wir angetreten sind.

Wir müssen leider feststellen, daß auch unser Geburtstagskind im Laufe der Jahre »Haare gelassen« hat und unsere Wirtschaftsordnung in den Wirren der Zeit nicht ganz ohne Blessuren geblieben ist.

Allein die Tatsache, daß die DM in den letzten 10 Jahren mehr an Wert eingebüßt hat als in den 20 Jahren zuvor, kann nicht übersehen und soll auch nicht nur mit »widrigen Umständen« entschuldigt werden.

Es kann uns auch nur zum Teil beruhigen, daß wir im Vergleich zu anderen relativ glimpflich davongekommen sind.

Wir müssen die kritische Sonde an unsere marktwirtschaftliche Ordnung legen und dabei nicht nur den etwas formalen und vordergründigen Maßstab der unmittelbaren Intervention des Staates gelten lassen.

Wenn wir diese Ordnung an den Grundsätzen messen, die die geistigen Väter dieser Ordnung aufgestellt haben – ich nenne hier nur stellvertretend Walter Eucken und den kürzlich verstorbenen Alfred Müller-Armack –, so müssen wir uns natürlich auch fragen, ob nicht die marktwirtschaftliche Ordnung selbst an Attraktivität und Unterstützung eingebüßt hat.

Neben dem erfolgreichen Festhalten an den Grundprinzipien gibt es auch Gefährdungen und Bedrohungen.

Es müssen Zweifel an einem funktionsfähigen Preissystem als Grundprinzip erlaubt sein,

- wenn bestimmte Gruppen versuchen, die strengen Sanktionsmechanismen des Marktes aufzuweichen,

- wenn in den aus dem Markt abgesonderten Bereichen mangels verläßlicher Bewertungskriterien Leistungen und Gegenleistungen sich nicht entsprechen
  oder
- wenn nur noch in Bedarfskategorien gedacht wird und das Denken in Preis- und Kostenrelationen verfällt.

Das Primat der Währungspolitik und der Stabilität des Geldwertes muß auch in Zukunft uneingeschränkt bestehen bleiben. Wir können uns mit den erzielten Ergebnissen noch nicht zufriedengeben.

Stabilitätspolitik bleibt für uns eine ständige Herausforderung.

Außerdem werfen nach wie vor die Unruhen auf den internationalen Devisenmärkten und die damit verbundene Unsicherheit insbesondere für die im Außenhandel tätigen Unternehmen erhebliche Schwierigkeiten auf.

Können wir noch von »offenen Märkten« reden, wenn Gründung und Ausübung von Gewerbe durch eine Flut von Vorschriften behindert wird?

Hier gilt es, bürokratische Hemmnisse abzubauen und vor allem den von außen her drohenden Handelsbeschränkungen entschieden entgegenzutreten.

M. E. ist das in unserer marktwirtschaftlichen Ordnung mit Verfassungsrang garantierte Privateigentum durch den da und dort zu hörenden Ruf nach Verstaatlichung, Kommunalisierung oder Enteignung zur Zeit nicht ernsthaft bedroht. Gleichwohl dürfen aber die mittelbar auf die individuelle Leistung, als Voraussetzung für die Schaffung von Privateigentum, wirkenden Belastungen und Erschwernisse nicht übersehen werden.

Wir müssen zum Beispiel daran denken, daß die Früchte der eigenen Leistung bitter und möglicherweise ungenießbar werden, wenn durch eine zu hoch empfundene Besteuerung die Bereitschaft zur Leistung erlahmt oder die Selbstverständlichkeit der eigenverantwortlichen Vorsorge nicht mehr akzeptiert wird.

Das für die marktwirtschaftliche Ordnung geltende Prinzip, nach dem der haftet, der für Pläne und Handlungen der Unternehmen und Haushalte verantwortlich ist, wird bei vielen gar nicht mehr als so selbstverständlich angesehen.

Hier muß wieder eine klare Verantwortlichkeit hergestellt werden, die gerade auch im Strukturwandel gelten muß.

Je stärker der Staat unmittelbar oder auch mittelbar in das Marktgeschehen eingreift, desto fragwürdiger wird die Aufbürdung des Risikos und die Haftung für betriebswirtschaftliche Fehlentscheidungen auf den Unternehmer.

Hier gilt es für den Staat, eine große Selbstdisziplin zu üben und auch nicht »scheinbar berechtigten« Forderungen einzelner Gruppen nachzugeben.

Wir kennen auch alle die Probleme, die aus der ambivalenten Rolle der Vertragsfreiheit für oder gegen den Wettbewerb herrühren, die es notwendig macht, durch eine strenge Wettbewerbsordnung die Wirtschaft vor sich selbst zu schützen.

> »Die nervöse Unrast der Wirtschaftspolitik, die oft heute vergißt, was gestern galt, schafft ein großes Maß an Unsicherheit und verhindert – zusammen mit verzerrten Preisrelationen – viele Investitionen.
>
> Es fehlt die Atmosphäre des Vertrauens.«

Dies ist keine Feststellung von mir, sondern eine Maxime von Walter Eucken.

Mehr Konstanz der Wirtschaftspolitik ist zweifellos nötig, damit eine ausreichende Investitionstätigkeit erhalten bleibt. Konstanz ist ein zentrales Erfordernis der Wirtschaftspolitik.

> »Die Wirtschaftspolitik stelle einen brauchbaren wirtschaftsverfassungsrechtlichen Rahmen für den Wirtschaftsprozeß her, an diesem Rahmen halte sie beharrlich fest und ändere nur mit Vorsicht«.
>
> heißt die Forderung Euckens.

Andererseits ist die marktwirtschaftliche Ordnung kein statisches Gebilde.

Wenn ihr Sinn darin besteht, das Prinzip der Freiheit mit dem des sozialen Ausgleichs zu verbinden und dieser soziale Ausgleich ein dynamischer Prozeß ist, dann darf die marktwirtschaftliche Ordnung weder verkrusten noch erstarren.

Sie muß sich bei grundsätzlicher Einhaltung ihrer Prinzipien, insbesondere der klaren Entscheidung für die Koordinierung durch den Markt, den stets wechselnden Umständen und Erfordernissen anpassen.

Nur ein System, das die Fähigkeit zur Anpassung hat, ist auf die Dauer lebensfähig und erhaltungswürdig.

Last not least kommt es auf die gemeinsamen Anwendungen aller genannten Prinzipien als Bedingungen für eine funktionsfähige Ordnung an, die nur als eine wirtschaftspolitische Gesamtentscheidung gesehen werden kann.

Bei teilweiser oder isolierter Anwendung würden die Prinzipien ihren Zweck verfehlen.

Man muß sich auf die Garantiefunktion eines starken Staates für die Einhaltung aller Prinzipien verlassen können.

Es genügt nicht, den Bestand der marktwirtschaftlichen Ordnung bei jeder Gelegenheit nachhaltig zu beschwören, wenn die Substanz dieser Ordnung durch Nichtbefolgung ihrer Prinzipien zusehends ausgehöhlt wird.

Anstatt wie weiland Cato im Römischen Senat sein stereotypes »Ceterum censeo« an den Schluß jeder Rede zu setzen, gilt für uns, daß Bestand, Erhaltung und Ausbau der marktwirtschaftlichen Ordnung eine ständig zu verwirklichende Aufgabe bedeuten.

Cato kann und sollte uns dabei allerdings in seiner Hartnäckigkeit ein Vorbild sein.

IV.

Manche werden überrascht sein, daß ich den ordnungspolitischen Problemen einen solchen Stellenwert einräume.

Ich bin fest davon überzeugt, daß diese Fragen wieder zum Kernproblem unserer wirtschaftspolitischen Auseinandersetzungen werden und die Grundsatzfragen Vorrang vor den politischen Tagesfragen haben müssen.

Ganz gleich, ob wir uns als Söhne, Enkel oder Nachfolger Ludwig Erhards fühlen, wir haben von ihm ein Erbe übernommen, das uns Auftrag und Verpflichtung sein muß.

Wir sollten die Herausforderung annehmen und die geistige Auseinandersetzung um die längst überfällige Erneuerung unseres ordnungspolitischen Weltbildes aufnehmen, ohne zu zögern, nur nicht kleinmütig, sondern in der Gewißheit, daß die Ordnung, in der wir leben, uns auch für die Zukunft ein Höchstmaß an Freiheit und Wohlstand verbürgt.

VI.3

Von der Aufgabe der Banken Universalbanken im Spannungsfeld der Wirtschaftsordnung

I.

In allen Industriestaaten wird der vom Staat gesetzte Ordnungsrahmen, in dem die Banken tätig werden dürfen, als eine wichtige politische und wirtschaftliche Frage angesehen.

Die Banken sind nun einmal zentrale Schaltstellen, bei denen die Fäden und auch die Einflußmöglichkeiten zusammenlaufen; Banker und Wirtschaftspolitiker haben gemeinsam, daß sie nicht nur einzelne Branchen, sondern die gesamte Volkswirtschaft einschließlich der Außenbeziehungen stets im Blickfeld behalten müssen.

Für den Bundesminister für Wirtschaft kommt hinzu, daß ein enger Zusammenhang zur Wettbewerbspolitik besteht.

Das Thema »Universalbankensystem« ist zwar aktuell, aber nicht neu. Es hat schon 1907 – vor 72 (!) Jahren – einen Deutschen Bankentag beschäftigt.

1909 untersuchte eine Bankenenquête eventuelle gesetzliche Regelungen des Depositenwesens.

Damals überlegte man im Vorstand der Deutschen Bank, vorsorglich und möglichst geheim eine »Deutsche Depositen-Bank AG« zu gründen, um die Namensverwandtschaft zu sichern.

Nur die Überlegung, dies könnte als Resignation ausgelegt werden, verhinderte die Realisierung dieses Plans.

Die damaligen Reformüberlegungen entstanden, weil sich im Leitbildland, zu dem man voll Bewunderung aufblickte, nämlich England, ein ganz unterschiedlich geartetes Bankensystem entwickelt hatte, obwohl in Deutschland wie in England damals auch im Banksektor dieselbe Gewerbefreiheit herrschte.

Den wichtigsten Grund für diese gegensätzliche Entwicklung hat Adolf Weber am prägnantesten in dem Merksatz formuliert: »Die englischen Banken sind geschaffen worden für Leute, die Geld haben, die kontinentalen, insbesondere die deutschen Banken, waren ins Leben gerufen für Leute, die Geld brauchen.«*

In der Tat fehlten bei uns um 1870, als unsere großen Aktienbanken entstanden, große industrielle Privatvermögen.

Die Gründerzeit begann erst.

Die schon bestehenden Staatsbanken und die seit Mitte des vorigen Jahrhunderts gegründeten preußischen Provinzialbanken hatten den Charakter von Entwicklungsbanken und pflegten vor allem den öffentlichen Kredit.

Auch war bei uns das Depositen- und Scheckwesen schwächer entwickelt als in England. Allein vom Depositen- und Kreditgeschäft konnte man bei uns nicht leben.

Die neuen Aktienbanken wandten sich also auch dem aussichtsreicheren Emissions- und Gründungsgeschäft zu.

Von den wirtschaftlichen Chancen des neuen Kaiserreiches angelockt, waren die Aktiengroßbanken die Nutznießer der einsetzenden Industrialisierung.

Sie waren aber auch gleichzeitig deren wichtigste Förderer; ein Universalbanker ist aus der Natur seiner Geschäfte heraus innovationsfreudiger veranlagt als ein reiner Depositenbanker.

Ohne die tatkräftige Innovationspolitik und die Kapitalsammelfunktion der Aktienuniversalbanken wäre die deutsche Industrialisierung nicht so schnell und so intensiv verlaufen. Außerdem waren die neuen Universalbanken als marktmäßiges Gegengewicht willkommen gegen die – wie man sie da und dort nannte – »Gelddespoten«, die großen privaten Finanzhäuser.

Trotz des Siegeszuges der Universalbank von 1870 bis 1914 war damals, am Ende dieser Epoche, unser Bankensystem bei weitem noch nicht so »universalisiert« wie heute.

Universalbanken waren in der Hauptsache nur die Aktiengroßbanken.

* Adolf Weber: »Geld, Banken, Börse«, 5. Auflage, S. 167.

Aber auch deren Kundenkreis war begrenzter als heute: Am Privatkunden war man nur interessiert, wenn er als finanzkräftiger Depotkunde kam.

Zur Universalisierung unseres Bankensystems trug dann entscheidend bei, daß die Sparkassen und Genossenschaftsbanken zwischen den Kriegen nach und nach schlagkräftige Verbundsysteme entwickelten, die es jeder einzelnen Sparkasse oder Genossenschaftsbank ermöglichte, einen vollen Fächer von Bankdienstleistungen anzubieten.

Dadurch entwickelte sich wiederum ein wirksames Gegengewicht gegen die Aktiengroßbanken, nachdem diese die privaten Finanzhäuser praktisch abgelöst hatten.

Gefördert wurde diese Entwicklung durch den Gesetzgeber, indem er 1931 alle Gruppen des Kreditgewerbes derselben Aufsicht und 1934 demselben Kreditwesengesetz unterstellte. Man suchte damit endgültig den Sparerschutz durch bankaufsichtliche Maßnahmen, nicht jedoch durch eine Zerlegung der Universalbanken zu lösen.

Diese Entwicklung wurde erst vor wenigen Jahren durch die Einlagensicherung abgeschlossen.

Nach dem letzten Krieg kam es zuerst zu einer Entflechtung der Großbanken, allerdings nicht funktionell, sondern geographisch: Die 3 Großbanken wurden in 30 Einzelbanken zerteilt.

Diese Zerstückelung wurde 1956 durch ein Bundesgesetz wieder aufgehoben.

Seitdem setzt sich der Trend zur Universalisierung unseres Bankensystems fort:

- Die Sparkassen und Genossenschaftsbanken sind im Verbund mit ihren Zentralinstituten immer stärker in Bereiche vorgestoßen, die bisher den privaten Banken vorbehalten waren.
- Die Aktienbanken, voran die Großbanken, entdeckten den kleineren und mittleren Privatsparer und später auch den Privatkreditkunden.

  Das starke Wachstum des Realeinkommens machte die Schicht der Arbeitnehmer zunehmend »bankfähig« (Lohn- und Gehaltskonten, Konsumentenkredite, Eigenheimfinanzierung, Reisedevisengeschäft).

  Heute ist die Deutsche Bank unsere größte Sparkasse.

Dieser Trend wurde durch staatliche Maßnahmen gefördert.

Ich denke vor allem an die durch Karl Schiller durchgesetzte Zinsfreigabe am 1. April 1967.

Freie Preise geben dem tüchtigen Unternehmer freie Bahn und lockern damit die Strukturen auf.

Als Ergebnis können die Banken, Sparkassen und Genossenschaftsbanken heute in der Bundesrepublik so freizügig operieren wie in kaum einem anderen Land.

Sie dürfen mit Ausnahme der Banknotenemission so gut wie alle Geschäfte betreiben.

Das gilt auch für das Hypothekenbankgeschäft, da die Hypothekenbanken heute alle Konzernen oder Verbundsystemen angehören.

Die gemischten privaten Regionalbanken und die Landesbanken betreiben darüber hinaus auch das Emissionsgeschäft.

Eigentlich sind nur noch einige staatliche Kreditinstitute sowie die Teilzahlungsbanken keine Universalbanken.

85 Prozent des Geschäftsvolumens wird von Universalbanken wahrgenommen.

Zwischen diesen herrscht ein ziemlich ausgeglichenes Gleichgewicht und ein alles in allem durchaus reger Wettbewerb.

Ich sehe nicht ein, warum wir dieses bewährte System abschaffen sollten, etwa indem wir nach dem Beispiel der USA die Universalbanken zwangsweise in Banker und Broker, d. h. in Depositenbanken und Wertpapier-Spezialbanken, zerlegen.

Solchen Trennungsbestrebungen liegt die Vorstellung zugrunde, die bei uns von Anfang an, d. h. die seit der Gründerzeit bestehende »Allianz zwischen Bank und Börse« habe gesamtwirtschaftlich schädliche Auswirkungen: Verwiesen wird auf die Interessenkonflikte, die bei einem Universalbankensystem entstehen, weil die Banken Insiderkenntnisse aus dem Kreditgeschäft zu ihrem eigenen Vorteil ausnutzen können. Auch wird den Universalbanken vorgeworfen, sie seien, da das Kreditgeschäft ihr Hauptgeschäft ist, weniger an Kapitalmarktfinanzierung und Börseneinführung interessiert als Wertpapier-Spezialbanken.

Bei einem Trennbankensystem wäre eine so starke Bündelung der Einflußmöglichkeiten (z. B. aus Beteiligungen, Depotstimmrechten, Aufsichtsratsmandaten sowie aus dem Kreditgeschäft) wie bei den Universalbanken natürlich nicht möglich.

Wenn auch in diesen Kritikpunkten sicherlich ein oder auch zwei Körnchen Wahrheit liegen, meine ich doch, daß auch die Nachteile eines Trennbankensystems nicht übersehen werden dürfen:

- Wer je bei einem New Yorker Broker gearbeitet hat, der weiß, daß dort Emissionsgeschäft und Wertpapierkundenberatung »unter einem Dach« betrieben werden.
  Selbstverständlich besteht hier ein weitgehend identischer Interessenkonflikt wie zwischen der Emissionsabteilung und der Kundenberatung einer deutschen Universalbank.
- Außerdem können Wertpapier-Spezialbanken Insiderkenntnisse, die sie bei Emissionen erhalten, beim Aufbau oder Abbau des eigenen Portefeuilles verwerten.
  Auch dieser Interessenkonflikt bliebe bei einer Zerlegung der Universalbanken bestehen.
- Dasselbe gilt für Konflikte, die aus der Verbindung mit Investmentfonds herrühren.
  Diese gibt es, wie Erfahrungen in den USA zeigen, auch bei Trennbanken.
- Überhaupt können Wertpapier-Spezialbanken vor allem der *Massenkundschaft* normalerweise keinen so kostengünstigen Service bieten wie Universalbanken.
  Kein Geschäftsbereich ist nun einmal so zyklisch wie das Effektenkommissionsgeschäft. Eine Universalbank kann hier oft einen innerbetrieblichen Beschäftigungsausgleich vornehmen.
  Ein Broker muß dagegen seine personellen und technischen Kapazitäten an der maximalen Belastung ausrichten, was zu beachtlichen Gebührensätzen führen kann.
  Oder er riskiert, daß später sein Geschäfsbetrieb zusammenbricht.
  Geschultes Personal läßt sich nicht beliebig ein- und ausstellen.
  Wenn es schon in den USA – wie auch in Japan – in den letzten Jahren zu einem zwangsläufigen Konzentrationsprozeß der Broker gekommen ist, mit einer für die Kunden

schädlichen Ausschaltung des Wettbewerbs, dann dürften auch bei uns dieselben Gefahren bestehen.

- Wenn eine Wertpapier-Spezialbank in schwachen Geschäftsperioden ums Überleben kämpft, dann muß sie notgedrungen ihre Umsätze »pushen«.
  Auch wenn der Käufer noch nicht »wertpapierreif« ist.
  Eine objektive Beratung der Kundschaft ist dann für die gewerbsmäßigen Aktienaufdränger die letzte Sorge.
  Eine Universalbank muß dagegen längerfristig denken: Wird der Kunde enttäuscht, wandert er zur Konkurrenz ab, und zwar nicht nur mit seinem Wertpapierdepot, sondern mit seinen ganzen Bankverbindungen.
  Wir haben hier also einen nützlichen marktmäßigen Sanktionsmechanismus.
  Ein allzu aggressives Verhalten der Wertpapierabteilung kann außerdem bekannt werden und das Prestige der gesamten Universalbank beeinträchtigen.
  In diesem Zusammenhang möchte ich auf die lobenswerte Tatsache hinweisen, daß unsere Universalbanken die ihnen offenstehende Möglichkeit nutzen, sich sowohl beim Effektenkommissionsgeschäft wie auch beim Depotgeschäft mit – international gesehen – bescheidenen Mindestgebühren zu begnügen.
  Sie leisten dadurch gesamtwirtschaftlich einen wertvollen Beitrag zur Vermögensbildung, der sich mit der Zeit sicherlich auch betriebswirtschaftlich auszahlt.
- Auch für die *Industriekundschaft* hat eine Wertpapier-Spezialbank gegenüber der Universalbank normalerweise eine Reihe von Nachteilen. Vor allem ist sie weniger geeignet, das Plazierungsrisiko bei einer Emission zu übernehmen oder eine Emission vorzufinanzieren.
  Ferner kann eine Universalbank die Informationen aus dem Kreditgeschäft auch z. B. für das Emissionsgeschäft verwenden.
  Der Kunde braucht seine wirtschaftlichen Verhältnisse nur einmal durchleuchten zu lassen.
- Beachtenswert erscheint mir in diesem Zusammenhang auch, daß in den beiden EG-Mitgliedstaaten, die in den 30er Jahren nach amerikanischem Muster durch Gesetz zu einem Trennbankensystem übergingen, nämlich Belgien

und Italien, staatliche Finanzierungsinstitute des mittel- und langfristigen Industriekredits eine wesentlich größere Bedeutung als bei uns haben.
Die Ausweitung der Tätigkeit solcher Institute ist oft der erste Schritt zur staatlichen Investitionslenkung.
Überhaupt sollte man bei der Universalbankfrage stets darauf achten, daß eine eventuelle Machtbeschneidung der Banken *nicht* zu einer übermäßigen Vergrößerung des Staatseinflusses führt.

Alles in allem meine ich, daß die Nachteile eines Trennbankensystems bei weitem überwiegen. Wir wollen unsere Struktur, um die uns andere Länder beneiden, sorgfältig bewahren.

Es wird beim Universalbankensystem bleiben; auch der »Orientierungsrahmen 85« wird daran nichts ändern.

II.

Genauso entschieden wie ich für die Universalbank eintrete, meine ich aber andererseits, daß Modifizierungen unseres Bankensystems grundsätzlich möglich sein müssen.

Das gebietet mir meine liberale Auffassung über die Rolle des Staates in der Wirtschaft. Gewiß sind Rechtssicherheit, Gewerbefreiheit sowie eine dezentralisierte Eigentumsstruktur Grundlage unserer Marktwirtschaft.

Gewiß ist es wegen der damit verbundenen Leistungsanreize – auch im Bankensektor – wirtschaftlich und sozial durchaus förderlich und auch erwünscht, wenn sich einzelwirtschaftliche Interessen möglichst frei entfalten.

Trotzdem können dieselben einzelwirtschaftlichen Interessen das Gemeinwohl stören und zerstören, wenn sie zu einer übermäßigen Machtkonzentration führen.

Liberale Politik betrachtet grundsätzlich jede Machtkonzentration mit kritischer Vorsicht, ob sie nun staatlich oder privat ist.

Wo Macht besteht oder entsteht, muß mit ihrem Mißbrauch gerechnet werden.

Wirtschaftliche Ordnungspolitik, die die Einzelinteressen gewissen notwendigen Begrenzungen unterwirft, ist demnach auch in einer freien Gesellschaft unerläßlich.

Gerade im Bankenbereich sind Machtkonzentrationen, die

den Markt verfälschen können, wegen der wiederholt erwähnten zentralen Bedeutung dieser Institute doppelt bedenklich.

Im übrigen ist nach meinem Verständnis die eventuelle Machtausübung durch Banken nur ein Unterproblem der allgemeinen Wettbewerbsproblematik in der Marktwirtschaft.

Natürlich wird es in der Praxis ein nie endgültig lösbares »Scylla-Charybdis-Problem« bleiben, wo genau die Grenzen der einzelwirtschaftlichen Handlungsspielräume festgelegt werden sollen. Nicht ohne Grund hat diese Frage immer und überall schon die Gemüter erregt.

Hier dürfte es entscheidend darauf ankommen, bei der nunmehr anstehenden Reform des Kreditwesengesetzes einen bankpolitischen Ordnungsrahmen zu finden, der sicherstellt, daß es nicht alsbald zu einer neuen Korrektur und damit zu einer Bankenstrukturpolitik der Experimente kommt, an der niemand Interesse haben kann.

Da muß man zuerst mit einer Legende aufräumen: Es stimmt einfach nicht, daß Banken aus ordnungspolitischen Gründen – nämlich weil sie »Geld schöpfen« – dem Wettbewerb möglichst entzogen werden müßten.

Das Potential zur Geldschöpfung wird allein durch die Dispositionen der Bundesbank und zum Teil auch der Bundesregierung determiniert; nur in diesem Rahmen können die Banken Kredite gewähren.

Das ist eine Banalität, aber oft wird sie vergessen, wenn es konkret um Wettbewerbsprivilegien des Kreditgewerbes geht.

Ich kann nur immer wieder unterstreichen, daß es eine sehr enge logische Verbindung zwischen dem tatsächlichen Grad des Wettbewerbs unter den Universalbanken einerseits und politischen Forderungen nach Veränderungen der Bankenstruktur bis hin zur Verstaatlichung andererseits gibt. Die Universalbanken sollten sich daher im dringenden eigenen Interesse dem Wettbewerb voll stellen und dabei nicht kleingläubig sein, zum Beispiel in Fragen der Publizität (EG-Bilanzrichtlinie für Banken), beim Zinswettbewerb, bei Preisangaben, bei der Kartellgesetz-Novelle usw.

Je mehr Wettbewerb unter den Banken tatsächlich herrscht, desto weniger kann von der »Macht der Banken« gesprochen werden.

Dieses Schlagwort wird in seinem politischen Sinn oft nicht richtig erkannt (und ich fürchte, daß auch die Studienkommission hier Lücken läßt).

Es geht *nicht* darum, daß die großen Universalbanken keinen unzulässigen Gebrauch von ihrer Macht machen.

Sondern es geht darum, daß schon die bloße Existenz der Macht (oder die begründete Vermutung davon) von manchen Politikern schon als anstößig empfunden wird.

Das ist der Punkt!

Und *deshalb* plädiere ich so engagiert für den Banken-Wettbewerb.

Denn es gibt kein besseres Mittel, Macht einzudämmen, als eben Wettbewerb.

Macht und Wettbewerb verhalten sich wie Feuer und Wasser.

Also löschen Sie bitte das um den Machtbegriff ausgebrochene ideologische Feuer mit Wettbewerb!

Was bedeutet die Übertragung dieser Grundsätze auf die Praxis?

Ich meine, daß die Banken sich einer angemessenen Begrenzung ihrer bankfremden Dauerbeteiligungen nicht verschließen sollten.

Zu Recht steht diese Frage im Mittelpunkt der Stellungnahmen der Monopolkommission zum Bankenbereich.

Diese Probleme werden auch, das dürfen wir erwarten, Kernpunkt des Berichts der Bankenstrukturkommission sein.

Zu unterscheiden sind dabei

- Fragen des Sparerschutzes sowie
- Fragen der »Macht der Banken« und des Wettbewerbs.

Zum Sparerschutz gehört vor allem die Frage, wie verhindert man finanzielle »Betriebsunfälle«, die von schiefgelaufenen Beteiligungen herrühren.

Deshalb sollte die Bankaufsicht die Möglichkeit haben, darauf hinzuwirken, daß den Anteilrechten der Banken angemessene Eigenmittel gegenüberstehen.

Hier darf man freilich seinen Blick nicht allein auf die Relation Beteiligungen/Eigenmittel beschränken.

Man wird sorgfältig zu prüfen haben, für welche andere Fälle die Eigenmittel ebenfalls Haftungsfunktionen ausüben sollen.

Diese Dinge müssen im Zusammenhang gesehen werden.

Beim Bankenwettbewerb kommt nämlich der Vermögenshaftung, weil sie das Risikoverhalten steuert, eine besondere Funktion zu.

Wie ich schon angedeutet habe: Ich bin der Ansicht, daß unsere staatliche Bankpolitik auf diesem Gebiet bisher ziemlich zurückhaltend war, was auch damit zusammenhängen dürfte, daß der Existenzsicherung der Institute – trotz der Einlagensicherung – immer noch ein zu großes Gewicht beibemessen wird.

In diesem Fall ist dann natürlich das haftende Eigenkapital nicht mehr von primärer Bedeutung.

Ich meine, nur das darf grundsätzlich als Eigenmittel anerkannt werden, was voll eingezahlt ist, der Bank dauerhaft zur Verfügung steht und für laufende Verluste sofort herangezogen werden kann.

Mit einem gewissen Bedauern habe ich festgestellt, daß die Bankenstrukturkommission von einer festen Relation Eigenmittel/Bilanzsumme abrät.

Ich meine, man sollte prüfen, ob es aus Gründen der Transparenz und der Eindeutigkeit der Bankpolitik nicht besser wäre, einen Mindestprozentsatz der Eigenmittel an der Bilanzsumme sogar ins Gesetz selbst aufzunehmen. Über die schwierigen Abgrenzungs- und Zurechnungsprobleme bin ich mir im klaren. Das darf aber kein Grund sein, eine Lösung dieser so wichtigen Frage nur auf verschlungenen Umwegen zu suchen, z. B. über die Großkreditregeln.

Die vielgepriesene Flexibilität unserer bisherigen Regelungen hat jedenfalls zu dem Ergebnis geführt, daß verschiedene Institute, vor allem im öffentlichen Bankensektor, eine reichlich knappe Eigenkapitalausstattung aufweisen.

Sollte dieser Trend weitergehen, werden die Kapitalrisiken künftiger Wirtschaftsentwicklungen immer stärker durch eine Solidarhaftung über den Staat gedeckt.

Daß das meinen Vorstellungen von den Grundsätzen einer marktwirtschaftlichen Ordnung widerspricht, brauche ich wohl nicht zu betonen.

III.

Nun zurück zu den bankfremden Dauerbeteiligungen.

Diese interessieren in erster Linie unter den Gesichtspunkten des Wettbewerbs und der möglichen Machtausübung.

Hier sind die Probleme in keinem Land so akut wie bei uns.

In den USA und in Italien sind bankfremde Dauerbeteiligungen gesetzlich verboten, in Belgien und Frankreich gesetzlich stark begrenzt.

In Großbritannien und in den Niederlanden bestehen ungeschriebene Begrenzungen.

Nur in der Schweiz und in Luxemburg besteht Freizügigkeit wie bei uns; der tatsächliche Umfang ist aber wesentlich geringer.

Die Beteiligungsfrage hat also auch eine europäische Dimension.

Bankfremde Dauerbeteiligungen sind beim Wettbewerb zwischen Banken durchaus von Bedeutung.

Auf lange Sicht wird wegen der großen Unterschiede eine Harmonisierung innerhalb der Europäischen Gemeinschaft nicht zu umgehen sein.

Es wird uns schwerfallen, unsere international außergewöhnlichen Verhältnisse auf die Europäische Gemeinschaft zu übertragen.

Dazu müßten wir unseren Partnern ganz überzeugende Gründe nennen können.

Die gibt es aber meines Erachtens nicht.

Einige Angaben zur tatsächlichen Situation:

Bei uns ist dem Kurswert nach grob gerechnet jede zehnte Aktie im Bankenbesitz.

Dabei ist eine starke Konzentration zu beobachten:

Der Sparkassensektor und die Genossenschaftsbanken halten wesentlich weniger Beteiligungen als die privaten Banken.

Innerhalb der privaten Banken konzentrieren sich die Beteiligungen bei wenigen großen Banken. Von der Monopolkommission veröffentlichte Untersuchungen bestätigen das.

Die Bankenstrukturkommission wird sicherlich zu keinem anderen Ergebnis kommen.

Allerdings ist auch anzuerkennen, daß der Anteilsbesitz der

großen Banken schon seit manchen Jahren nicht mehr entscheidend zunimmt.

Es gibt deutliche Beispiele für eine Abkehr von der Politik einer zielstrebigen Ausweitung der bankfremden Beteiligungen.

Hervorheben möchte ich den Fall Daimler-Benz/Mercedes, der zeigt, daß es geschickten Bankspezialisten durchaus gelingen kann, die Interessen der Bank geltend zu machen, ohne die Öffentlichkeit zu brüskieren.

»Auf die Dauer bringen nur solche Geschäfte Gewinn, die der Allgemeinheit nützen«, sagte Georg von Siemens schon vor dem Ersten Weltkrieg.

Im einzelnen betrifft die Kritik an den bankfremden Dauerbeteiligungen drei Bereiche.

Sie bezieht sich zunächst auf den *Wettbewerb zwischen den Banken.*

Betriebswirtschaftlich ermöglichen bankfremde Dauerbeteiligungen einen Risikoausgleich, eine Erlös- und Gefahrenverteilung, die durch die Tatsache erleichtert wird, daß in den Beteiligungen oft beachtliche stille Reserven stecken.

Daneben besteht jedenfalls der Verdacht, daß man mit Hilfe der zusätzlichen Einflußmöglichkeiten aus bankfremden Industriepaketen unter Umständen günstigere Bedingungen erzielen oder jedenfalls bei gleichen Bedingungen die Konkurrenz aus dem Feld schlagen kann.

Diese Probleme wären nicht so akut, wenn die Beteiligungen zwischen den einzelnen Instituten oder Institutsgruppen gleichmäßiger verteilt wären.

Das ist aber nicht der Fall.

Hier müßte, wenn man die Beteiligungen nicht beschneiden will, wenigstens die Bildung marktmäßiger Gegenkräfte eingeleitet werden.

Man müßte also beispielsweise den Sparkassen im Zuge der Anpassung der Wettbewerbsbedingungen den Erwerb von Beteiligungen nicht nur gestatten, sondern ihn sogar fördern.

Ich hielte das aber für einen falschen Weg.

Noch wichtiger sind zweitens die Probleme, die sich für den Wettbewerb zwischen den *Industrie- und Handelsunternehmen* ergeben.

Hier kann man durchaus seine Zweifel haben, ob der Vorstand eines Industrieunternehmens, an dem eine Bank eine maßgebliche Beteiligung besitzt, sich bei der Wahl der Bankverbindung und den Konditionen immer ganz frei fühlt, das letzte für sein Industrieunternehmen herauszuholen. Es wird entgegnet, daß die Unternehmen dafür den Schutz der Bank in Krisenzeiten bekämen; denn eine Bank läßt ein Unternehmen, an dem sie eine Beteiligung hat, im allgemeinen weniger leicht im Stich als ein anderes Unternehmen. Das mag zutreffen; aber auch dadurch wird der Wettbewerb verfälscht.

Die Banken sind nun einmal in unserem Wirtschaftssystem die Schiedsrichter, die bei der Entscheidung, welche Investitionen zu welchen Konditionen zum Zuge kommen, ein wichtiges Wort mitzureden haben.

In Extremfällen zeigen sie die »rote Karte«.

Für eine solche Schiedsrichterrolle ist eine möglichst große Unparteilichkeit wünschenswert. Die Schiedsrichterrolle kommt bei Abhängigkeitsverhältnissen, wie sie durch Beteiligungen nun eben begründet werden, ins Zwielicht.

Die Banken haben schon aus dem Kreditgeschäft notwendigerweise wichtige Informationsvorsprünge.

Hinzu kommen weitere Einflußmöglichkeiten aus Vollmachtstimmrechten sowie aus Aufsichtsratsmandaten.

Als Erwerbsunternehmen, die an einem möglichst hohen Wert ihrer Beteiligungen interessiert sind, müssen sie ständig versucht sein, ihre besonderen Kenntnisse nicht unparteiisch, sondern bevorzugt zum Nutzen ihrer Beteiligungsunternehmen wie auch zum Aufbau und Abbau ihrer Beteiligungen zu verwenden.

Die Tatsache, daß die Banken mit den größten Beteiligungen auch die größte Finanzierungskraft haben, verstärkt solche Bedenken.

Schließlich ist auch zu erwähnen, daß das Einfrieren von etwa 10 Prozent der Aktienbestände in wenigen Bankhänden nicht unbedingt das Funktionieren der Börse erleichtert.

Als Zwischenergebnis aller dieser Überlegungen meine ich, daß wegen der Bedenken, des Unbehagens der volkswirtschaftlichen Nachteile und der europäischen Probleme, die dadurch aufgeworfen werden, bankfremde Dauerbeteiligungen grundsätzlich durch bestimmte Höchstsätze begrenzt werden sollen. Diese Beteiligungen gehören ohnehin nicht zu den eigentlichen Bankgeschäften.

Sie sind oft zufällig entstanden.

Die Banken könnten auch ohne sie gut leben. Und mit der Begrenzung dieser Beteiligungen würden die Banken mancher Kritik, von der man nicht weiß, wohin sie noch führen mag, rechtzeitig den Wind aus den Segeln nehmen.

Ich rede bewußt nicht von Abschaffung, sondern nur von Begrenzung.

Ein gewisser Anteilsbesitz der Banken kann durchaus positive volkswirtschaftliche Funktionen haben:

- Wir brauchen die Banken weiterhin, wie ich schon erläutert habe, als Wertpapiervermittler. Dazu sind trotz der verstärkten Hinführung der Wertpapiergeschäfte seit 1968 an die Börse Handelsbestände nützlich.
- Soweit vertretbar, sind Beiträge der Banken zur Eigenkapitalfinanzierung durchaus erwünscht, und zwar gerade dann, wenn diese Beiträge weit gestreut werden.
- Auch ist zu bedenken, daß man auf Aktienemissionen sitzenbleiben kann.
- Außerdem haben mehrere Fälle gerade in den letzten Jahren gezeigt, daß Banken durch die zeitweilige Übernahme von Anteilsbesitz bei der Abwehr unerwünschter Käufer, bei Sanierungen und ähnlichen Transaktionen volkswirtschaftlich nützliche Funktionen ausüben können.

Aus allen diesen Gründen sollten *zeitlich begrenzte* Ausnahmen von der allgemeinen Beteiligungsgrenze möglich sein.

Ob dafür ein Einzelgenehmigungsverfahren notwendig sein wird oder ob man mit einer generellen zeitlichen Begrenzung auskommt, lasse ich dahingestellt.

Bei Sanierungen wäre es jedenfalls oft nützlich, wenn sie möglichst im stillen abgewickelt werden könnten.

Was die Beteiligungsgrenze selbst anbelangt, erscheint mir die von der Monopolkommission vorgeschlagene Grenze von 5 Prozent als zu niedrig.

Andererseits muß noch genau geprüft werden, ob »25 Prozent und eine Aktie« nicht eher zu hoch liegen, wenn auch jede Grenze gegriffen ist.

Nach meiner ganz persönlichen Meinung könnte eine Grenze von 15 Prozent angemessen sein.

Für einen Abbau des Beteiligungsbesitzes müßten dann selbstverständlich auch die steuerlichen Rahmenbedingungen angepaßt werden.

Nach Einführung des Vollanrechnungssystems durch die Körperschaftsteuerreform ist zwar das körperschaftsteuerliche Schachtelprivileg hinfällig geworden, so daß die 25-Prozent-Grenze bei Beteiligungen an inländischen Kapitalgesellschaften für die Körperschaftbesteuerung bedeutungslos ist.

Aber das *vermögensteuerliche Schachtelprivileg* gilt weiterhin: es bedeutet, daß erst ab einer 25prozentigen zwischengesellschaftlichen Beteiligung die vermögensteuerliche Drei- oder Mehrfachbelastung verhindert wird.

Diese Bestimmung wirkt allgemein konzentrationsfördernd und behindert die gewünschte Verbreitung des Aktienangebots.

Ich bin daher ohnehin schon seit langem aus wettbewerbs- und vermögenspolitischen Gründen für eine – zumindest schrittweise – Beseitigung dieser »magischen« Grenze eingetreten.

Bei einer Begrenzung der bankfremden Dauerbeteiligungen stellt sich sofort das Problem der schon bestehenden Bestände.

Da dieser Altbesitz sehr ungleich auf die verschiedenen Banken verteilt ist, liegt hier sicherlich eine akutere Wettbewerbsfrage vor als bei eventuellen neuen Beteiligungen, bei denen sich die Banken in den letzten Jahren ohnehin zurückgehalten haben.

Ich habe deshalb den Eindruck, daß die Monopolkommission, indem sie die Frage des Altbesitzes einfach überging, ihre Vorschläge nicht an der besten Stelle angesetzt hat.

Auch sollte man die Methode einer Auflösung der überschüssigen Altbestände nicht einfach offenlassen.

Es dürfte nämlich in der Praxis nicht möglich sein, die bestehenden Überschußbestände einfach an der Börse breitgestreut zu veräußern, so sehr es zu begrüßen wäre, daß sich das machen ließe.

Dadurch käme es entweder zu einem Kurssturz, der einer Teilenteignung gleichkäme, oder man müßte Übergangsfristen bis fast zum Sankt-Nimmerleins-Tag einräumen.

Ich habe deshalb schon 1976 Vorschläge zur Diskussion

gestellt, wie man den notwendigen Abbau der Altbestände ohne allzu große Übergangsfristen bewerkstelligen könnte.

Man müßte bei Banken mit größeren Beteiligungskomplexen zunächst Beteiligungs-Tochtergesellschaften bilden, denen man die überschüssigen Beteiligungen überträgt.

Der Staat könnte hier durch Einräumung der Steuerneutralität zwischen den neuen Beteiligungsgesellschaften Hilfestellung leisten.

Wenn notwendig, könnte man sogar einen Teil bei der Mutterbank belassen.

Eventuell könnte man durch Umtauschtransaktionen die Risikostreuung verbessern.

Eine solche bloße juristische Ausgliederung auf abhängige Tochtergesellschaften würde aber an den Machtverhältnissen wenig ändern.

Damit die Beteiligungsgesellschaften möglichst schnell auf der Grundlage der Gleichberechtigung mit ihren Ursprungsbanken operieren, sollte man die Bankaktien gewissermaßen splitten, indem man die Aktien der Beteiligungsgesellschaften den Aktionären der Ursprungsbanken gratis zuteilt.

Ein solches Vorgehen hätte einmal – wie gesagt – den Vorteil, daß es relativ rasch abgewickelt werden könnte, ohne die Börsen durcheinanderzubringen.

Unabhängige Beteiligungsgesellschaften, die sich nach und nach auch faktisch von ihren Ursprungsbanken lösen, würden vielmehr den Börsenzettel bereichern.

Außerdem würden sie die Eigenkapitalfinanzierung verbessern, durch ihren Einblick in verschiedene Unternehmen und Wirtschaftszweige die Zirkulation wirksamer Ideen fördern sowie nützliche Umgruppierungen erleichtern.

Falls sich diese Beteiligungsgesellschaften als neue Machtkomplexe herausstellen sollten, was ich nicht befürchte, hätte man die Wettbewerbsgesetze.

Eine weitere Möglichkeit hat mein Vorgänger Dr. Friderichs zur Diskussion gestellt, nämlich den steuerneutralen Verkauf geeigneter Bankbeteiligungen im Rahmen der betrieblichen Vermögensbildung.

Vorschläge dagegen, wonach die Beteiligung der Ursprungsbank an der Beteiligungsgesellschaft erst nach und nach durch Verzicht dieser Bank auf Kapitalerhöhungen abgebaut werden, sind m. E. widersprüchlich. Die Ursprungsbank würde nämlich sehr lange ihren Machteinfluß behalten.

Eine Reform, die auf der Notwendigkeit der Eindämmung der Bankenmacht aufbaut, sollte jedoch danach trachten, diese Eindämmung möglichst bald herbeizuführen.

IV.

Ich komme zum zweiten sogenannten Verflechtungsinstrument der Universalbanken: dem Depot-, Vollmachts- oder Auftragsstimmrecht.

Die Begriffe werden immer wieder ausgewechselt, als ob sich dadurch die Probleme lösen und die Bedenken zerstreuen ließen.

Man mag fragen, was das Auftragsstimmrecht mit der Universalbank zu tun hat.

Es scheint kein Bank*geschäft* zu sein.

Jedenfalls haben die Depotkunden hier keine Gebühren zu bezahlen; im Gegenteil: Einige Banken kleben in kostenaufwendiger Weise sogar eifrig Briefmarken auf die Rückantwortbriefe, mit denen die 15-Monats-Dauer-Vollmacht zurückerbeten wird.

Die Auftragsstimmen scheinen also doch wertvoll zu sein.

Wenn auch die Banken erklären, sie klebten nicht am Auftragsstimmrecht, fügen sie aber stets hinzu, es müsse eine bessere Alternative vorliegen.

Daß es diese nicht gibt, weiß man.

Wie Untersuchungen der Monopolkommission zeigen, sind die von Banken ausgeübten Vollmachtstimmen durchaus beachtlich.

Das gilt vor allem für die Großbanken.

So haben diese 1975 immerhin bei 15 der 100 größten Aktiengesellschaften allein aufgrund der Vollmachtstimmen mehr als 25 Prozent der Stimmrechte vertreten.

Bei 5 dieser Gesellschaften hatte die Deutsche Bank sogar allein – wiederum nur aus den Vollmachtstimmen – mehr als 25 Prozent.

Die Einflußmöglichkeiten aus dem Vollmachtstimmrecht sind dort besonders groß, wo sie sich mit dem Stimmrecht aufgrund von Eigenbesitz paaren.

Das ist wiederum in erster Linie bei den Großbanken der Fall.

Die Zahl der Aktiengesellschaften unter den 100 größten, bei denen die Großbanken 1975 mehr als 25 Prozent der Stimmanteile vertraten, erhöht sich dann von 15 auf 25.

(Bei 30 der 100 größten Aktiengesellschaften wurden mehr als 50 Prozent der Stimmrechte von Kreditinstituten vertreten.)

Das Auftragsstimmrecht der Banken darf demnach nicht isoliert beurteilt werden. Es hängt vielmehr entscheidend von der künftigen Regelung der bankfremden Dauerbeteiligungen ab.

Ich meine, daß der Regelungsbedarf bei den Bankbeteiligungen akuter ist.

Beim Auftragsstimmrecht dagegen wurde seit den Zeiten, als sich gewisse Banken die Stimmrechte ihrer Depotkunden in den Geschäftsbedingungen gewissermaßen unter der Hand »aneigneten«, schon ein weiter Weg zurückgelegt.

Eigentlich stehen nur noch Randkorrekturen an.

Heute ist die Dauervollmacht beispielsweise nicht mehr nur eine Stimmrechtsermächtigung, sondern seit 1965 ein echtes *Auftrags*stimmrecht. Auch ist die seit 1965 gesetzlich verankerte Ausführungspflicht der Banken ein Fortschritt. Ebenfalls das damals eingeführte Erfordernis einer *Einzel*vollmacht für die eigene Hauptversammlung des Kreditinstituts.

Diese letzte Regel zeigt die Richtung an, in der man sich noch bewegen könnte.

Gegen den Vorschlag der Monopolkommission, im Geschäftsbericht des Industrieunternehmens sollten die durch einzelne Banken vertretenen Auftragsstimmen veröffentlicht werden, soweit sie 5 Prozent überschreiten, habe ich nichts einzuwenden.

Trotzdem erscheint er ziemlich zahm, wenn man die vorangegangene scharfe Argumentation der Kommission betrachtet.

Denn diese Informationen kann man heute schon auf den Hauptversammlungen und danach beim zuständigen Handelsregister erfahren.

Möglicherweise wird hier die Bankenstrukturkommission einen praktischeren Weg aufzeigen.

Die Abschaffung der Dauervollmacht würde jedenfalls mehr Probleme aufwerfen als lösen.

Zwar konzentrieren sich die Auftragsstimmen bei Großbanken. Das kommt aber daher, daß die Depotkunden diese Banken bevorzugen.

Die Großbanken verwalten nahezu die Hälfte der Aktien-Kundendepots, während ihr Geschäftsvolumenanteil nur etwa 10 Prozent beträgt.

Würde man die Dauervollmacht radikal abschaffen, bestünde wegen Interesselosigkeit und Unkenntnis vieler Kleinaktionäre das Risiko zufälliger Entscheidungen, die durch Minderheiten bewirkt werden.

Der Einfluß der Großaktionäre nähme zu. Schließlich noch ein Wort zur Stimmrechtsausübung der Investmentfonds: Deren Zertifikatinhaben haben bis jetzt keinerlei Stimmrechte, auch nicht indirekt.

Die Stimmrechte werden vielmehr von der Kapitalanlagegesellschaft wahrgenommen und damit praktisch von *der* Bank oder den Banken, die die Kapitalanlagegesellschaft tragen.

Auch hier trete ich schon lange dafür ein, daß die Abstimmungspraxis transparent gemacht wird, damit die anderen Aktionäre und die sachkundige Öffentlichkeit prüfen können, ob geschäftliche Abhängigkeiten im Spiel sind oder nicht.

Die Einschaltung von Stimmrechtsbeiräten könnte hier ein Weg sein.

Das Abstimmungsverhalten im Geschäftsbericht der Kapitalanlagegesellschaften zu veröffentlichen, würde sicherlich den Rahmen der Geschäftsberichte sprengen.

Es gibt jedoch auch die Möglichkeit, vorzuschreiben, daß die Kapitalanlagegesellschaften der interessierten Öffentlichkeit (z. B. den Journalisten) einen Bericht über das Stimmverhalten auf Verlangen und gegen Erstattung der Übersendungs- und Kopierkosten zur Verfügung zu stellen haben.

V.

Die Kritik am dritten sogenannten Verflechtungsinstrument der Universalbanken, nämlich an den Aufsichtsmandaten der

Banken, ist nahezu identisch mit der Kritik an den bankfremden Dauerbeteiligungen: Gefahr der Ausnutzung von Insiderinformationen, Industrieunternehmen fühlen sich bei der Wahl der Bankverbindungen und bei den Konditionen unter einem gewissen Druck usw.

Auch bei den Aufsichtsratsmandaten der Banken finden wir eine starke Konzentration bei den Großbanken.

Zwar stellten Ende des Jahres 1974 nach Untersuchungen der Monopolkommission Bankenvertreter nur 15 Prozent der Aufsichtsratsmandate der 100 größten Aktiengesellschaften.

Von den Bankensitzen entfielen jedoch zwei Drittel auf die drei Großbanken.

Andererseits muß aber auch beachtet werden, daß die Zeiten schon längst vorbei sind, als Jakob Goldschmidt von der DANAT-Bank mehr als 100 Aufsichtsräten angehörte: Die allgemeine Begrenzung auf 10 Aufsichtsratssitze je Person gilt auch für Bankangehörige.

Würde man diese Begrenzung noch weiter ausdehnen, führte das wahrscheinlich dazu, daß die Bankenvertreter nur noch Aufsichtsratsmandate bei Großunternehmen wahrnähmen. Das wäre eher wettbewerbsschädlich.

Es sollte nämlich anerkannt werden, daß Industrie- und Handelsunternehmen den besonderen Sachverstand führender Banker suchen und auch notwendig brauchen.

Wenn es manche Unternehmen als eine Auszeichnung ansehen, führende Banker für ihren Aufsichtsrat zu gewinnen, dann hängt das nicht zuletzt auch mit der Qualifikation dieser Bankenvertreter zusammen.

Interessant ist in diesem Zusammenhang, daß selbst in den USA, wo man die Aktivitätsspielräume der Banken seit jeher stark einschränkte, zahlreiche Bankangehörige den Leitungsgremien von Nichtbanken angehören.

Ob bei uns weitere Reformen notwendig sind, hängt nach meinem Verständnis entscheidend davon ab, ob man bei der Frage der Vollmachtstimmen und erst recht bei den bankfremden Dauerbeteiligungen zu angemessenen Lösungen kommt.

Sollte das der Fall sein, erscheinen mir außer etwa mehr Publizität – die dann für jedermann, also auch für Gewerkschaftsvertreter, in den Aufsichtsräten gelten muß – keine weiteren Reformen notwendig zu sein.

VI.

Deutsche Banken wurden in den letzten Jahren auch geographisch – im wahrsten Sinne des Wortes – universal.

Diese Entwicklung ist noch voll im Gange. Es ist erst 12 Jahre her, als die erste Auslandstochter einer deutschen Bank in Luxemburg errichtet wurde.

Heute erwirtschaften die Großbanken etwa ein Drittel ihrer Erträge im Ausland.

Das Auslandsgeschäftsvolumen aller deutschen Kreditinstitute hat eine Größenordnung von gut 10 Prozent ihres gesamten Geschäftsvolumens. Wichtigster Auslandsstützpunkt deutscher Banken ist Luxemburg.

Das dort domizilierte *DM*-Geschäftsvolumen wird auf ein Mehrfaches des Geschäftsvolumens in luxemburgischen oder belgischen Franken geschätzt.

Das in Luxemburg beheimatete DM-Geschäftsvolumen dürfte schon eine Größenordnung von 5 Prozent unseres Inlands-Geschäftsvolumens erreicht haben.

Man mag diese Entwicklung von einem engherzigen nationalen Standpunkt aus bedauern; denn es verbleiben Steuergelder und Arbeitsplätze im Ausland.

Aber die deutschen Behörden waren im Gegensatz zu den britischen nicht bereit, durch eine Art Extraterritorialität für Auslandsgeschäfte deren Verwaltung im Land zu behalten.

Heute ist das alles verschüttete Milch von gestern.

Die Auslandstätigkeit unserer Banken hat auch Vorteile.

Vor allem wird der deutschen Exportindustrie, aber auch den inlandsorientierten Unternehmen, der Zugang zu den internationalen Finanzmärkten erleichtert.

Was unsere internationale Wettbewerbsfähigkeit verbessert.

Weltwirtschaftlich wird durch die Euromärkte die Finanzierung der Zahlungsbilanzdefizite etlicher Länder erleichtert.

Das bedeutet allerdings eine gewisse Schwächung des stabilitätspolitischen Einflusses des Internationalen Währungsfonds.

Die Auslandstätigkeit der deutschen Banken hat aber auch Nachteile: Einmal wird die monetäre Politik durch die Ausweitung des DM-Währungsgebietes ins Ausland erschwert.

Die Bundesbank kann natürlich auf den ausgelagerten Teil des DM-Kapital- und -Geldmarktes - wenn überhaupt - nur indirekt einwirken.

Falls die internationale Koordinierung der Währungspolitik unzureichend bliebe, bestünde die Gefahr, daß die deutschen Währungsbehörden sich gezwungen sähen, den Geld- und Kapitalverkehr in bestimmten Perioden zu entliberalisieren, wie es schon einmal vor wenigen Jahren mit dem »Bardepot« geschah.

Die Überlegungen, man müsse den Eurogeldmarkt »ordnen« - oder reglementieren -, betrachte ich mit großer Zurückhaltung.

Denn erstens ist der Eurogeldmarkt ein sensibler Indikator für monetäre Entwicklungen: Die zugrundeliegenden Entwicklungen werden nicht freundlicher, wenn man den Anzeiger außer Kraft setzt.

Zweitens wird es immer internationale Geldmärkte geben, solange es unterschiedliche Raten des Wirtschaftswachstums, unterschiedliche Geldsysteme und unterschiedliche Steuerungsinstrumente der Notenbanken und solange es auf dieser Erde harte und weniger harte Währungen gibt.

Wenn man also die offiziellen Geldmärkte stranguliert, dann verlagert man die Finanzströme in den Untergrund.

Damit wird die Sache nicht besser, sondern schlechter.

Heute interessieren in erster Linie bankaufsichtsrechtliche Probleme. Die luxemburgischen Töchter deutscher Banken sind Teil ihres Konzerns.

Verschiedene deutsche Banken haben für diese Töchter Patronatserklärungen abgegeben.

Moralisch gebunden sind alle.

Damit sind für denselben Konzern zwei verschiedene Bankaufsichtsbehörden mit unterschiedlichen Regeln zuständig.

Daß die Banken das zu ihrem Geschäftsvorteil nutzen, liegt in der Natur der Sache.

Jene Aufsicht, die schärfere Anforderungen stellt, hat den Eindruck, daß ihre Banken nicht mehr ausreichend beaufsichtigt werden, was sowohl Sparerschutz- als auch Wettbewerbsfragen aufwirft.

Hier bestehen Probleme, die rechtzeitig (d. h. bald) wirksam in Angriff genommen werden müssen:

- Eine Reihe von Problemen betrifft unser eigenes Kreditwesengesetz, das – 1934 angenommen – immer noch von einer weitgehend geschlossenen Wirtschaft ausgeht und insoweit veraltet ist.
  Es gilt künftig vor allem zu verhindern, daß Banken mit Hilfe ausländischer Tochtergesellschaften dasselbe Eigenkapital zweimal einsetzen können.
- Andere Probleme betreffen mehr die luxemburgische Seite. Hier wäre unter anderem zu prüfen, ob das kürzlich abgeschlossene Gentlemen's Agreement ausreicht, um zu verhindern, daß unsere Großkreditregelung via Luxemburg unterlaufen wird.
- Auch bei der Beurteilung der Länderrisiken bestehen Probleme, die unserem Bankaufsichtssystem noch weitgehend fremd sind.

In diesem Zusammenhang ist es interessant, daß in den USA der Comptroller of the Currency nunmehr eine alte Vorschrift ins Spiel bringt, die es amerikanischen Banken untersagt, mehr als 10 Prozent ihres Eigenkapitals an ausländische Regierungsschuldner zu leihen.

Hier wird entgegnet: Die Banken weichen einem scharfen Vorgehen in Luxemburg in Offshore-Länder aus.

Sollte dem so sein, müßte nolens volens die Auslagerung von Konzernteilen in bestimmte Länder genehmigungspflichtig gemacht werden, wobei die Genehmigung u. a. davon abhängig zu machen ist, ob sich das betreffende Land bei der Bankenaufsicht als kooperativ erweist.

Letztlich entstehen diese Probleme, weil wir uns hier im Spannungsfeld der nationalen Bankenaufsicht und dem Erfordernis einer möglichst liberalisierten Außenwirtschaft, einschließlich des Kapital- und Zahlungsverkehrs, befinden.

Ich habe prinzipiell nichts gegen den luxemburgischen DM-Finanzplatz.

Mir ist es lieber, wenn sich der Euromarkt dort etabliert statt auf einer exotischen Insel. Luxemburg besitzt ein geordnetes demokratisches Staatswesen.

Wir sind als Nachbar und Mitglied der EG wirtschaftlich und politisch eng verbunden. Luxemburg hat natürliche Wettbewerbsvorteile, die zum Tragen kommen sollen, wie z. B. eine günstige Kostensituation, die zentrale Lage in der Mitte Europas, die Zweisprachigkeit, eine solide, flexible und pragmatisch arbeitende Bankenaufsicht.

Luxemburg hat bereits innerhalb der belgisch-luxemburgischen Wirtschaftsunion lange Erfahrung in der gleichberechtigten Zusammenarbeit zweier Länder.

Es ist von Luxemburg am ehesten zu erwarten, daß es Verständnis für die notwendige enge Abstimmung zwischen der Bankenaufsicht beider Länder aufbringt.

VII.

Ich darf zusammenfassen: Ich bin entschieden gegen eine Zerlegung unserer Universalbanken in Banker und Broker.

Ein solches Trennbankensystem würde wesentlich mehr Probleme aufwerfen, als es löst.

Dabei handelt es sich hier nicht nur um Übergangsprobleme.

Die Universalbank hat wesentlich zur Leistungskraft unseres Kreditsystems beigetragen.

Diese Leistungskraft beruht auf einer optimalen Erschließung der volkswirtschaftlichen Kapitalquellen und auf einem bedarfsgerechten Kapitalangebot für Unternehmen und Private.

Unsere Universalbanken garantieren die Funktionsfähigkeit der Börsen.

Modifizierungen unseres Bankensystems müssen dagegen möglich sein.

Sie sind auch notwendig.

Das gilt in erster Linie für eine angemessene Begrenzung der bankfremden Dauerbeteiligungen.

Dadurch würden auch die Probleme aus den Vollmachtstimmen und den Aufsichtsratsmandaten der Banken entscheidend entschärft werden.

Die Banken haben es mit der Politik und der Öffentlichkeit eigentlich nie leicht gehabt. Seit es Banken gibt, stehen sie im Kreuzfeuer der Kritik.

Hier spielt oft Irrationales mit, eine übertriebene Furcht vor der Macht des Geldes.

Oft wird die machtverringernde Funktion des Wettbewerbs unterschätzt.

Wohin eine übertriebene Furcht vor der Macht der Banken führen kann, zeigt das zerstückelte Bankensystem der USA.

Dabei wären gerade in diesem großen Markt Bankfilialnetze, die das ganze weite Land umspannen, volkswirtschaftlich von größtem Nutzen gewesen.

Solche Entwicklungen hat es bei uns erfreulicherweise nicht gegeben.

Trotzdem besteht auch bei uns viel gegenseitiges Mißtrauen, das zu einem gewissen Teil auch darauf beruht, daß man sich zu häufig aus dem Wege ging.

Die Bemerkung, die der Wissenschaftliche Beirat des Bundeswirtschaftsministeriums gemacht hat, daß es nämlich offensichtlich an Verständnis für das Funktionieren von Wirtschaftssystemen fehlt, gilt verstärkt für das Funktionieren von Bankensystemen.

Aber jede Aufklärungsarbeit gegenüber der Politik oder der Öffentlichkeit wirkt nicht überzeugend, falls sie nur versucht, den bestehenden Zustand zu verteidigen.

Voraussetzung für eine erfolgversprechende Öffentlichkeitsarbeit ist vielmehr eine konstruktive Selbstkritik ohne Tabus, die sich darauf besinnt, welche Rolle den Banken in unserer freiheitlichen Wirtschaftsordnung zukommt und welche Verantwortung auch sie für deren Erhaltung und Weiterentwicklung tragen.

Für das vorliegende Buch wurden u. a. folgende Reden und Aufsätze umgearbeitet und als Basismaterial verwendet:

Aufsatz in »Die Zeit«, Sept. 1979
Rede vor der Energiekommission beim Hauptverband IG Chemie, Hannover, Mai 1979
Rede in der Debatte zur Großen Anfrage der CDU/CSU Kernenergie, 28. Nov. 1979
Aufsatz in »Die Zeit«, Sept. 1978
Rede vor dem VDI zum Energiesparmonat, Bonn, Okt. 1979
Rede vor dem Deutschen Bundestag zur 4. Kartellnovelle, Juli 1978
Rede auf der Jahrestagung des BDI, Berlin, Mai 1978
Rede vor dem Institut Arbeit und Wirtschaftsrecht der Uni Köln, Dez. 1979
Rede bei der Karl-Hermann-Flach-Stiftung, Frankfurt, Juni 1978
Rede zur Eröffnung der Hannover-Messe, April 1978
Reden zum JWB 1978 und im Deutschen Bundestag, Debatte zur Großen Anfrage Strukturpolitik, April 1978
Rede vor dem World Affairs Council, Los Angeles, Februar 1980
Rede vor dem Wagner-Collage, Staten Island, Februar 1980
Rede vor dem Plenum der UNCTAD V. Konferenz, Manila, Mai 1979
Rede auf der Frankfurter Frühjahrsmesse, Februar 1978
Umweltfeindliche Wirtschaftspolitik, »manager-magazin«, Juni 1978
Rede auf dem Deutschen Bauerntag, Münster, Juli 1979
Rede vor jungen Unternehmern, Juli 1979

Rede vor der IHK-Reutlingen, Januar 1980

Rede vor dem Gesamtverband der Deutschen Versicherungswirtschaft, Düsseldorf, November 1979

Aufsatz für die »Deutsche Zeitung«, September 1979

Rede vor den leitenden Angestellten der Chem. Industrie, Düsseldorf, April 1978

Rede vor der Landesvereinigung industrieller Arbeitgeberverbände NRW, Düsseldorf, Mai 1978

Aufsatz für die Festschrift »100 Jahre Creditreform«

Rede in der Paulskirche »30 Jahre Deutsche Mark«, Frankfurt, Juni 1978

Rede vor dem Deutschen Bankentag, Bonn, März 1979

Rede auf dem F.D.P.-Technologie-Kongreß, Essen, April 1980

Otto Graf Lambsdorff

Zielsetzung
Aufgaben und Chancen der Marktwirtschaft
328 Seiten, gebunden

»Diese Auswahl früherer Vorträge, Reden, Artikel und Interviews zeigt Lambsdorffs klare Stellungnahme zu den brennenden Fragen, die die Marktwirtschaft heute allen in der Wirtschaft Tätigen stellt. Sie zeigt aber auch die ganze Bandbreite seines wirtschafts- und sozialpolitischen Vermögens und Erkennens. Die Themen sind ebenso aktuell wie zeitlos: Stabilität, Kartellrecht und Wettbewerb, Entwicklungs- und Ostpolitik, Export, Bankwesen und Inflation, Unternehmer und Management, Mitbestimmung und Vermögensbildung, um nur einige zu nennen.« *Deutsches Wirtschaftsblatt*

»Nicht nur Fachleute – Wirtschaftler, Politiker, Journalisten – werden hier Anregungen für die Weiterentwicklung der sozialen Marktwirtschaft finden. Auch einer breiteren Öffentlichkeit ist mit diesem Buch zum ersten Mal die Möglichkeit geboten, sich über die Aufgaben, die uns heute gestellt sind, zu informieren.«
neue wirtschaft

Walter Scheel

Vom Recht des anderen
Gedanken zur Freiheit
Mit der Münchner- und der Karlspreisrede '77
240 Seiten, gebunden

»Walter Scheel ist in seinem liberal-demokratischen Empfinden geprägt von der Überzeugung, daß die eigene Freiheit nur gerechtfertigt ist, wenn dieses Recht auch den Andersdenkenden zugebilligt wird. In dieser Zusammenfassung seiner kritisierenden und korrigierenden, seiner anregenden und ergänzenden Reden verdeutlicht Walter Scheel die Eigenart der prägenden Kraft seiner Amtsführung.« *Hessischer Rundfunk*

Die Zukunft der Freiheit
Vom Denken und Handeln in unserer Demokratie
296 Seiten, gebunden

»Zusammen mit Scheels erstem Buch ›Vom Recht des anderen – Gedanken zur Freiheit‹ liegt nun eine Art Nachschlagewerk über Wesen und Inhalte der freiheitlichsten Staatsform vor, die es in Deutschland jemals gegeben hat. Auch in rhetorischer Hinsicht sind die Scheel-Reden ein Genuß von Dauer.« *Handelsblatt*